自强不息　崛起梦想　榜样领航话成长

——哈尔滨工程大学优秀学生风采录

吕开东　徐宝贵　主编

图书在版编目(CIP)数据

自强不息 崛起梦想 榜样领航话成长：哈尔滨工程大学优秀学生风采录 / 吕开东, 徐宝贵主编. — 天津: 天津大学出版社, 2020.11
ISBN 978-7-5618-6828-7

Ⅰ. ①自… Ⅱ. ①吕… ②徐… Ⅲ. ①哈尔滨工程大学－模范学生－先进事迹 Ⅳ. ①K828.4

中国版本图书馆CIP数据核字(2020)第226811号

出版发行 天津大学出版社
地　　址 天津市卫津路92号天津大学内（邮编:300072）
电　　话 发行部:022-27403647
网　　址 www.tjupress.com.cn
印　　刷 北京盛通印刷股份有限公司
经　　销 全国各地新华书店
开　　本 185mm×260mm
印　　张 20
字　　数 496千
版　　次 2020年11月第1版
印　　次 2020年11月第1次
定　　价 58.00元

前　言

哈尔滨工程大学前身是中国人民解放军军事工程学院(简称“哈军工”)。学校在1978年被国务院确定为全国重点大学;是首批具有博士、硕士学位授予权的单位,首批入选国家“211工程”重点建设高校;2002年,获批建立研究生院;2007年,由原国防科工委、教育部、黑龙江省人民政府、海军四方共建;2011年,成为国家“985工程”优势学科创新平台项目建设高校;2017年,入选“双一流”建设高校;是国家“三海一核”(船舶工业、海军装备、海洋开发、核能应用)领域重要的人才培养和科学研究基地。

长期以来,我校始终秉承“哈军工”的人才培养理念,紧紧围绕提高人才培养质量这一主题,全面落实立德树人根本任务,深化创新创业教育改革、推动信息技术与教育教学深度融合、推进国际化进程,坚持“视野宽、基础厚、能力强、素质优、可靠顶用”的人才培养目标,致力于培养信念坚定、人格健全、乐于探索、务实笃行的一流工程师、行业领军人才和科学家。

以精英教育为目标,全面实施“创新推动、打造品牌”战略,构建了理论教学、实验实践教学、学生创新创业“三位一体”育人格局,着力培养高素质的创新型人才,打造一流的工程师、行业领军人才和科学家,教育教学水平和人才培养质量不断提高。

近年来,学生在中国“互联网+”大学生创新创业大赛、“挑战杯”全国大学生课外学术科技作品竞赛、全国大学生创新创业年会、“创青春”全国大学生创业大赛、国际无人水下机器人大赛等国际国内各类赛事中获得国际和国家级奖逾千项,“E唯”机器人创新团队、“创翼”创新团队获大学生“小平科技创新团队”,大学生创业联盟连续五年获“全国十佳KAB创业俱乐部”。学校被授予全国首批深化创新创业教育改革示范高校、全国创新创业典型经验高校、全国高校实践育人创新创业基地、中国青年科技创新行动示范基地、全国五四红旗团委标兵、全国科普教育基地等称号。本科生、研究生一次就业率保持在94%以上,连续多年位居全国高校前列,毕业生以“可靠顶用”而受到用人单位的广泛赞誉,学校成为全国毕业生就业50所典型经验高校之一。我校省优秀硕士学位论文数量连续两年名列黑龙江省第一名。

我校每年涌现的创新、励志、学习、奉献、实践等各领域的优秀学生，以及国家奖学金、国家励志奖学金、“学习标兵”、“自强标兵”、“创新标兵”、“三好学生”、“优秀学生干部”等奖励及荣誉称号的获得者为本书提供了大量的优质资源。优秀学生事迹先后被《中国青年报》《新晚报》《中国研究生》等杂志和各大网站转载报道。优秀学子们心怀梦想，志存高远，他们自强不息、敢于开拓的精神，使广大学生受到震撼，他们在榜样的影响和感召下见贤思齐，使心灵得到净化、思想得到熏陶、认识得到升华、觉悟得到提高。

2019 年 10 月 1 日举行了新中国成立 70 周年庆典，哈尔滨工程大学的莘莘学子秉承着“哈军工”精神，始终与国奋进，弦歌不辍，把自身发展与社会进步、国家昌盛、民生福祉紧密地联系在一起。在这个隆重而喜悦的时刻，推出本书为新中国成立 70 周年献礼，希望所有的在校生汲取榜样的力量，不断激励自己努力进取、奋发图强、砥砺意志、报效祖国。

今天的芬芳桃李，明天的社会栋梁，根据“视野宽、基础厚、能力强、素质优、可靠顶用”人才培养目标，“工学并举，理论与实践并重”的人才培养方略，我校将通过不断发掘、宣传和学习优秀学生典型，发挥优秀学生的典型示范作用，带动我校学生整体素质的进一步提高，提升培养优秀学生的水平，促进立德树人工作的深入开展，最终完成学校培养精英人才的重要使命。

编　者
2019 年 7 月 15 日

目　录

1　学习领航

余航——我的大学生活

余航，船舶工程学院船舶与海洋工程专业2012级本科生。在校期间曾获校一等奖学金五次，国家奖学金两次；获得校“三好学生”、校“学习标兵”、校“优秀学生干部”、校“优秀共青团员”及黑龙江省“三好学生”等荣誉称号；获得校高等数学竞赛一等奖，校程序设计大赛二等奖，第五届全国大学生数学竞赛二等奖，第六届全国大学生数学竞赛一等奖等奖项；以第一作者完成国家型立项两项。

在进入大学之前，我并不知道自己想要什么样的生活，不知道自己奋斗的目标是什么。高考的时候我填报了三个志愿，分别跟空军、陆军和海军相关，因为我只是一心想回报社会。进入大学之后，我对自己的专业有了一定的了解，也认识了很多优秀的人，便对自己未来的人生重新进行了规划。

进入大学的第一课就是军训。我不太想说军训对我们有什么好处，但是我始终牢记两点。第一，就是一定要有团队精神。一个团队一定要有一个领导，不管谁是领导，只有团队里的所有人都服从于他的正确指挥，这个团队的战斗力才能发挥到极致。第二，就是做事要果断、干脆，不能拖拖拉拉。不管是开会还是参加活动，一定要比规定的时间提前至少 10 分钟到场；老师布置的任务，一定要尽快完成，以留有修改的余地。

正式上课之后的状态和军训的时候完全不一样。大学各种各样的课程培养了我不同的思维方式和学习方法，特别是大二上学期，电工、机械、工程制图各类基础课较为集中，同时也有马克思主义基本原理这类公共基础课程。在各科老师的谆谆教导下，我积极地在有限的时间之内学习无限的知识。在不断学习的过程中，我体会到了自然的伟大，有了一种破解自然奥秘和更好地改造自然世界的欲望；我体会到了人类智慧的伟大，想不断地开发自己的潜能，更好地服务于社会，献身于科学。

到了大二下学期，我们开始了专业课的学习。力学基础课的学习让我对大千世界物体的运动和控制有了更加深刻的认识，特别是流体力学课程，几乎颠覆了我的整个世界观。我本来以为，世间万物都可以简单地用牛顿第一定律来描述，却从来没有想过水这种物体，居然可以用连续函数和场来描述。在学习中，我深深地感受到自己的数学功底不扎实，给我更加深入地学习这些知识带来了巨大的困难。同时我也认识到，原来我们到今天都没有研究明白，为什么每天接触的水、空气会遵循这样的运动规律流动以及它们将怎样流动。工科学生只要求掌握简单的物理原理和经验公式，能够判断在预定工况下如何设计以及设计之后是否满足标准，但是我发现我不仅喜欢设计和校核，更喜欢研究它们的本质，所以我觉得自己更适合做研究人员。现在我正在向这个方向努力，希望以后能够有继续深造的机会，让我更好地实现自己的价值。

我曾经看过许多名言，让我印象最深刻的一句是：我是革命的一块砖，哪里需要哪里搬；我是革命的一块泥，贴到哪里都不起皮。我一直都认为，如果一个人活着，不为社会创造价值，不为他人做贡献，只考虑自己的快乐和幸福，那么他是不会真正快乐的。我们要发展成德才兼备的人，不仅需要智商，更需要一颗善良的心。同时，我们生活的社会是竞争的社会，一切都要靠自己去争取，换句话说，有胆量、有能力的人才会抢到资源。我们处在这个变革的社会中，既想做一个善良的人，又想要跟很多人去竞争同一个职位或者机会，其实有时候是矛盾的，但是感觉自己处在其中，又不得不这样做。大一的时候，我们都想进入学生会工作，所以积极地表现，想在学生会里闯出一片天地，我也不例外。在跟若干人竞争后，我进入了院系科协，在几次学院承办的科技活动中当志愿者，见识到了许多牛人，他们不仅学习成绩突出，还在学生会工作、科创等方面表现得非常好。大二的时候，我转入了学习部担任副部长，在工作期间熟悉了各种办公软件的使用方法，对于数据的处理和格式的编排有了更加深入的了解，同时还带领了几个学习部的部员，把自己会的东西认真地教给他们。到了最后竞选的时候，我发现其实自己不擅长和别人交往，也不太适合担任部长之类的职务，我可能更精通于技术上的工作。我喜欢自由的生活，无拘无束，不是因为自己是什么干部才去想着为大家服务，而是发自内心地想去做。于是在大三期间，我虽然没有担任学生干部，但是始终都在帮学习部做一些日常的工作。大三忙碌的学习让我们的生活节奏变得紧凑了，但为了让大家更加轻松地准备考试，我用了十周左右的时间，总结了船舶阻力、船舶推进和船舶耐波性的复习资料，还整理了船舶与海洋平台制造理论与方法的课堂笔记和考试重点，不仅可以给我们这一届的同学使用，也能传给下一届的同学。我觉得这些是我应该做的，在给别人带来方便的同时，自己也感到非常快乐。

每个人都需要社会认同感和自我认同感。为了证明自己的实力，我积极参加学科竞赛，并获得了校高等数学竞赛一等奖、校程序设计大赛二等奖、第五届全国大学生数学竞赛二等奖、第六届全国大学生数学竞赛一等奖等奖项。此外，我还曾获校一等奖学金五次，国家奖学金两次；获得校“三好学生”、校“优秀学生干部”、校“优秀共青团员”、黑龙江省“三好学生”等荣誉称号。在这里，我除了感谢各位老师教给我知识之外，还要感谢张学超辅导员平日对我的照顾。

楚建宁——在大学要做该做的事

楚建宁，机电工程学院机械设计制造及其自动化专业2012级本科生。在校期间获国家励志奖学金、校“优秀学生干部”、校“优秀共青团干部”、校“三好学生”、校优秀学生奖学金等荣誉。

在那年的开学季，我怀揣着梦想步入我的大学——哈尔滨工程大学，开始了我的大学生活。高中时，总觉得大学是自由的天堂，一天没有几门课，大部分时间都是在自习室或图书馆度过的，偶尔还可以和同学们出去玩耍。在一开始时，也有学长、学姐告诉我，“大学是自由的地方，是高考后放松的地方”“考试什么的，开考之前突击一下就能过”“60分万岁，多一分浪费”之类的话。我没有听信，我觉得这是他们的想法，不是我想要的，考试突击只适合他们，不适合我，我不能拿着父母的血汗钱来这里享受生活，我要成为一个“奋青”，为自己的将来奋斗。

很荣幸的是在学年开始的班级干部选举中，我光荣地成为本班的学习委员，虽然不像班长那样日夜操劳，但是我在这个小小的职位上也是勤勤恳恳，尽心尽力。因为我喜欢去帮助别人，一个班的同学就像一个大家庭的成员，是需要彼此照顾的——在家靠父母，出门靠朋友。平时有关于学习、竞赛的通知、消息等，我都会通知到每一位同学；期末考试前，如果有什么新的复习资料，一定会拿出来和本班同学以及本专业同学共享，以便大家一起提高，共同进步。

在学习上，我虽然算不上学霸，没有像学霸们那样天天守在图书馆、自习室，但也从不懈怠，平时我都是周一至周五的晚上和周六的全天去上自习，周日给自己放一天假。去自习时我会叫上同寝室的或班内其他的同学一起去，尽量让他们少打游戏，也就是因为这样，我们寝室的成绩才会这么好，一般情况下我们专业考试成绩的前 10 名中，我们寝室会占 3 个，前 20 名里我们班会有 5~6 个（全专业有 260 多人），而我们班的平均成绩也总是稳定在专业的第一、第二名，从来没有变过。我不能说这些都是我的功劳，因为学习是每一个同学的事情，如果自己做不到合理安排学习和生活，别人再怎么劝说都是徒劳的。

学习是主要任务，但不能成为生活的全部，也应适当拿出来部分时间搞搞科创、培养兴趣爱好、读读书，提升一下人文修养。但在学校学习永远是主旋律，不管是来自外界的客观压力，还是出于内心的主观愿望，都应成为我们学习的动力。在大二一年的辛苦学习和工作中，我一直将学习放在首位，因为只有成绩上去了，我的大学生活才有价值。在这一年我很荣幸地获得了国家奖学金，对此我首先感谢自己，没有听那些“歪理邪说”和错误指导，而是走上了自己的学习生涯规划之路。

学习虽累，却从不敢懈怠；工作虽烦，却一直尽心尽力；生活虽苦，却总是苦中寻乐。

孔文婷——瞄准前进的方向

孔文婷,机械设计制造及其自动化专业2012级本科生,担任校科技协会副主席、院系记者团副团长以及班级团支书。曾获国家奖学金、第三届全国"TRIZ杯"大学生创新方法大赛三等奖、首届黑龙江省"互联网+"大学生创业大赛一等奖以及现场决赛银奖,获得校一等奖学金六次、黑龙江省"三好学生",校"优秀学生干部"、校"三好学生"、校"优秀共青团干部"、校"优秀共青团员"等荣誉。

时间的车轮不断向前滚动,不知不觉间,在这所大学中我已经走过了三个春秋,我从一个刚刚入学对任何事物都感到新鲜好奇的大一新生成长为一个独立自主、信念坚定的大四学姐,在这个成长的过程中,我迷茫过、失落过、激动过、大声欢笑过、失声痛哭过……这一路上，羡慕过那些学习成绩名列前茅的学霸、创意层出不穷的科创达人、工作无可挑剔的学生干部，看着别人的成功，思考着自己应该如何前行，才能走出属于自己的独一无二的路，才能让自己在十年或者二十年之后，乃至垂垂老矣的时候，回想自己的大学时光不会有一丝一毫的遗憾。

获国家奖学金，其实这是在我刚上大一的时候就定下的目标，不为奖学金，只为给自己的努力留一个证明——一个在大学生活中努力学习的证明。无法忘记当时那位成绩十分优秀又是学生干部还是科创达人的学姐给我们做的讲座，在心里暗自佩服她的同时也为自己定下了这样的目标，不过我在第三年时才达成了这个目标，但无论早晚，我达成了我的目标。在这里我要感谢那些陪伴我并给予我鼓励与支持的老师和同学们，更加感谢我自己的勤奋努力与坚持不懈。

匆匆三年，时间从指缝之间无声流过，我还没来得及握紧，它就已经消逝了。我忙着学习、忙着学生工作、忙着科技创新、忙着双学位，有的时候真的要坚持不住了，想过放弃，更跟我的父母抱怨过，觉得自己真的是太累了，但真真正正走过来的时候，就像看到了暴雨之后的彩虹、更上一层楼后的风景、黑暗后迎来的黎明，让我感到我流的所有泪水与汗水都是值得的，只有这样我的路才能不断向前延伸。

大一入学的那一学期，我们开始接触高等数学，上课的时候总是听不懂，但是我依然坚持记笔记，有的时候晚上回到公寓的自习室里继续学习，直到把老师讲的内容弄明白才去休息。在自习的过程中我真真正正地体会到了上课听讲的重要性，即使听不懂也要坚持听老师讲，因为在自己看书的过程中可以回想起老师讲的内容，将不懂的地方多读几遍，就会明白原来老师讲的是这个意思，会恍然大悟，并且能够及时解决存在的问题，努力做到举一反三！如果不去认真听课，只是自己一味地看书，会发现很难明白那些本来就不容易理解的知识点，学着学着就会丧失信心，不想继续学下去了。就这样，在那一学期我取得了年级第二的成绩，但这是远远不够的，还需要下一学期的继续努力，很遗憾的是由于我在第二个学期没能平衡好学习与学生工作之间的关系，将大部分时间用在了参加课余活动上，分散了许多精力，上课时也无法集中注意力，那个学期成绩下滑得很厉害。这使我认识到想要像那位学姐一样优秀，就要安排好自己的时间，该做什么的时候就要做什么，要有计划性，不然什么事情都做不好，还耽误了学习。

就这样，一年过去了。经过和家人商量，和辅导员探讨，我决定辅修工商管理专业的第二学位，这样就又加重了我的学业负担，没有很多时间上自习，课余的大部分时间都要上工商管理的课程，这就要求我在课堂上要更加专心致志地听老师讲课，及时地解决遇到的问题，更要吸取上一个学期的教训，合理安排好自己的时间，因为除了上课，我还担任班级团支书、院系记者团副团长、校科协宣传部部长，承担许多学生工作。一节接一节的课，做不完的工作，还要随时准备课程的结课考试，在最忙的时候，我在心里默默告诉自己不要着急，慢慢来总能做好、做完的，有的时候上传新闻会忙到深夜、在复习主修课的同时还要顾及第二学位的考试、每个月组织开展团活动，就这样在忙忙碌碌中顺利完成了第二年的学业。人们都说“编筐窝篓，全在收口”，当我越接近我的目标时内心反而越不平静，我明明已经迈过了那么多坎儿，可是在考最后的两科的时候由于不能平心静气地复习影响到最终成绩，我又错失了获得国家奖学金的机会。

在我不断向前迈进的时候，迎来了大三的学习生活，这是我最努力的一年，也是最平心静气的一年，因为除了获得国家奖学金的目标，我还要取得推荐免试研究生的资格，所以我更加不能有丝毫的松懈，每天按部就班地过着三点一线的生活，每堂课都认真听，课下自习。如果说记笔记算是学习秘诀的话，那我要庆幸自己有记笔记的习惯，喜欢一边记笔记一边思考的感觉，这样也不会困得睡着，还能为期末复习提供资料。另一个感到幸运的是我有自己的学习团队，平时一起上自习，遇到问题共同探讨，当做对一道题目时我们会开心好久，这种喜悦也会增加自己的信心。或许期末复习是痛苦的，但也可以是快乐的，因为有团队在，大家一起复习会提高学习效率，因此自己也深深体会到学习不能是自私的，而应是一加一大于二的过程，知识共享很重要，大家互相弥补就会实现合作共赢，共同进步。并且在我合理安排时间的前提下，我的第二学位也顺利完成了毕业答辩，这也为之后主修专业的毕业设计提供了参考，而我曾经流下的汗水也为我铺就了前方的道路。我不断完善自己的学习方法、调整自己的心态，在不抛弃不放弃的坚持努力中，我实现了我的目标——获得国家奖学金，也顺利地取得了推荐免试研究生的资格，这一年真的是收获的一年。

一次的成功不代表终点的抵达，前路蜿蜒崎岖，等待着我继续前行，瞄准前方，前方永无止息地召唤着我，让我无暇顾及那些烦恼、忧虑。我只有带上信心、热情、勤奋，去拼、去搏，才能去书写独属于我的故事。

杜兆波——轨迹

杜兆波，国防教育学院飞行器动力工程专业2013级本科生，现任院学生会学习部部长。曾获得国家奖学金一次、校一等奖学金五次、黑龙江省“三好学生”、校“三好学生”、校“优秀共青团员”等奖励和荣誉称号。

从大一入学，到如今迈入大三下学期，我的大学生活已经过去了四分之三。回首这三年时光，我发现自己就像是经历了一段漫长的旅途，在旅途中逐渐发现着自我，大一的很多事情都已经不记得了，距现在越近的事情记得越清楚，因为我离了解自己越来越近，我的思想变化构成了自己独有的轨迹。

从高中升入大学，我带着原有的想法：我要好好学习，我要漂亮的成绩单。作为国防生，我们每天都要在早上六点左右出早操，到七点多才能回宿舍。我曾经一度抱怨自己没有时间上晨读，自认为这很耽误自己的学习。后来我就把自己没课的时间全都用在了自习上，现在看来这是一个多么错误的做法。学习重在效率，而不是熬时间啊！是，我来自农村，我需要出人头地，我需要光宗耀祖，我需要回报父母；但是，我更需要健康成长。假如一个国家里都是死啃书本的老学究，那也很难创造出一个光明世界来。我以前以为多延长些学习时间就可以多收到些效果，比如说，人一天能走一百里路，多走一天，就可以多走一百里路，如此天天走着，无论走了多久，都可以维持日行百里的速度。凡是走过长路的人都知道这算盘打得不很精确，走久了不歇，必定愈走愈慢，以至于完全走不动。我当时做事的问题就出在怕“站”而不怕“慢”，慢条斯理地往前挪，说不学却还学着，说学却并没有学出什么名堂来，许多事就因此耽误了。

一次偶然的机会，我给大家补了一次课，讲解大学物理，当时我刚做完大量体能训练回来，异常疲惫，可还是阴差阳错地上了讲台，讲完之后，我发现自己喜欢上了那种为大家服务的感觉，自己学会了没有什么，能把自己学到的东西分享给大家，才是学习真正的目的所在。我们学到了东西是要去服务社会的，而金钱、名誉只是副产品。记得自己曾经看到的一句话，“因真理，得自由，以服务”。一个人学习到的知识越多，越会发现学习的目的是要为整个社会、整个人类谋福祉。到了那种境界，钱财早已经成了身外之物，尊重他人，让大家都快乐，才能更加接近人生的意义。

大二时，我重视能力。我觉得学习那么多科目，尤其那些可能用不到的课，需要依靠一个人的学习能力去掌握。在高中，一本薄薄的书需要学习一个学期，而到了现在，以我们大三的水平，一本专业课的书，一个月，甚至一周就可以掌握，这是一种能力的提升，上大学就是要提升自己的学习能力。接触到学生工作之后，我觉得还要提升自己的工作能力、人际交往能力，这些都很重要。

现在，我经历了更多的事儿，见到了更多的人，读了更多的书，我发现自己太肤浅了，人生的意义不在于此。学习本身就是一门艺术，任何有目的的学习，到了后期都很难达到一定的高度，并且其路途一定是极为艰辛与痛苦的。我们关心他人，一定不要出于任何功利的目的，否则我们的人生就太累了，太功利化了，追名逐利实在难成大器。一个人如果只做能够看到短期利益的事儿，只结交对自己有用的人，那他的生活一定是极其单调、冷清、无趣的。人际交往也是一门艺术，经营人际关系全在一颗真心。我们只要有独立的人格、良好的品质、高尚的道德，人际关系就完全不需要担忧。也许直到现在我才明白“性格决定一切”这句话的意思，性格到位了，其他的也就基本都到位了。大学生活应是丰富多彩的，真正的人才不是死读书的书呆子，而是拥有广博的知识、高贵的品格、完善的人格的全面发展的人物。也许我们对人生的定义、对自己的定位都应重新考量一下。每个人的生命只有一次，并且每个人都是独一无二的。

骆子铭——努力学习，铸就梦想

骆子铭，计算机学院2013级本科生。2015年获国家奖学金、校“学习标兵”、黑龙江省“三好学生”、校“优秀共青团员”等荣誉；2014年、2015年连续两次获得全国大学生英语竞赛二等奖、校听力比赛三等奖、校英语比赛三等奖、宝龙达奖学金等奖励；获五次校一等奖学金。2015年11月与他人共同发表了面向容延迟网络的高效数据传输方法的ACM会议论文。

经过多年的努力，2013年我终于如愿以偿来到了哈尔滨工程大学。在“大工至善，大学至真”的校训和“严谨、求实、勤奋、创新”的校风指引下，从入学的第一天起，我就对大学四年有了一个完整的规划和明确的奋斗方向：认真学习基础知识，让它们成为未来人生道路的基石，四年后继续读研究生，要比我的父辈更有研究能力。我出生在一个航天世家，我的姥爷1962年从中国人民解放军军事工程学院毕业后在中国航天科工集团第四研究院十七所从事了一辈子航天研究工作；我爸爸从1990年大学毕业后至今，一直在电子信息产业部第五十四研究所从事航天通信研究。为实现他们的也是我的航天梦想，我要不断学习，不断提升知识水平，向着成为报效国家、服务国防的特色人才的目标阔步迈进。

大学一、二年级学习的是基础课程,我始终将学习放在首位,勤奋刻苦,成绩优秀,自大一第二学期起,连续三学期总成绩年级第一。其实,刚进入大学时,我在学习上并不适应,中学阶段学习知识时老师讲得很细,一个知识点重复讲解。但大学老师只充当引路人的角色,学生必须自主学习、探索和实践。许多同学总是抱怨老师教得不好、懂得不多,学校的课程安排也不合理。其实大学生不应该只会跟在老师的身后亦步亦趋,而应当主动走在老师的前面。例如,大学老师在一个课时里通常要讲解课本中几十页的内容,我们仅仅通过课上听讲是无法把所有知识学通、学透的。最好的学习方法是在老师讲课之前就把课本中的相关问题琢磨清楚,然后在课堂上对照老师的讲解弥补自己在理解和认识上的不足,对每一个知识点,都应当多问几个“为什么”。一旦真正理解了理论或方法的来龙去脉,就能举一反三地学习其他知识,解决其他问题,甚至达到无师自通的境界。

加强英语的学习和应用能力。中国正在走向世界,需要学习西方的先进思想和科学技术,所以要学好英语。最好的学习方法就是理论与实践结合起来,不能只“学”不“用”,更不能只靠背诵的方式学习英语。首先,读书时,尽量阅读原版的专业教材(如果英语不够好,可以先从中英对照的教材看起),并适当地阅读一些自己感兴趣的专业论文,这可以同时提高英语和相关专业的知识水平。其次,提高英语听说能力的最好方法是直接与以英语为母语的外国人对话,现在有很多在中国学习和工作的外国人,他们中的不少人为了学中文,很愿意与中国学生对话、交流,这是一个很好的学习机会。此外,不要把学英语当作一件苦差事,我们完全可以用有趣的方法学习英语。例如,可以多看一些名人的对话或演讲,多看一些小说、戏剧和漫画。初学者可以找英文原版的教学节目录像来学习,有一定基础的则可以看英文电视或电影。看英文电影时,最好先在有字幕的时候看一遍,同时查看生词、熟悉句式,然后在不加字幕的情况下再看一遍,主要靠耳朵去听。同样听英文广播也是很好的练习英文听力的方法,每天最好能抽出半小时到一小时的时间收听广播并尽量理解其中的内容,有必要的话还可以录下来反复收听。靠这样的方法,我分别以 619 分和 629 分的好成绩,通过了英语四、六级考试。在全国大学生英语竞赛、英语演讲比赛、英语拼写比赛中,分别获得 2014 年全国英语竞赛二等奖、2015 年全国英语竞赛二等奖、2016 年全国英语竞赛三等奖、英语拼写比赛二等奖。同时通过学习和参加各种比赛,英语听说读写能力得到了提高。

在过去的几十年里,最先进的思想和最高深的技术以及学者间的交流都用英语进行,因此,除非你甘心做一个与国际脱节的人,否则英语学习是至关重要的。

课余或假期的时候,我常常参加社会实践活动。我曾给大一同学做提升英语学习的报告,指导大一新生如何应考英语四级;参加了 2016 年 1 月份的国际计算机建模大赛,通过了解应用需求、分析应用流程,建立感知、计算、学习、决策和评估提升的模型;2016 年寒假我参加了绿领行动,呼吁大家惜物重用、减少浪费、循环再用。通过学习和参加各种活动,我更好地接触了社会、了解了社会,得到了锻炼、增加了实践经验,提高了自己的洞察能力、创造能力、综合应用分析能力,为自己走好人生路打下了坚实的基础。

孙丝——博学勤勉，明德笃行

孙丝，信息与通信工程学院 2013 级本科生。获 2015 年度国家奖学金、黑龙江省“三好学生”、校“三好学生”、校一等奖学金、“外研社杯”全国英语演讲大赛黑龙江赛区三等奖。

北宋大儒张横渠有言：“为天地立心，为生民立命，为往圣继绝学，为万世开太平。”这是我会撰写在每本笔记本扉页上的话。当我第一次踏入大学的校门，知识的浪潮给予我的那种冲击，使我激动不已！我庆幸身在今日之中国，庆幸身为一名当代新青年。我要拒绝暮气沉沉，以勤奋为成功的基石，博学之、审问之、慎思之。

如果说高中三年的学习只是单单为了这一纸录取通知书，那么大学学习的就是“大人修己治人的大学问”。历史使人明智，诗歌使人灵秀，数学使人周密，科学使人深刻，伦理学使人庄重，逻辑修辞使人善辩，凡有所学，皆成性格。我仍然记得当我抚摸着图书馆的藏书时的那份感动，我的头脑就像嗷嗷待哺的荒野狼。至此，我抛开了高中应试的后遗症，不再单纯追求漂亮的分数与所谓的荣誉，几乎每堂课我都坐在第一排最靠近讲台的位置，不再用考试范围来限制自己探索知识的深度与广度，并且不局限于本专业的学习，而是大量地阅读各类书籍、学习多项技能来丰富自己！我觉得当我们真正去学习知识并爱上与它共处的时光，全优的成绩单只不过是我们丰收的原野上的附属产品。每天清晨起床，深夜才睡，甚至挑灯夜战迎接过无数个黎明日出，越学下去越是觉得自身极度匮乏，我恨不能一天能有48个小时用来学习。我为自己的每一天制定了详细到每个小时的作息时间，争取不浪费每分每秒，每天深夜我都在充实中睡去，清晨又被梦想叫醒。我并不羡慕有些同学"潇洒"的大学时光，我喜欢自己"内在有激情、外在从容不迫"的忙碌生活！

有人问我："大学快毕业了，你学到了什么？专业知识又记得多少？"我会反问道："难道宝贵的大学四年仅仅只是用来学习一项专业技能吗？"我觉得读大学是让我们学会如何去学习，如何在面对一个陌生的世界与重重困难险阻时，披荆斩棘，迅速找到制胜的方法。读了大学我们记住的不应该是试卷上的那一串公式，而是那些公式背后星罗棋布的新奇创意与想法。读完大学，我们的头脑应当更加聪慧，更加充满激情与自信；眼界更加开阔，思想更加丰富，人格更加健全，灵魂更加勇敢，更加富有社会责任感，我觉得这才是衡量自己没有虚度时光的标准！入校快三年了，每每有专业课的考试，我都会将自己精心整理的笔记与总结分享给同学们，只要大家有需要，我就会与大家约时间一起讨论问题，相互促进共同提高。渐渐地，我爱上了这种为大家解决疑惑的过程，所以总是刻苦钻研这些晦涩的专业知识，并将其转换成朴实平白的话讲给大家听，看到同学们茅塞顿开时的笑容，我觉得自己的价值确确实实得到了升华，感谢大家！我也因此更加坚定了自己的理想，并会一直坚守！

2015年春节期间，我报名参加了国际义工组织，前往东非的肯尼亚内罗毕做志愿者支教，内罗毕为"世界上最危险的首都"，当地尘土飞扬、纷扰嘈杂，生活环境十分恶劣，每每走在街上我都提心吊胆。我与那些穷困潦倒的贫民与衣不遮体的孩子们生活在一起，尽自己最大的努力将外面世界的精彩与知识的魅力传递给他们，希望点燃他们学习的激情。吃着当地难以下咽的食物，为自己的人身安全忧虑着，行走在高原的烈日下与肮脏的环境中，短短二十几天，我消瘦了，晒黑了，喉咙嘶哑了，更为当地的贫穷落后揪心。但这次实践使我的心智真正成长了，并收获了对生活、对人生、对国家的深层思考。我要说"感谢苦难"！

我希望当我被授予学士帽时，面对台下的父母、师长、同学们，我可以问心无愧地念出这句话："为天地立心，为生民立命，为往圣继绝学，为万世开太平！"

焦新宇——脚踏实地，不懈奋斗

焦新宇，材料科学与化学工程学院 2014 级本科生，曾担任原 20141051 班学习委员、院学生会美工部副部长。在校期间获得国家奖学金一次、校一等奖学金三次，荣获校“三好学生”、黑龙江省“三好学生”、“五四杯”科技创新竞赛三等奖等。

作为一名当代大学生，我始终保持着一种积极向上的心态，在各方面都严格要求自己，在这样的信念下，我刻苦学习，认真工作，积极参加各种课余实践，勤奋阅读各种各样的书籍，不断提高自己的综合素质。一步步走来，虽风雨兼程，坎坷伴随，但却在自己的青春篇章上踏踏实实地写下了每一笔。

自 2014 年秋天入学以来，我便被美丽的哈尔滨工程大学深深地吸引了。大一刚入学，我便定下了我大学时代的目标——考研。军训期间我认真训练，没有一丝懈怠。我认为军训是磨炼意志的一个绝佳时机，虽然仅有短短的 20 天，但是在这个过程中我找到了自我，认识了同学，对大学生活也有了初步的了解。在军训期间和同学们的交谈中，我认识到每个人都有着不同的梦想，都在为自己的梦想拼搏、奋斗，于是便更加坚定了我认真学习的决心，立志在大学期间做得比别人更加出色。

军训之后便开始了正式的校园生活。为了能够为院系的同学们贡献自己的力量，我积极参加了院系学生会的竞选，参加竞选的有一百多人，为了能够加入学生会，我精心地准备，并在最后的审核中成功通过，成为美工部的部员。这之后便是班委的竞选，为了能给同班同学贡献自己的一份绵薄之力，我参加了大学期间第一次的班委竞选，并全票通过当选班级的学习委员。任学习委员期间，我兢兢业业，勤勤恳恳，积极创新工作方法，努力加强学风建设，不断丰富同学们的课余文化生活。从平时收发作业，到与学长沟通学习方法，我在工作中始终满怀热情，这是我在初高中都未曾体会到的感觉。在班级工作中，我积极配合辅导员、老师们的各项工作，在老师与同学之间起到纽带作用；在生活上，我能及时伸出援助之手热心帮助同学们解决困难。

作为一名大学生，最重要的就是学习。虽然有很多事务缠身，但我依旧不忘自己的本分。大一期间，我认真踏实，勤学苦练，刻苦钻研知识，严格要求自己学好各项基础课程，并不断提高自己的写作能力、动手能力、沟通能力。遇到困难及时与老师和同学沟通，将困难排除。在不懈努力下，大一上学期我获得了全科 90+ 的优秀成绩，平均分 92.91，年级排名第一，并在大一下学期的评选中获得校一等奖学金，全国大学生英语四、六级考试也均是一次性通过。同时我还参加了校 3D 立体画设计大赛，在这次比赛中，我和刚认识的同班同学在课余时间跑到北体育场的墙壁上作画，最终获得了三等奖。这是我在大学期间参加的第一项校级比赛，也是我在大学期间获得的第一张奖状。

大一上学期匆匆而过，大一下学期转眼就到来了，这是我参与科创比赛的启蒙时期，我参加了全校第六届“启航杯”大学生创新创意大赛，在这次比赛中我身为队长，带领五名队员在预赛中取得了很好的成绩，并在校决赛中取得了二等奖。虽然这场比赛只是一个校级的科创比赛，但是我依旧感受到了科创的艰辛。大二上学期，为了检验自己在计算机方面的学习成果，我自行报名了全国计算机等级考试，获得了 88 分的好成绩。中国有句古话，叫“智者知难而进”，只有在逆境中不断寻求自我突破，才能在残酷的社会竞争中得到生存的权利。

社会实践是大学生活一个重要的环节，在结束了初中高中繁忙的学习以后，是时候做一些实践活动了。于是在大二上学期，我参加了学校助教之家的竞选，并最终成功竞选上了微积分科目的助教。在这短短的两个月助教实践中，我积极地为学弟学妹解决学习上的疑惑，必要时还会为他们进行一次集体授课。有句话说得好，“予人玫瑰手有余香”，在这次助教实践中我不仅帮助了学弟学妹们，使自己的精神得到了极大的丰富，而且对以前学过的知识掌握得也更加熟练了，另外每个月还有一些收入，这也是我人生中用劳动换来的第一桶金。

生活中，我勤俭朴素，没有铺张浪费的习惯和虚荣攀比的不良心理，一直坚持理性消费。从入学到现在，我用的都是从“前辈”手里买来的二手课本，不仅节约了大量的金钱，还能触摸到上一届学长们努力学习的痕迹。

大学是人生的一个重要转折点，是人生价值得以初步实现的地方。无论过去有过多少曲折和艰辛，无论拥有过多少星辉和花朵，那都已经成为昨天，我更相信“夜正长，路也正长”，我会用“登山则意满于山，观海则意溢于海”的热情和态度，以“没有最好，只有更好”的标准继续我的人生征程。

高毅韬——从哈工程到斯坦福，我的留学申请之路

高毅韬，船舶工程学院港口航道与海岸工程专业2014级本科生。曾获得国家奖学金，2016英国大学生数学建模竞赛一等奖，校"学习标兵"，校一等奖学金五次，"外研社杯"全国英语演讲比赛哈尔滨工程大学第一名，目前被美国斯坦福大学录取，攻读硕士研究生学位。

出国留学的想法，我是从大一开始就有的，这种想法从产生、付诸行动到获得结果，花了很长时间，非常庆幸自己大学四年能够坚持追寻自己的梦想。

我从大一开始记托福单词，每个周末当同学休息时，我得赶去新东方学习一整天的托福课程。申请留学只是语言成绩合格还是不够的，学校的课程的成绩也很重要，因此，无论是选修课还是必修课，专业课还是大类培养课程，我都非常重视。一方面这是对自己的成绩单负责，另一方面也可以广泛培养自己的兴趣爱好，扩充专业知识储备。较高的学习绩点是申

请留学的必要指标，当然也是作为学生的本分。除了学期内的努力，假期也是自我提升的重要时机，我利用寒假时间参加美国大学生数学建模竞赛，暑假参加美国高校的暑期研究、夏季课程以及国内实习项目等，这些都是能提升自我素养和提高申请竞争力的项目。在没有本校前辈帮助的情况下，我都抱着试一试的心态去做了，也收获了很多经验，比较遗憾的是我没能参加暑研项目来提升自己的科研素质。如果暑期还有空闲时间，用来准备托福考试是最好不过的，利用一整段时间，如连续 5 小时，完成一套 TPO 模拟题并立即进行批改和归纳总结，对于适应高强度考试的帮助非常大。为了保证万无一失，我完成了市面上 54 套题的所有测试才去参加考试，成绩较理想。申请美国高校研究生还需要参加 GRE 考试，我利用大三寒假去新东方清华校区参加了 GRE 培训，一方面是为了享受更好的教育资源，另一方面是为了了解我和清华的同学之间的差距并努力与他们同步。经历过一周同时准备 GRE 和两个课程期末考试的“炼狱”生活之后，大学三年疯狂的学习生活算是告一段落。

由于没有前人申请的先例可供参考，所以最初我也并不了解自己能申请什么样的学校，对于伯克利大学的了解也就只是“土木专业排第一”。大一时我就把微博的头像换成了伯克利大学的校徽督促自己，每次刷社交软件时都能提醒自己不要浑浑噩噩过日子。直到伯克利大学 Ronald 教授来学校访问时，了解我申请的条件之后说，“你应该是第一梯队的”，这给了我更多探索梦想中学校的勇气，也正因如此我才抱着试一试的心态申请了斯坦福大学。

大四只有选修课，因此我利用空闲时间写申请文书。出于对市面上各种中介“神坑”吐槽产生的顾忌以及高昂的中介费用，我决定放弃中介，选择自己申请。申请过程中也非常感谢学姐学长们将保留的申请文书资料供我借鉴，当然我自己也加入了一些诸如“一亩三分地”等文书讨论论坛和微信群，收集各种参考材料，没有前人的经验我也不可能那么快了解整个申请流程。申请过程中我最看重的是伯克利大学的文书，再三检查后才敢提交。而斯坦福大学的申请文书真的是独树一帜，其他学校都是直接交个人陈述，改改本校特色的内容上交即可，斯坦福大学的文书给了各种具体的小问题，限制字数，不能排版，直接在网页框里输入。之所以这样设置，就是因为学校不希望看到千篇一律的文书，其中有一问是：“你能为斯坦福的多样化做出什么贡献，请用 70 个字母回答。”①——没错，不是单词，是字母。回答完各种新奇的申请问题之后，我也只能默默祈祷，毕竟这个学校的录取率是全美国最低的。

提交完申请就是漫长的空窗等待期。据说这个时候学生都有同样的症状：每天早上起来第一件事就是打开手机查邮件，在社交网络碰到锦鲤就会转发，经常做梦梦到自己被梦想中的学校录取了然后笑醒或是被保底学校拒绝后吓醒。就这样一直煎熬到 2 月初，感觉自己就像个失学儿童。2 月 6 号早晨六点，我从睡梦中惊醒，点开邮箱。“你在 Stanford 的申请有了结果，请登录……”毫无防备的我点开了“decision letter”，第一行没有“Congratulations”，本打算将一首《凉凉》送给自己，接着往下看，一句“We are delighted to…”为下文被录取的喜悦埋下了伏笔。接下来的日子收到了一波一波的录取通知，8 申 7 中。来到斯坦福大学的校友群里，我发现国内学生 50% 来自清北，90% 来自 C9 联盟，一个更好的平台势必会有更激烈的竞争。

革命尚未成功，同志仍需努力。

傅笑盈——幕后台前，演绎精彩

傅笑盈，水声工程学院2014级本科生，担任院系团委副书记一职。曾经获得国家奖学金一次、水声奖学金两次、校一等奖学金五次、校“三好学生”、校“优秀共青团干部”、校“优秀学生干部标兵”、三下乡“优秀先进个人”、校工程“好故事”演讲比赛一等奖、黑龙江省“三好学生”等奖励和荣誉。

我是一名来自哈尔滨工程大学的大三学生，就读于水声工程学院，目前担任学院团委副书记一职。在大学期间，我学习成绩优异，多次利用课余时间参与学生活动，积累了许多宝贵的学生工作经验。

下面就让我详细谈谈我的学生工作经历吧。正如我的文章题目所说，“幕后台前，演绎精彩”，我与学生工作的缘分就是从幕后工作开始的，自大一入学以来，我参与过学院许多大型活动的筹备工作，其中一些活动已经成为学院的特色活动项目。我参与最多的是学院品牌活动——大学生成长故事会的筹备。成长故事会以“故事育人”为形式，邀请某些方面突出的学生或班级，与其他学生分享自己的成长经历，也会结合毕业季、母亲节等特殊时期，融入合适的要素作为故事会的主题。我在筹备中负责前期流程设计、开场动画制作、现场控制幻灯片播放，因此需要与其他人多次进行沟通，以达到最佳的效果。实际数据显示，多数学生对于故事会的教育意义以及形式都予以了肯定，这些工作并非徒劳。类似的工作还有很多，迎新晚会、毕业典礼、运动会，一次次的学院活动带给我的是历练，也是感动。从幕后走出，来到台前，为更多人服务，这一路走来，支持我的就是我对学生工作的由衷热爱。大二下学期，我成为一名党员，我认为自己有能力也有责任为更多的老师、学生服务，因此积极竞选学院团委副书记一职，并成功当选，从而得到了更多锻炼工作能力的机会，也为学院在众多活动中取得成绩做出了卓越贡献。

在工作上，我尽心尽力，投入了极大的热情。2016 年 8 月，我组织院系学生干部前往黑龙江省巨源县进行为期一周的“三下乡”社会实践活动——缘聚巨源，在巨源县进行了一系列社会调研、科普、支教工作。正式上任后，我和院系的其他学生干部一起兢兢业业完成团委本职工作，同时也参与筹备入院仪式、元旦晚会、毕业欢送会等学院大型活动。令我印象最深刻的是元旦晚会和毕业欢送会的筹备工作，因为这是两种风格完全不同的活动。元旦晚会——水声人的独家记忆是一台气氛活跃、以娱乐活动为主的联欢会，因此对于节目、游戏质量的审核彩排，活动时长和场地设备的考虑，现场气氛的把控，都是极其重要的。为此，我与筹备组的同学提前一周进行了十分周密的准备，如筛选节目、试玩游戏、采购道具等，考虑到了所有可能出现的问题。在正式表演之前，我们安排表演节目的同学参加彩排，对设备进行反复调试，也让负责场务的同学再次熟悉整个流程，保证万无一失。这次活动的效果甚至超出了我们的预期，同学们都积极主动参与互动，气氛十分融洽。与之相比，毕业欢送会则需要对环节进行精准把控。我们接到任务的时候时间已经十分紧迫，仅剩一周时间，各个学生组织互相配合，分工明确，利用几天时间就把方案完善了，后来又紧锣密鼓地着手布置现场，最后欢送会也达到了预期效果。

一次次的学院活动带给我的是历练，也是感动。从一个小小的音响控制人员到现在的主力筹备人员，这一路走来我也是感慨良多。我总是站在聚光灯右侧的黑暗处，就像一个送孩子进入高考考场的家长，心中既有忐忑也有激动。我会在意大家的评价，会担心出现意外状况，会小心翼翼地控制流程进行。累吗？累。值吗？值。学生工作者的快乐就在于此吧，很多人不认识我们，但是他们能对我和其他干部精心筹备的活动有印象，对我们的学院活动报以赞赏的态度，这对于我来说就是最好的肯定，再累再苦也算不了什么了。

我周围很多同学都被一种奇怪的思想禁锢住了，他们认为理工科的学生就应该专心研究学业，参加学生活动就是浪费学习时间，没有什么意义。这样他们就不自觉地把自己的能力贬低了。但是我想说，我们能做到的远远不只现在这个程度。我认为，如果觉得自己有能力去做，那就放心大胆地尝试，不要有太多的顾虑和犹豫，一方面这锻炼了个人的技能，另一方面也为学院争取了荣誉。“工科生”一直是低调内敛的形象，所以很多人不知道我们真正的风采。那我们就用行动告诉这些人，我能做得更好。我是一名工科生，我很自豪！

今后，我将带着在大学期间积累下来的学生工作和学习经验，继续活跃在大学校园里，在工作上为老师同学服务，在学习上努力拼搏，工作学习两不误，不辜负老师与同学的期望，为学院服务，台前幕后，同样演绎精彩。

高文——做一个追梦人

高文，动力与能源工程学院2015级本科生，中共预备党员，担任20150311班班长，院系学生会学习部副部长。曾获国家奖学金一次，校一等奖学金两次，校二等奖学金一次，校级文体竞赛三等奖两次。被评为黑龙江省“三好学生”，校“三好学生”，校“优秀共青团干部”。

你要知道，奋斗的日子过得很慢，满载着期待的目光，也满含辛酸与艰难。人生路，没有所谓的康庄平途，总会有坎坷凹凸，把握好现在的日子，认清方向，走好生命里的每一步，把汗水洒在逐梦的路上，让自己不断地超越自己，完成最初的梦想，实现青春的价值理想。

做一个追梦人,不忘初心

2015 年 8 月,我从家乡安徽来到 2000 公里外的哈尔滨求学。我在踏上火车的时候告诉自己,一个新的挑战又要开始了。高三暑假在家对这所大学也做了不少了解,它是首批入选国家“211 工程”的重点建设高校,前身是陈赓大将出任首任院长的中国人民解放军军事工程学院。来到这里我觉得是对我高中三年努力的最好回报。一直以来,我的目标都比较明确,在看了校园里许多学长学姐的毕业金榜后,我暗暗下定决心:在大学里也要成为一个像他们一样优秀的学生。

开学两天后我在车站送爸妈回家,我告诉他们我一定可以照顾好自己,不用担心我。说话时笑容满面,可一转身心里就一阵酸,毕竟这十八年我一直待在他们身边。军训的日子是难忘而又痛苦的,由于之前高中没有军训,而大学军训又比较严格,着实让我这个愣头小子有点吃不消。但实际上最让我难受的不是身体上的疲惫,而是发自内心的孤独。军训那段日子心情非常糟糕,因为刚来学校时性格比较内向,所以朋友少,我止不住想家的念头,每天都会给家里打电话。他们一直都是安慰我鼓励我,直到正式上课前一晚,父亲突然严厉起来,说:“你必须要经历这些,让你去那么远的地方上学就是为了让你更好地成长,你怎么能这么没出息,大学课程马上就要开始了,这样下去你大学四年就荒废了!”我幡然醒悟,忽然发现自己或许已经忘了初心,离自己当初的目标好像越来越远,这样的情绪如果一直持续下去我的大学就完了。和父亲打完电话后我又一次告诫自己,不忘初心,方得始终。

之后的日子我努力克服自己的内向性格,多与同学们交流,积极参加各种活动,结识了许多朋友。同时我刻苦学习,把高三的精神一直延续到了大学里,上课认真听讲,作业及时完成,另外经常给班里的同学解答疑惑。在国庆之前,我做了大学中最正确的一个选择,去竞选学习委员一职。正是由于我在班里人缘较好,学习态度端正,最终我的票数居于榜首,成功当选学习委员。这是我在大学里一个重要的转折点。我知道既然选择了远方,就必须风雨兼程。大一刚开学一直到第一学期末,我都很努力地学习,遇到没有课的下午或晚上,我都放弃了躺在床上看电视剧的安逸,去动力楼或者 21B 上自习。我会做到课前预习、课上认真、课后复习。每次从自习室走出来,在回宿舍的路上,望着星空,听着我最爱的音乐,我对自己说:你离目标又近了一步,你要做夜空中最亮的星!我觉得自己特别享受那样的时刻,我真真切切地感觉到自己是一个追梦人!功夫不负有心人,大一上学期我取得了全系第五、班级第一的好成绩,并收获了校一等奖学金,从此我的脚步变得更加坚定。

做一个追梦人,永不言弃,持之以恒

大一下学期刚开学,辅导员老师找我谈话,说上一任的班长辞职了,问我有没有意愿担任班长一职。我当时有点犹豫,因为我怕我会干不好,并且也怕会影响学习成绩,但是当时老师给我举了个例子,上一届 311 班班长石晓磊学长,担任班长一职,不仅成绩名列前茅,并且获得了国家奖学金。我这才意识到,只有学习成绩优秀是不够的,大学里我们要全面发展，担任班长一职会让我得到更多的锻炼，结识更多的朋友。于是我坚定了想法，我立志以石晓磊学长为榜样，把国家奖学金当成我这一年努力的目标。

马云曾经说过，“梦想还是要有的，万一实现了呢?”我对这句话深信不疑。只不过在通向梦想彼岸的路上，你要付出无数艰辛，承受许多痛苦和孤独，永不言弃，持之以恒。正是由于我有这个信念，在那半年里我经常早上出门，晚上回寝室，我用五门选修课把周末时间填得满满当当，我不浪费每一个晚自习，我珍惜每一节课、每一次作业，放弃了每一个可以出去玩的小长假。奋斗的日子过得很慢，可是你会觉得无比充实、踏实。

就这样我走完了我的大一，最终以年级第四的学习成绩荣获 2015—2016 年度国家奖学金。前不久，又被授予黑龙江省“三好学生”荣誉称号。当优秀和努力成为一种习惯，幸运便会常伴你左右。那些梦想遥不可及的梦想，并不是我们奋斗的目标，我们寻求的不过是那无愧于心的过往。

做一个追梦人吧！一起加油！

郭亚萍——时光冉冉，她梦犹在

郭亚萍，外语系2015级本科生，担任外语系实践部副部长，英语俱乐部英语角副部长。在校期间获黑龙江省“三好学生”、校“优秀学生干部”、校“优秀共青团干部”称号，获一等奖学金三次、国家奖学金一次。

高中时的我是一名理科生，怀着对科学的无限憧憬与向往报考了哈尔滨工程大学自动化专业。由于分数不够而被调剂到外语系。大一上学期的我，由于自身英语水平低，感到自己与整个课堂格格不入，再加上内心的不甘，我一度产生了退学的念头。我咨询了院系辅导员之后，克服内心的恐惧，打消退缩的念头，告诉自己我的未来是朵花，终将完美绽放。后来我坚持早睡早起，积极上早自习，上课认真听讲，即使是基本听不懂的外教课也逼着自己努力听，课后练习。皇天不负有心人，我的学习成绩与综合成绩均为年级第一，其中高等数学成绩满分。

我的学习方法在于以下几点。首先，课前积极预习。预习不仅能够联系以前的知识，而且能产生新的问题，把问题带到课堂上，以便能更有针对性地听老师讲解，对新知识的掌握更加快速高效。其次，课后主动复习。“温故而知新”是复习的目的。德国心理学家艾宾浩斯创制的“艾宾浩斯遗忘曲线”表明，遗忘是有规律的，先快后慢，刚记住的东西最初几小时内遗忘速度最快，两天后就较缓慢。复习其实就是与遗忘做斗争，所以课后一定要巩固学过的知识。最后，就是要养成勤动脑、多思考的习惯。进入大学后，我们更多的是需要培养独立思考、解决问题的能力，因此，需要养成勤于思考的习惯。善于提出问题，然后想办法解决问题，最终形成一套自己独有的思路。

本以为自己可以一直保持英语专业与跨专业学习两不误，但是大二开学之后我发现专业课程骤然增多，难度加大，随着第二外语课程的开课，兼顾英语与跨专业的课程的愿望破灭了。一面是骨感的现实，一面是丰满的理想，我必须做出选择。我开始认真思考自己以后的方向，因为只有知道了通往明天的路，才能清楚而智慧地规划未来。到底是应该坚持自己的理想，选择心仪的专业，还是应该把自己现有的专业学好，我陷入了深深的迷茫与焦虑中。在与院系辅导员老师与优秀学长学姐交流之后，我发现跨专业考研并没有我想象得那样简单，尤其文科跨工科更是难上加难，经过一番思想斗争之后，我认为既然我当时进入了外语系，那么就一定要坚持下来，尽自己最大的努力，寻找力量的源泉、冲锋的战旗、斩棘的利剑，实现人生的愿景。

以梦为马，不负韶华。因为有了目标，我便会扬帆远航。在过去的两年里，我虽然有过犹豫和彷徨，但是我一直珍惜在哈工程的时光。我积极参加各类比赛活动，在第七届“启航杯”大学生创新创意大赛中荣获一等奖；在第二十二届“五四杯”大学生课外学术科技创新作品竞赛中荣获二等奖；在第二十二届中国日报社“21 世纪 • 可口可乐杯”全国英语演讲比赛哈尔滨工程大学校园选拔赛中获得三等奖；在 2016“外研社杯”全国英语写作大赛初赛中荣获三等奖；有幸获得第六届西方文学知识竞赛一等奖。

帮助别人要忘掉，别人帮己要记牢。在我最彷徨无助的时候，是亲爱的老师和同学们给了我最真诚温馨的帮助，因此我热心公益，要把正能量传递下去。在大一开学时我坚定地加入了外语系实践部这个团结友爱、以奉献为己任的大家庭。在“相约哈工程”黑龙江省 2016 年高考咨询会上我获得了优秀志愿者称号；在第二届“建行杯”黑龙江省“互联网 +”大学生创新创业大赛中获得优秀志愿者称号；在 2015—2016 年度接送聋哑儿童的志愿活动中获得爱心证书；也曾多次参加外语系实践部组织的实践活动，如图书馆清理占座，济海湾清扫，敬老院看望孤寡老人的活动等。人生最美丽的补偿之一，就是在人们真诚地帮助了别人的同时也帮助了自己。在被帮与帮人的过程中我深深地感受到了幸福。

曹港辉——以梦为马 不负韶华

曹港辉，航天与建筑工程学院2016级飞行器设计与工程专业本科生，20160252班学习委员，学习成绩排名专业第一，曾获国家奖学金两次，获黑龙江省“三好学生”、校“学习标兵”、校“三好学生标兵”等称号。

在课内，我努力且坚持，每学期的学习成绩均为专业第一；在课外，我好学并钻研，自学了其他专业的部分知识。不但自己的学习成绩十分优异，而且我还积极带动身边同学，通过微信、QQ等与班级同学讨论重点难点，在考试前耐心地回答与讲解同学们的问题。在公寓研讨室内为学弟进行答疑及学习指导；提前温习课本知识，结合大家的知识储备与历年考题，有针对性地为后进同学补习。我在成长的道路上受到过一些学长学姐的帮助，在与导师的交流中也得到了启发而产生了新的思路，自己也有一些总结，我希望能将这些宝贵的经验一届又一届的传递下去，让学弟学妹们少走弯路，早日实现自己的理想。

为何努力学习？

首先，国家和学校需要我们。这并非一句假大空的话，而是作为一名青年学生的担当与义务。高校中最需要的就是踏实肯干、勤恳好学的学生，“青年兴则国家兴，青年强则国家强”，“青年一代有理想、有本领、有担当，国家就有前途，民族就有希望”；习近平总书记对青年一代寄予高度重视，青年对于国家的重要作用不言而喻。一位俄罗斯的航天专家曾表示，他最羡慕中国的不是完备的科研环境、不是发达的科研设备，而是科研团队的年轻化。我于今年的正月初七回到实验室，在老师的课题组里承担了一些有意义的研究工作，我每天早上七点半之前就到实验室，晚上十点才离开。在我看来，作为一名青年学生，无私地回馈母校与国家，做出应有的贡献，是我们义不容辞的责任。

其次，努力学习可以为自身的发展提供丰富的机会与广阔的平台。到底是什么限制了我们的发展？我认为是自我的学习能力。目前，学校与很多科研院校和企业建立了合作关系，为本科生提供了充足的实习机会与实践平台，而本科生要勇敢地迈出第一步，抓住这些机遇，来为自己增添经验与阅历。2018 年暑假，我申请了加拿大排名第一的学校麦吉尔大学的暑期交流项目，主要学习了三门课程并取得了全“A”的成绩，还参观了国际民航组织总部，并与其中的技术人员交流。我也经历过迷茫阶段，后来在老师、学长学姐的帮助下，逐渐找到了方向并树立了明确的目标。我希望学弟学妹们能够认识到自身的局限性，加快学习的脚步，在这个重要的大学阶段，增长知识与才干，拓宽视野，充实自我。

何谓努力学习?

快速接受新知识的能力是一个人的核心竞争力。在保证学习成绩的情况下，应避免应试模式的学习。我在科研项目中发现，基础课程知识是非常有用的，学习不仅仅是熟记公式与运算，而是要将学习的知识系统化，充分理解并消化吸收。基于良好的知识基础，我在全国大学生数学竞赛中荣获赛区二等奖，在美国大学生数学建模竞赛中荣获一等奖。因为科研需要，我在大三上学期就自学了包括导弹飞行力学在内的部分专业课程，大三下学期自学了自动化专业的相关知识，其中的许多内容甚至超出了本科生的学习范围。

低质量的勤奋比懒惰更可怕。很多同学表面上看起来很努力，一周七天连轴转，但其实他们的学习效率并不高。学会平衡学习与生活之间的关系十分重要，要在生活中学会取舍，追求有效的休闲方式。很多同学在学习时，习惯以进度为目标，比如一天要看完几个章节，但在追求速度的同时往往就忽视了学习质量。而我则喜欢以时间为节点，每天达到了自己设定的学习时间就休息。这样，既保证了足够的学习时间，又保证了有效的学习效果。

理论与工程相结合。我在参与导师的科研项目的过程中，会遇到很多复杂的问题，让人毫无头绪，不知道该如何入手。在导师的建议与引导下，我找到了一个十分有效的方法——化繁为简。每个问题都由最基本的元素组成，当不知道从哪里下手时，就先抓住其中的一个首要因素，然后再考虑其他因素。如果没有灵感，就先硬着头皮动手去做，在做的过程中就会产生新的想法，从而找到最后的结果。如果仅仅是空想，那么做出的模型就会不符合实际，其产生的结果也就没有了应用的价值。我始终相信，科学只有转化为技术，才能真正地提高生活质量。秉承着这种信念，再加上坚持不懈的努力，我为导师的项目做出了一点小小的贡献。

给自己适度的压力，并学会疏导自己。在诸多诗人中，我最爱的就是苏东坡。苏轼一生历尽坎坷，但依旧怀揣着一颗热爱生活的心。“人生到处知何似，应似飞鸿踏雪泥”，是成功还是失败，不用心急，可贵的是曾经经历过。每当遭遇挫折时，我就会去读苏轼的诗和故事，从大诗人的身上汲取力量，这使我在面对困难时能够坚强地走下去，激励自己勇敢前进。

沈心怡——仰望星空，脚踏实地

沈心怡，航天与建筑工程学院飞行器动力工程专业2016级本科生。20160263班学习委员，学习成绩排名专业第一，曾获国家奖学金一次、黑龙江省“三好学生”荣誉称号。

仰望星空是我们追逐梦想的开始，脚踏实地则是我们让梦想成真的途径。我自进入大学以来，一直在为成为航天工程师的梦想努力奋斗着。

在专业课程的学习中，我有自己的学习理念。我相信“兴趣是最好的老师”。在想要探索宇宙的强烈渴望下，我能保持一种钻研的精神，对书本上的知识深入研究。我平时注重积累的过程，善于思考和总结，及时记录自己学习过程中所获得的感悟。我也注重培养一个积极、健康的学习心态，“欲速则不达”，耐心地对待学习过程中遇到的疑难杂症。我是用这样的学习理念来指导自己的学习实践的。首先是钻研书本。我会在课前预习书本，课后“温故而知新”，在期末复习时再对书本做一次完整的总结。其次是交流与讨论。我经常与老师、同学探讨学术上的问题，沟通自己的想法，汲取他人的见解。然后是记笔记。我喜欢把知识用自己的语言和架构记录下来,真正地把书本知识内化为自己的知识。在这样的学习体系下,我取得了不错的学习成绩,每个学期的平均成绩都能保持在 90 分以上。同时,为了拓展自己的专业知识面,我选修了我们院系为这个专业开设的所有专业选修课。

我也会充分利用课外的时间来加强自己的实践能力和学术技能。我通过参加各种数学建模比赛,学会了如何运用理论知识和计算机编程来解决实际问题,并且锻炼了学术论文写作和团队合作的能力。我曾获得第一届"中电十所杯"的二等奖、全国大学生数学建模竞赛黑龙江赛区一等奖、美国大学生数学建模竞赛二等奖等奖项。而在这个过程中,我逐渐意识到编程能力对于工科学生的重要性。我通过参加社团活动,自学了 Arduino、HTML5 和 Unity。我也在 Coursera 网络公开课上学习了密西根大学开设的 Python for Everybody Specialization,可以用 Python 进行编程和数据处理。除此之外,英语也是一项非常重要的技能。我每天都花一个小时的时间来提高自己的英语水平。经过长期的努力与坚持,我收获了不错的成绩。我的英语四级成绩是 631 分,六级成绩是 636 分。我不只停留于应付英语考试,我也曾去加拿大麦吉尔大学参加航空航天工程项目。在那里,我积极地与教授、同伴们互动,拓展自己的视野,学习了三门课程并且全部拿到了"A"。然后我利用空闲的时间阅读与本专业相关的外文文献。

作为 20160263 班的学习委员,我也要对全班同学的学习负责。我鼓励大家从自己的兴趣出发,保持对学习的热情、对未来的憧憬,要有一颗仰望星空的心。我经常与任课程老师沟通,收集与课程相关的信息与资料,再分享给班内的同学。每周末我都会定时整理并发布课程作业,以防大家忘记。在期末的时候,也会及时提醒大家复习。我最主要的任务是为大家答疑解惑,为同学解答课程中不懂的题目,或是为班级解决学务上的问题。当有的同学在期末来不及复习时,我会把自己的笔记拍照分享给大家,以帮助同学加快复习的进度。在我和全班同学的共同努力之下,班内三分之一同学的学习成绩达到了 80 分,全班平均成绩稳中有进。大家都在脚踏实地地努力着。

我们仰望星空,是因为星空很美,梦想很美。我们脚踏实地,是因为道路坎坷,圆梦艰辛。我们新时代的青年就应该一直保持着"仰望星空,脚踏实地"的态度砥砺前行!

唐煊——做一个新时代的追梦者

唐煊，机电工程学院2016级本科生，中共预备党员，担任综合测评中心管理部副部长，曾获校一等奖学金三次，国家奖学金一次，校“三好学生”一次，黑龙江省“三好学生”一次。

北上求学

我是南方城里的孩子，从小受到父母照顾与保护，没有离开过家乡，家庭经济条件较好，生活安逸幸福，但这并没有让我安于现状，丧失进取心。恰恰相反，我从没有放弃过自己的追求，甚至比多数同龄人更加严格要求自己，从小到大学习成绩都名列前茅。父母对我的教育一向严苛,我时常勉励自己:为了梦想要更努力一点。

2016 年 7 月,我考入了哈尔滨工程大学机电工程学院,专业是机械设计制造及其自动化。填报志愿的时候我毅然放弃了离家比较近的学校,因为年满 18 岁的我已经到了要离开父母的时候,去到一个陌生的城市、陌生的环境,学会独立的生活,追逐自己的梦想。在中学时我就很喜欢物理,对机械也很感兴趣,尽管周围有许多人不赞同我的选择,认为机械专业并不适合女孩子,女孩就应该学学语言、师范类的专业,但我依旧不改初心,选择了机械专业。机械设计制造及其自动化专业有着极其重要的地位,对其他技术领域起着支撑作用,是各行业的基础。面对新一轮工业革命,《中国制造 2025》为我们描绘了新蓝图:要以新一代信息技术与制造业深度融合为主线,以推进智能制造为主攻方向。传统的专业将焕发新的青春活力,我相信自己的选择,坚信自己可以完成好学业,拥有灿烂美好的明天。

这一年的夏天,我北上求学,梦想从这里启航。

新认知,新自我

初入大学,我就有了新的感受:课程好难,相较于高中知识点的反复练习强化,大学课程则更多的是“师傅领进门,修行靠个人”。仍记得第一节课是线性代数,两节课下来我感到非常吃力,很多内容都听不懂,但我明白没有多少时间让我来慢慢适应大学的学习模式,于是我开始预习、听讲、复习三结合,两个星期的时间,就适应了这种高强度、快节奏的授课方式。为了把老师上课的东西理解透,我常去请教老师、请教同学,也会去图书馆查阅资料、查找书籍,包括那些为人诟病的课外辅导班、课外辅导书,其实这也是促进学习的一种方式。不管是以什么样的方式,能够有助于你理解和掌握知识的都是好方式。

大学很自由,这种自由是之前没有过的,课余时间可以自己安排,没有人再监督你写作业,逼着你做课外题,上课外辅导班,买课外教辅,甚至在课余时间可以做任何你想要做的事,没有人会再因为你玩游戏、玩手机而批评你,这可能就是高中老师口中常说的:“你们到了大学就自由了。”但对于一个梦想追求者,大学的自由也是成长的历练,是自我约束能力提升的磨砺。进入大学之后渐渐明白,更多的时候不是要我做什么而是我要做什么,我应该做什么。于我而言,我不想浪费青春,不想浪费学习资源,不想把时间消耗在虚拟的网络游戏里,我要学习一门技术,掌握一门知识,锻炼一种能力。

做一件事,做好一件事

不得不承认,这个世界上的天才是极少数的,我们多数都是平凡的,我们并没有比别人更高的智商,我们的精力有时候只够我们去做一件事,鱼与熊掌不可兼得。做一件事的时候,我常问自己这么几个问题:你为什么要做这件事?必须做这件事吗?你做好这件事了吗?一旦我决定了要做一件事,我会竭尽所能去把它做好,否则干脆不做,敷衍了事对我而言没有任何益处和意义。

无论做什么,坚持都是至关重要的。拥有始终不变的初心、克服眼高手低的毛病等,是很多心灵鸡汤常常提到的，这些能让人耳朵听出老茧子的话说起来容易，做起来很难。你得坚持，一天、一个星期、一个月、一年，甚至一生，我很庆幸自己一直坚持到了现在。

做一个明媚的女子

人们称学习成绩很好的人为“学霸”，这并不算是一个褒义词，很多人觉得“学霸”整天啃书本，和书呆子其实没什么差别。其实大学的生活是多姿多彩的，除了文化学习之外，还有很多东西要学习、要体验。就像我大一的时候，也会参加合唱、长绳、雪雕大赛，选修古筝和评剧，提高素养，陶冶情操。与此同时，我积极参加系团委学生会的工作，成为综合测评中心的副部长，认真做好学生工作。热心公益活动，我是学校青年志愿者协会成员，曾获得“中国人寿杯”黑龙江省大学生橄榄球锦标赛“优秀志愿者”称号。

中国特色社会主义进入了新时代，中国共产党正带领着全国各族人民为实现中华民族伟大复兴的中国梦而奋斗。进入大学以来，我积极向党组织靠拢，接受党组织考验，终于成为一名中国共产党预备党员，在奋斗中释放青春激情、追逐青春理想。

做一个明媚的女子，不倾国、不倾城，但以优雅的姿态去摸爬滚打。

做一个新时代的追梦者，以青春之我、奋斗之我，为民族复兴铺路架桥，为祖国建设添砖加瓦。

孙逸凡——阳光灿烂的日子

孙逸凡，动力与能源工程学院2017级学生，担任20170313班学习委员、动力与能源工程学院学习部副部长，曾获国家奖学金，校一等奖学金，黑龙江省“三好学生”，全国大学生数学建模竞赛黑龙江赛区一等奖，全国大学生英语大赛、英语演讲大赛省二等奖，全国大学生电子设计大赛省三等奖。

当我第一次踏上哈尔滨的土地时，我记得那是个阴天。八月份的哈尔滨，气温已经很低了，我穿着短袖，微微地有些发抖。那几天心里总是有些闷，可能是因为我初来乍到，感到有些陌生和迷茫，也有可能是因为阴天给人的感觉总是有些压抑。但是过了几天，当报到结束，军训开始，天就放晴了，坏的心情也消散了。不知道是因为军训让我有了事做，心中不再那么空空荡荡，还是因为晴天总是让人心情开朗。

几乎每个人都喜欢阳光灿烂的日子，阳光从湛蓝的天空照射到大地上，一切都显得那么有生机，特别是哈尔滨的晴天，永远是那么蓝，一丝云都没有。走在这样的天空下，整个人的心情都随之开朗了起来。可是天气不可能永远是晴的，总有阴天、雨天，一个人的好心情不能总是靠晴天来维持。

当大学生涯刚刚开始的时候，我是很迷茫的。高考失利的影响还没有从心中消除，新的城市、新的环境和新的同学又带来陌生感。离家2000公里，第一次感受到一个人的生活是怎样的。我有些期待、有些兴奋，但更多的是不安和不确定。

一开始的时候我以为生活是非常简单的，只要学习、吃饭、睡觉、洗澡就行了。也没有所谓的规划和想法，只想踏踏实实地做好自己的事，先走好现在的每一步。可是后来，我发现事情没有那么简单。我发现，原来大学也是有竞赛的。大学的学生会，原来有这么多工作要做。一个人在大学能做的事情，原来远远不止学习课本上的知识这么简单。

简单的生活固然是舒服的，没有那么多事，没有那么多安排，可是过着这样的生活，心中总感觉少了些什么，空空荡荡的。有时就算碧空万里我也无心抬头，只管低头走路，行色匆匆。曾经的我以为，只有在闲下来的时间里，人才能欣赏周围的风景。现在看来是我错了。

我开始想着我还能做些什么。幸运的是，我遇到了引路人。在一个去专教上晚自习的晚上，我碰到了正在借用我们班专教进行视频拍摄的学习部的学长们。时间不长，我便和在门外等待的学习部部长聊了起来。在他得知我还没有参加任何学生组织之后，便开始劝我加入学习部。在和学长的聊天里，我发现自己无所事事的原因，是根本没有想过在大学里要去做哪些事。在进入大学以后，我不过是郁郁寡欢地做些手头的事，没有规划，走一步看一步罢了。美其名曰脚踏实地，实际不过是埋头赶路，却不知往哪儿去。

在有这么个机会接触到了学生工作和学习部的学长之后，我才开始仔细思考到底要做些什么，或者最简单的，要不要参加学生工作。而这几乎不需要太多的思考，我的答案是肯定的。当然要说原因的话也是老调重弹，但是这次短暂的交流给了我这样一个机会去审视自己到底要做些什么。

再后来，很多我接触到的优秀的老师和学长都鼓励我参加竞赛增长知识，开阔眼界。同样，这些事情我在入学的时候想都没想过，但是幸运的是，我在身边的人的带动和鼓励下，慢慢地走上了充实自我的道路。

现在回想刚刚入学时的迷茫，有些幼稚却又在情理之中。有几个人能在刚开始就把事情想得那么远呢？反正我没有。现在想想那段日子，头顶上的天空总感觉阴阴的，但是没想清楚不要紧，没想过也不要紧，关键在于知道自己没有明确的目标和计划后，慢慢改正。有了计划之后，一切都显得那么清晰，因为知道自己需要做些什么，每天也都会变得充实。没有长期目标，只是无头绪地瞎撞、毫无目标地前进，都是不可取的，都是短期的刺激和愉悦罢了。想好自己需要做些什么，想好自己想做些什么，每天都可以过得阳光灿烂。

李泽焕——宝剑锋从磨砺出，梅花香自苦寒来

李泽焕，机电工程学院 2017 级本科生，担任 20170701 班班长，系学生会传媒中心采编部副部长。曾获校一等奖学金、二等奖学金，国家奖学金，全国大学生数学竞赛省一等奖，“五四杯”大学生课外学术科技创新作品竞赛二等奖，获得军训优秀学员、优秀班干部、校“三好学生标兵”、省“三好学生”等荣誉称号，第九次学生代表大会学生代表。

2017 年 8 月，我怀着对大学生活的美好向往，开启了新的征程。两年来，我逐步向德才兼备、全面发展的目标前进、努力，全面认识自己，提高自己，在学习中不断增长知识，在人生旅途中不断陶冶情操，在社会实践中不断磨炼意志。大学校园生活使我成长，让我收获了专业知识，收获了做人的道理，收获了同伴们的认可，收获了老师和领导的喜爱。

我一直坚信中国共产党是一个伟大的、光荣的、正确的党。从小我就知道没有共产党就没有新中国，有了党的领导，中国才一步一步地向前发展，如今已经步入新的时代。作为一名新时代大学生干部，在思想上、政治上、行动上，我积极向党组织靠拢，思想品德端正、崇尚

科学、自觉遵守法律法规，遵守学院、系部的各项规章制度。我积极上进，刚一入学，我就向党组织递交了入党申请书，2017 年 10 月 26 日被确定为入党积极分子，通过参加党校培训、学生干部培训，于 2018 年 5 月 29 日取得了入党积极分子培训班结业证书，在党组织的帮助、教育、引导下，通过认真地学习政治理论知识，我在思想上有了质的飞跃。2019 年 4 月 26 日，我光荣地加入了中国共产党，成为一名中共预备党员！从那天起，我更加坚定了信念，更加严格要求自己，时刻牢记要保持自身的模范性、先进性，虚心向他人请教，接受同学监督，不断成长，不断进步。

"吾生也有涯，而知也无涯"，我深知学习对于新时代大学生的重要性，只有学习才能使人获得广博的知识和过人的智慧、了解人类最尖端的技术和最伟大的思想，也只有学习才能使人借助智慧来面对无常的人生，进而能"诗意地栖息"在这个世界上。因此，在课堂上，我认真听讲，积极发言，遇到不理解的地方也常常向老师请教，还勇于向老师提出质疑。课前预习，课后复习，从不拖拉，对班上其他同学也起到了良好的带头作用。

成绩的背后有老师的辛苦栽培，也有自己的刻苦钻研。我有自己的学习方法，会规划好自己的时间，每个学期，我都要制订出各科的学习计划，合理、周密地安排时间，从不偏科。我每个月都对自己有一个新的要求，并将对自己的要求付诸实际行动。作为一班之长，在学习方面自己的进步不算进步，全班同学一起进步才是真正的进步。我主动帮助其他同学解决学习上的难题，和其他同学共同探讨、共同进步。帮助他人的过程中，既提高了别人，也在无形中加深了自己对知识的理解。我创建了小组帮扶的学习方式，在班级同学的共同努力下，我们班的成绩稳居专业第一。看到大家能够一起讨论学习、共同进步，我有一种说不出的自豪感。我常常告诉同学们，也常常激励自己：相信自己，一定能行！

我一直认为做好一件事情的前提就是端正自己的态度，态度决定一切，积极的心态和坚定的意志可以激发一个人内在的潜力和才华。刚进入大学校园，我就凭借着自信和优秀的组织能力当选班长，而后以身作则，积极配合院系各项活动。在进入系学生会传媒中心担任采编部副部长以后，我更努力地为同学们服务，竭尽全力地为部门工作。我工作认真负责，尽心尽职，积极配合各部门的工作，并提出各种合理可行的意见，各方面能力不断得到提高与完善。无论面对多么大的困难，我都主动冲在最前面。在同学有困难时，我会伸出援助之手，同学们有什么困难第一时间想到的就是我，因为大家知道我和他们的心靠得最近。作为一班之长，我事事以班级为重，主动配合辅导员老师管理好班级事务、主持好班团活动，为了丰富同学们的课余生活，提高同学们的综合素质，我积极组织各类活动，为同学们提供展示自己才华的平台，比如运动会、大合唱、民乐团、传媒中心等大型活动。同时我也积极参加学院的活动，大合唱我既是组织者，也是领唱者。我也在民乐团担任弦乐部声部长，积极组织民乐团的排练，好让大家在启航剧场看到我们民乐团最出色的一面。除此之外，我还组织了校外社会公益活动，带领同学们热心参与，积极锻炼，比如去养老院慰问老人等。活动培养了我们的责任心，使我们树立了回报社会、回报人民的理想。

"宝剑锋从磨砺出，梅花香自苦寒来。"我们无法计算人生的路途有多远，但是我们可以把握的是旅途中的每一个站台、每一个人、每一件事、每一道风景。我每一天虽忙碌,但充实,在近两年的大学生活中,在领导、老师的辛勤教育指导下,我努力使自己成为一名德、智、体全面发展的优秀大学生。经过自己的不懈努力,我建立起了正确的人生观和世界观,端正了学习和生活的态度,明确了自己人生发展的目标,坚定信念,激励自己向高素质人才靠拢,并坚持不懈地为实现中华民族伟大复兴的中国梦而努力奋斗!

周子航——以青春之我，创建青春之未来

周子航，外语系2017级本科生，担任外语系团委组织部副部长，英才基地英语俱乐部竞赛部部长，曾获国家奖学金一次，黑龙江省“三好学生”一次，校“学习标兵”一次，校“三好学生”一次，校“优秀共青团员”一次，校一等奖学金两次，2018年全国大学生英语竞赛国家级二等奖等荣誉。

自2017年入学迄今的三个学期中，我学习刻苦努力，时刻保持勤奋扎实的作风，不忘“以青春之我，创建青春之未来”的初心，砥砺前行。在过去的三个学年中均取得了学习与综合学年第一名的优异成绩，文理不同学科均能够保持优势平衡，不存在偏科现象。曾荣获国家奖学金一次，黑龙江省“三好学生”一次，校“学习标兵”一次，校“三好学生”一次。不仅仅在学习方面成绩优异，在带动寝室、班级、年级、系内，甚至学校的英语学习热情中，我也能够发挥模范带头作用。

在班内，我积极与同学探讨课业问题，虚心接受提议，与同学共同进步，促进了良好学风与班风的建设。在学习之余与班内同学结成学习互助小组，探讨问题，互帮互助。自2018

年 4 月，大一第二学期伊始，我与班长、学习委员和班内四名少数民族预科生组成学习互助小组，为英语基础较为薄弱或学习遭遇瓶颈的同学提供切实有效的帮助和辅导，以每星期四次的频率，每次辅导两小时，带领同学走出困惑，重拾英语学习的信心，帮助他们找到自身在英语学习方面的特长和闪光点。迄今为止，学习小组累计学习互动长达 250 余小时，每周以不同的学习主题开展活动，学习小组的行为也激发了班级其他同学的学习热情，课上积极回答老师问题，课下及时解决遗留问题，切实带动了班内的学习氛围，促进了班内学风的建设。

从同年级来看，在军训时结下的友谊使得我与同年级其他班级的同学保持着良好的关系，在与其他班级同学的交流过程中了解学习进度，促进不同班级之间的交流，取长补短，带动各班级学习竞争力的提高。同时，我与同年级其他班级的三名同学组成跨班级范围的寝室，在同室友的交流中，了解各班不同的学习情况以及存在的问题，积极同室友交流经验，通过寝室分享，带动跨班级的交流和互动。作为寝室长，我积极负责地制定寝室公约，安排寝室学习与休息时间，分配寝室卫生清扫任务，为寝室的学习和生活营造了安静、卫生的优良环境。目前看来，寝室关系融洽，作息规律，卫生良好。寝室和跨班级的交流方式带动了全年级的学习。

从系内来看，我大一学年曾在外语系学生会学习部任职一年，在这期间，我早晚自习总是第一个到位，以身作则，切实负责地检查和督促了系内早晚自习的情况。在与学长学姐的交流中，我汲取学习经验，确定未来规划，将其内化为自己的知识，并在切身实践后，将自身的经验通过采访和答疑的方式传递给同年级的同学或低年级的学弟学妹，带动着跨年级的学习交流。现在，作为外语系团委组织部副部长，我端正思想，努力学习中国特色社会主义思想，积极围绕在以习近平同志为核心的党中央周围，始终坚持学习党的先进思想理论，严格要求自己。并通过鼓励同年级同学参与青年大学习、开展团史知识竞赛、组织新生团课等方式带动着系内的思想学习。

从学校来看，作为英才基地英语俱乐部竞赛部的部长，我曾策划举办了校英文金曲大赛、校英语话剧大赛、校英文配音大赛等校级英语赛事，并协助举办了英语角、英语大讲堂等学习活动，通过在学校范围内的宣传带动大家对于英语竞赛的参与热情，通过与非英语专业生的交流消除其对于英语学习的恐惧心理。我也积极参加校内的英语竞赛，曾荣获 2018 年全国大学生英语竞赛国家级二等奖；2018“外研社杯”全国英语写作大赛哈尔滨工程大学二等奖；2018 年“外研社杯”全国大学生演讲比赛哈尔滨工程大学三等奖；第二十四届中国日报社“21 世纪·可口可乐杯”全国英语演讲比赛哈尔滨工程大学校园选拔赛三等奖；第二十三届中国日报社“21 世纪·可口可乐杯”全国英语演讲比赛哈尔滨工程大学校园选拔赛优秀奖；“译交流”活动一等奖；英文情书大赛二等奖十余项奖项，这不仅显示了我参与竞赛的积极性，也丰富了我的阅历和经验。同时，我对于竞赛的热情也带动和影响着系内和系外的同学，激励着越来越多的同学报名参与英语竞赛活动。在校“学习标兵”答辩的过程中，我的答辩内容也给评委老师和前来参观的同学留下了非常深刻的印象，我自身的学习感悟和帮助同学的经验，激励着前来参观的同学奋发努力，互帮互助，不忘初心，砥砺前行。

“以青春之我，创建青春之未来”，我用自己的实际行动体现了一名学子的基本素养和良好品德，树立了国家奖学金获得者的良好形象，我将以新时代大学生的身份，为祖国的未来做出更大的贡献。

2 创新领航

丁杰——拼搏吧，少年！

丁杰，航天与建筑工程学院飞行器动力工程专业2012级本科生。获得国家奖学金两次、校一等奖学金五次、黑龙江省“三好学生”一次、校“三好学生”两次以及校“优秀共青团员”、“爱在明天”支教团优秀志愿者、第六届全国超轻复合材料桥梁竞赛一等奖、第三届全国“TRIZ杯”大学生创新方法大赛二等奖、第六届全国大学生数学竞赛三等奖、校级科技竞赛三等奖奖励或荣誉。

既来之，则安之

从小学到初中，我的成绩一直是在全校名列前茅的，中考以679分、全镇第三的成绩顺利进入市重点高中实验班。进入之后方知人外有人，由于是实验班，全市各个学校的拔尖学生均云集于此，而我的成绩在当时只能算是中等偏上，这对成绩一向靠前的我是一个不小的打击，所以我不服气，一直默默地努力着，脚踏实地，一步一个脚印地努力追赶。虽然我的成绩在高中名列前茅，但最终高考却失利了，在纠结要不要复读的时候，由于老师的鼓励，我选择了接受命运的安排。估计很多人和我一样，在填志愿前都没有听说过这个学校。很多人说我傻,跑那么远干吗,我笑而不语。我是向往北方的,东北人的豪爽性格我早有耳闻。记得刚入学那天,我就被学校那气势磅礴的建筑和浓郁的文化氛围深深地震撼和感染了,我当时就告诉自己,既然选择了远方,便只顾风雨兼程;既然选择了这所学校,就不要后悔!相信自己,是金子总会发光的,在这个美丽的校园里,一定会有自己的用武之地!

勤奋刻苦,天道酬勤

在还没入学前,我就给自己定下了考研的目标,因为高考的失利,我内心总有一点不服气,所以我比其他同学的目标更明确,从入学起就十分刻苦学习,并给自己定下学习目标:每学期学习成绩 90 分以上(目前均得以实现)。由于要准备英语四级考试,我每天早上 5:30 起床,洗漱完毕就到 21B 大厅朗读英语,每天晚上都按时练习英语听力,就这样大一就把英语四、六级考试一次性通过了。虽然我从未想过能考班上第一,但是大一上学期的期末成绩却让我出乎意料:专业成绩排名第一,全院综合成绩排名第二。这成绩确实给了自己一个不小的鼓励,所以大一下学期我更加努力,一有时间就去上自习,并给自己定了下一个目标:拿国家奖学金。是的,苦心人,天不负,那次期末学习成绩我以专业 94.23 分位居全院第一,综合成绩亦为全院第一,拿到了国家奖学金。至今我还记得当时得知拿到国家奖学金的喜悦之情,那时感觉呼吸的空气都是清新的,自己的努力没有白费,天道酬勤,甚是欣慰,同时也感到很幸运,因为不是每次努力都能有令自己满意的收获。拿到国家奖学金后,我并没有沉浸其中,而是告诫自己,路还很长,还得脚踏实地,继续努力!有了大一一年的学习方法和经验,大二过得就比大一轻松多了,空余时间我参加了校青协的“爱在明天”支教团活动,与孩子们相处的那段纯真的时光是我大学生涯里最美好的一段回忆。同时支教活动也极大地提高了自己的表达以及交流沟通的能力。当然,学习仍是我作为学生最基本的任务,经过努力,我连续四个学期专业成绩排名第一,连续三次综合成绩全院第一,也顺利地拿到了这一学年的国家奖学金。

学习与科创间的抉择

现在好多同学纠结于学习与科创如何选择?我建议我们自己应该好好分析一下:我们的兴趣在哪方面?优势在哪方面?在自我分析后,我的选择是在大学前两年只参加一些校级的科创比赛,在大三上学期学有余力时,我参加了国际和国内的超轻复合材料学生桥梁竞赛、全国“TRIZ 杯”大学生创新方法大赛、全国大学生数学竞赛等国家级比赛。由于自己肯吃苦、踏实,每天早出晚归,中午也不回寝室休息,在这些比赛中我都取得了不错的成绩。科创是十分值得提倡的,是学校给我们学生提供赞助与机会,通过科创活动我们把所学的知识运用于实践,实践的成果反过来也更加激发了我们学习的乐趣,还提高了我们的思维能力——思维改变命运!在参与科创比赛的过程中,我有幸认识到了许多优秀的人,甚至和他们成为关系亲密的小伙伴,他们各有各的优势,各有各的特长,让我增长了不少见识。

天行健，君子以自强不息

步入大学，就意味着自己该独立了。作为学生的我们，生活费的主要来源还是来自父母。但每当花父母给我打到卡上的钱时我都觉得很心疼，毕竟花的都是父母的血汗钱。我想："自己这么大了难道连自己的生活费都解决不了吗?"所以，我每学期都尽量拿奖学金。迄今为止，我估算了一下，通过国家奖学金、校一等奖学金、科创奖金以及在学校启航学习指导中心勤工俭学等我累计收获了22000余元。通过自己的努力得来的这些钱我并没有拿出去挥霍，而是全部作为了自己的生活费。是的，花自己挣的钱，感觉特别心宽，我想这也是爱父母的一种表现吧。目前，由于自己的努力，我也差不多争取到了保送外校研究生的名额，相对于要考研的同学来说有更多的时间来做一些其他的事情。其中，我每周都会抽出几个小时的时间去做家教，生活费已基本自足。

每个人都期望自己前方的道路是光明和平坦的，于是很多人都在自己脚下匆匆地寻找通往前方的路。其实不必如此，因为努力总会有所收获，只不过这收获有时是以不同的方式展现罢了。快乐活在当下，脚踏实地走好当前的每一步，勇往直前，不因失败而沉沦，不因困难而退缩，相信坦途就在不远的前方。

拼搏吧，少年!

王超——学习与科创兼行

王超，水声工程学院水声工程专业2012级本科生。曾获全国大学生数学竞赛国家三等奖两次，2014年“TI杯”全国大学生电子设计竞赛黑龙江赛区二等奖一次，“五四杯”大学生课外学术科技创新作品竞赛二等奖两次、三等奖一次，校一等奖学金三次，国家奖学金一次及水声基金一等奖学金两次。

进入大学以后，学习的知识跟高中相比有了较大的变化，我始终觉得不仅仅是内容跟高中有了不一样的地方，面对这些书本上的东西我的态度也发生了变化。高中时，仅仅是为了高考而学习，仅仅是为了卷面上的分数而努力。但到了大学以后，我深刻地意识到，高分低能的现象不能在我身上发生。正是这样的一种动力驱使我在希望取得好成绩的同时，还想通过实践的方式提高自己的能力。作为一名理工科的学生，当然更加想要通过做出一点自己的东西来彰显自己的能力。而科创氛围浓厚的五系必然有更多的资源来供自己学习。

刚入学的时候，在科创导航员的指导下，我接触到了51单片机，那是我第一次接触到这种长条状、两边有很多引脚的芯片。在翻阅了很多资料以后，我惊奇地发现，日常生活中的很多东西都是由这类东西控制的，比如洗衣机上的时间显示。那段时间，我一门心思地钻入这门学科，但是令人失望的是，由于自己的能力有限，并没有取得实质性的结果。不过，正是由于这段时间的知识补充，才为我在以后的实践中奠定了更多的基础。

真正的实践是从大二下学期开始的，这个阶段为了准备电子设计大赛校内测评赛，我把更多的时间花费在了实验室。应该说，这段时间我的硬件制作水平有了提高，单片机软件编程能力也有了质的提高。我想可能是因为我适应了大学的学习生活，而且自己有非常多的动力，所以那段时间学习新知识的效率非常高。当时制作的东西也是正在学习的课程内容，能够及时地将自己从书本上学到的内容充分利用起来，这让我更加享受成功的喜悦。在那个阶段做得最多的是滤波器，我脑子里缠绕最多的也是每个滤波器的截止频率、通带增益，一闭上眼徘徊在眼前的就是各种正弦波的波形。当硬件部分完成以后，软件编程的任务也交给了我，对编程有极大兴趣的我欣然接受。当利用液晶屏显示出来自己控制的文字时，我充分体会到了单片机的魅力。当最后我们的作品整机功能都实现以后，激动的心情溢于言表。这也让我第一次体会到了自己完成一件作品的乐趣。

为了准备暑期的电子设计大赛，我每天都早早地来到了学校实验室，跟自己的队友一起学习。实验室浓厚的学习氛围帮我驱除了暑假带给自身的惰性，也让我的知识得到了暴增。当我不再使用 51 单片机，转而投向 430 单片机的时候，我才知道自己的知识有多么欠缺。一方面自己知识的不足暴露了自己能力的不足，另一方面接触到更多的芯片也让自己明白了学无止境的道理。我觉得，在那段准备时间里，我用了更多的心思去掌握每一个模块，并通过不断地实践实现相应的功能。发现问题，并且不断质疑、不断尝试的习惯也是在那个时候养成的。由于没有特定的目标，你可以按照自己的想法去编程，这个时候一旦发现问题，更多的是通过自己的努力来解决问题。正是在这个不断发现、解决问题的过程中，我的科创能力得到了提高。正是这种能力，让我在真正问题到来的时候能够有条不紊地寻找到解决方案。

到了最后比赛的时候，才是真正展现自己技术的时候。我焊制了自己拿手的滤波器，并针对题目做了改善。整个模块的单片机编程是由我独立完成的，最后再经过团队共同改进，顺利完成了比赛，并最终获得了赛区二等奖。

科创的经历让我觉得自己在一点一点进步，也让我体会到在大学如果仅仅只是把每个学科都考了高分，那并不能体现自己有多大的能力，但是通过自己课下的努力，可以把书本上掌握的知识运用起来，方能体现出自己的能力。我非常喜欢能力提升给自己带来的欣喜感觉，也正是因为这种感觉，让我有了更大的动力在保持成绩的同时投身到科创活动中。

樊卓群——超越自己，每天都有新高度

樊卓群，经济管理学院2012级本科生，曾担任经济管理学院团委宣传部副部长职务。入学至今获国家奖学金两次，校一等奖学金五次，二等奖学金一次，三等奖学金一次；校“三好学生标兵”一次，黑龙江省“三好学生”一次，校“三好学生”一次；2014年企业管理挑战赛中国赛区金奖，2013年哈尔滨大学生创业大赛二等奖，哈尔滨工程大学程序设计大赛二等奖，国际大学生雪雕大赛三等奖等。

上大学之前，我一直梦想着成为电子工程领域的专家，并能为祖国的航天事业做出贡献，但是最终却被经管学院的电子商务专业录取。就这样，四年前我带着极为复杂的心情来到了哈尔滨。与梦想失之交臂，让我尤为懂得：只有努力，才能不辜负青春；只有奋斗，才能抓住梦想。也就是这样的信念，支撑我在这四年不断前进，并取得了今天的成绩。

进入大学，在逐步探索中，我领略到经济学的博大精深以及经济科学对人类、对国家、对每个人的重要性。渐渐地，我对金融学研究方向产生了浓厚的兴趣，甚至发觉相比工科，经济领域更加适合自己。我暗下决心，绝不能虚度四年宝贵的光阴，这一次，一定要追上梦想。在大二下学期，我抓住学校大类培养调整专业的机会，以排名第一的总成绩进入自己更感兴趣的金融学专业学习。在四年的大学生活中，我不断地接受各种挑战，发现自己的弱点和潜能，不断提高充实自己，各方面都取得了不错成果。

我的父母都是高校教师，从小在学术氛围中长大的我，尤为知道学术在大学的重要性。从进入大学开始，我就抱着一个精益求精的态度，无论是必修课还是选修课，专业课还是基础课，我都认真对待。两年中，的确遇到过许多困难与挑战、竞争与困惑，但是我从未想过要放弃。在我的脑海中不断回响着这样的声音：没有最好，只有更好，要让优秀成为一种习惯。也就是这种执着的信念，支撑我走过了各种迷茫、困惑的时间，挺过了无数寒窗苦读的日夜，取得了优异的成绩：在四个学年的学习中，我的学习成绩和综合成绩均在院系排名第一，并保研到西安交通大学经济与金融学院继续深造；四年中，我获得国家奖学金两次、荣获黑龙江省“三好学生”称号一次、校一等奖学金五次、二等奖学金一次、三等奖学金一次。在课程学习之余，我留心所学专业的发展动态，撰写论文，我撰写的《中国外汇储备适度规模的实证研究》发表在《时代金融》杂志上。在平时的课堂学习和课下研究中，我经常与老师同学一起参与专题研究，并成功组织了“众筹的故事”专题讲座。

四年中，我一直踊跃参加院系和学校举办的各项科技创新活动，取得了不错的成绩。在大一时，我参加了校庆杯第一届程序设计大赛并获得二等奖，在所有的获奖者中，我是唯一一个来自非理工科学院的选手。大二，我开始参与与专业相关的科创比赛。科技创新活动中，让我收获最多的就是创业大赛。作为组长，从寻找队友、寻找合适的项目，到撰写计划书，再到后来的展示环节，每项工作对于当时初出茅庐的我都是不小的挑战。作为组长，我还要协调组员之间的配合，尽量使每位组员的才能得以最大限度发挥。面对这些，我没有敷衍了事，我知道，既然接手了项目，就要对组员负责、对自己负责。带着我们的项目，我们代表学校获得了第四届哈尔滨大学生创业大赛二等奖、“创青春”全国大学生创业大赛铜奖以及校“五四杯”大学生课外学术科技创新作品竞赛优秀奖，这些奖项是对整个团队半年多付出的充分肯定。在参赛过程中，我积累了宝贵的经验，之后我还获得国际企业管理挑战赛（GMC）金奖。科技创新活动既锻炼了我的综合能力，也让我明白了只有担当，才能挑大梁。

除此之外，我也是一个爱好广泛，热衷于参加各种文体活动的大学生。从大二上学期开始，利用校素质教育基地的资源，我开始“捡起”多年未碰的钢琴，像对待学习一样刻苦练习钢琴，一年多的时间，我的琴技大有提高，获得了素质教育基地钢琴五级证书。在大一时，我参加了校园涂鸦大赛，设计的作品《Jump》获得了最佳趣味奖；在大一新生合唱比赛中获得三等奖；大二代表院系参加啦啦操比赛并获得全校第四名；大二冬天，我参加了校雪雕大赛，取得了三等奖的成绩；大四冬天，我成为我校承办的国际大学生雪雕大赛志愿者，作为英国斯特莱斯克莱德大学的随团志愿者，我认识了来自世界各地的朋友，由于我负责的团队没有雪雕制作经验，我帮助他们完成了雪雕作品，并陪伴他们在哈尔滨度过了愉快的时光。这次经历也让我爱上了做志愿者，大四寒假，我在家乡加入了 Jcamp 冬令营的志愿者队伍，帮助乡村的孩子学习英语。

在班级建设和学生工作方面，我努力做到尽心尽力、尽职尽责为同学服务。在大一到大二时，我在当时所在班级担任宣传委员，负责更新班级的微博动态、为学校和院系刊物收集同学们的优秀稿件,并策划了几次精品团体活动。除此之外,我在经济管理学院宣传部担任副部长,组织了校园涂鸦大赛、团体活动观摩会、院系魅力班级评选、校民族文化周等活动。平时,我还积极帮助同学提高学习成绩,结交了很多志同道合的朋友。

四年过去了,我终于可以问心无愧地告诉自己:我没有辜负青春。回想我的大学生活,我一直不断地接受挑战。我失败过,但是我没有气馁;我遇到过挫折,但我最终站了起来。在未来的道路上,我依然会用精益求精的态度对待人生。我一直努力成为一个有担当、有追求的人,一个正直、执着的人,这样才能为社会所用,成为祖国建设的中流砥柱。成绩已经成为过去,迎接我的还有无数挑战。我相信,只要不断超越自己,每天都会有新高度!

王坤——爱拼才会赢

王坤，动力与能源工程学院轮机工程专业2013级本科生。大三学年学习成绩专业第一、综合测评专业第一，通过国家英语六级和计算机二级考试。曾连续获校一等奖学金五次，被授予校“三好学生”等称号。获得全国节能减排大赛二等奖、“五四杯”大学生课外学术科技创新作品竞赛一等奖、“挑战杯”全国大学生课外学术科技作品竞赛三等奖、环保创意大赛铜奖、校科研立项结题优秀奖等奖项。

大一是我大学生活的第一个重要转折点。曾经在杂志上看过一篇文章，说的是举世闻名的哈佛大学的学生在入学之初都会得到一张详细的生活学习计划，让每个哈佛学子在大学里“知道哪些事是自己应该做的，哪些事是自己不应该做的”。当我初来乍到之时，也曾向往过能有这样一份计划。我不是唯心主义者，但是迷茫却是对我当时状态的最好描述。在迷茫中生活，就像船只在大海中失去了方向。经常什么事都想干，却又什么事都不去干，经常上课不认真听讲，还抱怨老师讲课不好，课后又不知道该忙些什么。社团招新时虽然我也报了好几个，但对于他们是干什么的我甚至都没搞清楚，最后去了大学生创业联盟，我原以为这是一个创业爱好者的社团，去了以后才发现是为创业者服务的一个组织。就这样，带着懵懂的意识我度过了大学的第一个学期，其最终的结果可想而知：没能拿到奖学金，生活也是一团糟。对大学生活的困惑，外带学习上的失落，使得自己备感沮丧。

大一下学期开学时，我看着自己的成绩成了班里倒数几名，原来高中时期我可一直都是前三名的啊！再看看班里其他人拿到了奖学金，在班会上分享自己的学习经验，那个时候我很是后悔。于是我暗下决心，一定要改变，不能再这么迷茫下去了。所以我当时对自己定下了学习要求：力求基础扎实，学习方法见仁见智。良好的生活方式是日常学习工作的有力保障，一个人对待生活的态度在很大程度上决定着他的学习和工作态度，通过自己对大一上学期的生活总结，我意识到有规律的生活方式将是自己不可缺少的。于是我对自己的大学学习生活进行了重新认识，虽不能完全达到“知道哪些事是自己应该做的，哪些事是自己不应该做的”的程度，但学习的目标已经从迷茫逐渐转向清晰。我辞掉了大学生创业联盟的工作，转而投入到了我喜爱的科创方面来。大一下学期课程骤然增多，期末考试还大多集中在一起，无论在学习还是生活中都能感受到强烈的压迫感，我却能较为顺畅地理顺其中的冲突和矛盾，最后名次前进了150名，我也因此获得了谭国玉奖学金。可以说，这与我对大学学习生活的重新认识密不可分。

大二是我大学的第二个重要的转折点。在这一年，我换了专业方向，转到了轮机工程专业。我在学习之余把大量的时间投入到了自己喜欢的科创方面，自己在网上买了很多工具以及电子元器件，自己做了智能输液器、斯特林小车，还跟学长一起做了沼气综合利用项目、海水淡化项目，参加了很多比赛，从校级、省级到国家级。在此过程中我们有过汗水、泪水，也有过无奈彷徨，当然更多的是成功时候的喜悦，是从颁奖嘉宾手中接过证书时的高兴。我从中收获了很多，因为这是自己的兴趣所在，即使经常加班加点，有时连饭都忘记吃，但还是感觉做这些很快乐。回想参加过的各种比赛，“想想还有什么事情没做”的严谨态度是得以完成比赛的重要保证。记忆最深刻的当属全国节能减排大赛，那是自己第一次参加国家级的比赛，时间紧、任务重，作品要求精益求精，尽量做到完美。当时有喜悦也有不安。比赛前几天和队友为完善作品经常熬到深夜，甚至通宵，最终两件作品都获得了二等奖，那段日子对我的影响很大，也让我明白了一个团队的重要性。

大三一学年，我把主要精力转移到学习上来，在大三学年学习成绩专业第一、综合测评专业第一，在学年结束的暑假里我成功获得保研资格，并拿到了西安交通大学、北京航空航天大学、哈尔滨工业大学的录取资格，最终我选择了到哈尔滨工业大学直接攻读博士学位，在这一学年里，我过得很充实很快乐，自己各方面都有了新的进步。在学院的推优选拔过程中，我以全学院得票数第二的成绩获得了推优资格，我认为这是学院领导和老师对我努力付出的一种肯定。

我相信一个流传很久的法则——“爱拼才会赢”，去拼搏，去面对一切。时间在不断推移，我的追求也永无止境。现在的社会是一个感恩的社会，目前自己的力量还很微小，但我可以用实际行动来证明自己可以向社会贡献自己的力量，可以回报社会。

周志斌——朝最高的目标努力

周志斌，机电工程学院工业设计专业2013级本科生。曾获国家奖学金两次、校一等奖学金四次、校二等奖学金一次、第四届雅思口语大赛二等奖、第四届英语话剧大赛三等奖、第十四届大学生机器人大赛三等奖、第四届全国“TRIZ杯”大学生创新方法大赛二等奖、第五届校园3D创意涂鸦大赛二等奖。

在刚踏进大学校门的时候，相信每个人的心情都是极为复杂的，既有迎来缤纷多彩大学生活的兴奋，也有远离家乡、来到陌生环境的不安。但是紧张的军训生活很快就把我的这些思绪冲跑了，在这期间，学校的光荣历史激起了我强烈的自豪感，还没有脱下军训服，我就暗暗下了决心，要做一个勤勉自律的“哈军工”人。我想同那些曾经或者现在依旧奋斗在祖国建设事业上的前辈们一样，在这片热土上无悔地度过这四年大学时光。

我一直以来相信勤奋和坚持会浇灌出最美的花，可是正式开始了大学学习之后，我渐渐地发现了许多现实情况与我的想法相左。我学习的工业设计专业区别于其他的工科专业，这门独特的学科要求我们在夯实数理基础的同时，还要训练出很强的手绘能力、造型能力和设计能力。这对于我而言难度极大，因为我从未接触过相关的内容，同时，由于刚开始对于不熟悉事物的抵触情绪，我开始产生有力无处使的感觉。但是这些困难并没有吓倒我，相反，这让我更加坚定了攻坚克难的决心，我渐渐熟悉了自己的专业，也对自己将来的学习有了一个越来越清晰的规划。对于全新的领域，我开始持有一种更加开放的心态来接触这些完全不同的信息和技能，而不是一味地守旧和抵触。

在这个过程中，我的进步是极为显著的，我的手绘能力不断地提升。从最初的惨不忍睹到逐渐得到老师的认可和表扬，我的学习热情又进一步被激发了。这些心态上的转变与我遇到的老师有很大的关系，他们热情地进行课堂氛围的营造，对我们每个学生都进行专业细致地辅导，并且永远亲切地鼓励我们。这对于我们这些“门外汉”的帮助是极大的，至少在这样的环境中我们都提升了自我的信心，所以如今我取得的这一点成绩与我遇到尽责的老师有很大的关系，在这里我由衷地感谢各位老师，希望未来的我不会愧对这些老师殷切的期望。

在努力提高专业能力、完成繁重的专业课作业的同时，我并没有放松基础课的学习，我尽量在课堂上提高效率，认真听讲，搞懂例题，及时地与老师进行沟通，以减少课后反复自学的时间，这样对我期末复习尤其多有益处。现在看来这样的学习方法是有效果的，至少这对我很有帮助。在经过一年刻苦勤奋地学习之后，我终于得到了我自己极为期望的国家奖学金，在领奖台上，面对整个启航大剧院的人的时候，我心里洋溢着苦尽甘来的幸福感，这种努力可以为自己带来切实改变的感觉，真的很好。当然，苦尽甘来并不意味着奋斗就到此为止了，学习是一个极为漫长及艰辛的过程。在学习之外，我的大部分时间都被团委的活动和工作占据了，有时候会觉得挺辛苦，但是更多时候这些工作能带给我极大的收获，这无疑是一笔难得的财富。首先，是对自身能力的提高，不论是沟通能力，对时间的规划能力，还是工作上的执行能力，都在这些日常活动里慢慢地提高着。同时，团委学生会为我提供了一个平台，在这里我结识了许多志同道合的同届伙伴和给予我们无私帮助的学长学姐，这些友谊让我的大学生活变得丰富多彩。学长学姐们在学习上和生活上对我们的建议让我受益匪浅，而同届同学们让我意识到自己与他们在各个方面的差距，相互学习也让我成了更好的自己。在第二个学年，我又一次得到了国家奖学金，这是对我工作更进一步的肯定，我会在这个基础上更加努力。在团委学生会近三年的工作中，我先后担任了宣传部的部员和副部长以及组织部部长，这个工作岗位给了我一定权力，这也意味着更大的责任，使我对自己的工作也有了更高的要求，与自己的学弟学妹有了交流，也让我知道了应该如何起到一个好表率作用，在工作过程中，我们为院系新媒体的打造做出了贡献，并参与了各个团支部团日活动的日常管理。

除此之外，我积极地参与各项院系及学校举办的比赛，获第四届雅思口语大赛二等奖、第四届英语话剧大赛三等奖、第五届校园3D创意涂鸦大赛二等奖，极大地充实了自己的大学生活，在不知不觉之中提高了自己的创新能力，也在比赛中和同学们有了更多的磨合。同时我也担任了20130741班团支部的团支书。在此之前，我从未在班级里担任过职务，对班级里很多同学都了解不多。组织策划团支部的团日活动这一任务，无疑给了我一个服务班级的机会，在锻炼了我的组织能力和策划能力的同时也让我和同学们在团日活动中增进了了解。同样也是在这个学期，在获得了班级成员的认可之后，我光荣地成为一名中国共产党预备党员，并在第二年正式转为一名中共党员。在宣誓那天，我又一次真切地体会到了被认可的感觉，这让我感到异常幸福，这种幸福并不是单纯的收获的喜悦，而是一种成长的自豪感。

回顾我这不到三年的大学时光，我感触良多，学校和学院为我们搭建了一个公平公开又无比平等的舞台，不论我们的专业、特长是什么，我们都能凭借自己的努力，赢得属于自己的掌声，这有助于我在前进途中克服困难。我想真诚地道一声感谢，不论是亲切热情的任课老师、可爱的同学们，还是真诚无私的学长学姐们，你们是这一路最美的风景。

徐东辉——让努力成为态度

徐东辉，计算机科学与技术学院计算机科学与技术专业2013级本科生，曾担任教务助理中心国际部干事，校社团联合会媒体中心副主任等，获国家奖学金一次、校一等奖学金四次、校三等奖学金一次、校"三好学生"、校"优秀学生干部"、全国大学生数学建模竞赛黑龙江赛区一等奖、东北三省数学建模竞赛二等奖、全国"TIRZ"杯大学生创新方法大赛三等奖等荣誉和奖励。

时光匆匆，大学生涯转眼已经要接近尾声，回顾自己三年的大学生活，道路坎坎坷坷，这三年来有很多收获，也失去了一些东西。今天在这里我希望通过分享自己的一点想法与经历，和同学们共同进步。如果一定要找出上大学到现在自己感触最大的事情或者想分享的想法，那就是事在人为，一定要努力，让努力成为生活的态度。

我在音乐方面一直不擅长，没有擅长的乐器，唱歌五音不全，为了锻炼和提高自己的艺术审美品位，提升音乐方面的一些素养，大一下学期时我选了钢琴演奏基础这门通识选修课。选修过的同学们都知道这门选修课对学生是有条件要求的，例如要会认知最基本的简谱。当时印象中上音乐课已经是初中、小学的事情了，早已不记得简谱的规则了，我是在考核当天才背下的五线谱简谱。因此基本上可以说，在音乐和钢琴演奏上，我是一个纯粹的门外汉。

初学者最痛苦的便是刚开始的那几个课时，不论是指法的练习还是在五线谱的识谱上都有很多困难，尤其是身旁的人都做得很好的时候，沮丧、怀疑等负面情绪对一个初学者的影响真的很大。不会—尝试—努力—失败—退缩—怀疑—放弃，这是在一个人遭遇挫折时很容易出现的心态变化过程。我和大家一样，开始的不顺利外加后期努力后再受挫，也出现了想放弃的念头，然而我没有选择放弃，取而代之的是坚持，我选择了付出更多的努力去最大可能地提升自己，行动起来，而不只是口头说说。在那个学期里每天下课后只要我有时间就跑去琴房练琴，对简谱不熟悉就把简谱每个音符标注手指号；一段曲子错了音符，重来；背不下来，反复练；练完左手，练右手，两只手一起练；出错，返工重弹；不厌烦，更不放弃。在这之中瓶颈期是最难熬的，有段时间即使练习了很多次，双手弹奏的效果还是很差，没有提升，但是既然选择了开始，那么此时又怎么能放弃呢？

在每天的坚持和努力下，我终于能流畅地弹奏出自己选择的曲子，虽说对曲子谈不上倒背如流，但是对一个几周前还是新手的门外汉，此时可以做到非常流畅的双手弹奏已经很不容易了，最后我在这门课程的考核中成绩为优秀，老师在最后也对我弹的曲子做出了很高的评价。

这可能是一件很简单的小事，然而这件事却使我第一次切实体会到了努力与坚持以及笨鸟先飞的价值与意义，甚至比高考对我的触动还要大。整个过程中自己态度主动，行为主动，不受外界压力驱使，没有老师家长督促，没有像高考时周围同学为同一目标努力的氛围，而是单纯地考虑自己想做什么，想做成什么样，遇到挫折和不顺利，选择坚持和努力，并付出实实在在的行动。从这一点上来讲，它意义非凡。

我想，如果连一个大家认为的所谓“不重要”的通识选修课，一件并不是人们印象中能改变一生的“小事”，一个小环节，在自己认为做不到的时候就轻易选择放弃，去退缩和回避，那到底怎样的“大事”才足够激起自己的努力与迎难而上的决心呢？是否真的只有诸如在所谓的“人生大事”上、“命运的转折点”时坚持与克服困难，才是值得去认可和赞同的？那我们的人生，从过去到现在的每一分、每一秒，我们所做的改变和奋斗，是否就是为了等待那个所谓的“命运的转折点”的到来？譬如，待到大三时才去考虑自己未来的出路？或是大四毕业走向社会时才是自己要努力的时候？

我相信这些简单的问题大家心里都有一个答案，我也相信我们的答案应是相似的。细节决定成败，这是我们从小听到大的一句话，然而其中的哲理和指导意义却是如此现实。一个懂得努力和坚持的人不可能只会在所谓的“大事”上努力，努力和坚持是一种生活态度，它渗透在一个人的言行举止、为人处世与生活中的一件件微不足道的“小事”中，没有一砖一瓦，又怎样去建造高楼大厦？

态度决定我们要走向哪里，行动决定我们能走多远，四年很快，人生没有那么多的时间去等待、去静候“大事”的到来，生活的每一刻都是“大事”，从时间上来讲我们永远不可能回到上一时刻，时间不会因为我们的悔恨而停止流逝。同学们，请不要等待，更不要期盼靠外界的力量促使自己改变和行动，从现在开始，就是这一刻，开始行动，去改变，去努力，伸手摘星，即使徒劳无功，也不至于满手污泥，共勉。

赵雨皓——科技点燃梦想 梦想改变未来

赵雨皓，动力与能源工程学院2014级本科生，担任SAE发动机技术创新创业实验室主席。曾获得国家奖学金一次、黑龙江省“三好学生”两次、校一等奖学金四次、校二等奖学金一次、校“三好学生”两次、国家节能减排大赛三等奖、全国大学生节能减排大赛三等奖、全国大学生数学竞赛黑龙江赛区一等奖、东北三省数学建模竞赛二等奖、第五届斯特林科技竞赛一等奖，并将校重大型学生科研立项“基于CFX的节能车壳体流场分析”成功结题。

2014年8月是我离开故乡到达远在祖国北端的哈尔滨的第一个月，我乘坐火车看着沿途风景的变换，带着一颗炽热的心来到了我将要生活学习四年的地方——哈尔滨工程大学。

刚入学时，看到端庄肃穆的教学楼，了解了中国人民解放军军事工程学院的红色历史，我知道了，这里，一定是我梦想启航的地方。

今年是我第一次拿到国家奖学金，还记得去年与国家奖学金失之交臂时，我反思了我的大一的学习生活。刚入学时，我认为大学应该是一座象牙塔，我应该以学习为中心，好好学习，天天向上，我也是这么做的，可是，除了知识储备的增加，我的综合能力并没有提升。但随着接触的事物增多、视野的拓宽以及参照学长学姐们的优秀事例，我发现学习只是大学生活的一部分，学以致用才是我在大学中真正应该学会的东西。因此，在大一结束的时候，我走上了我的科创道路。

大一第一次参加的科技创新比赛是学院举办的斯特林科技竞赛，记得当时准备得手忙脚乱，三个同学合作，购置了一些材料，花了三四天的时间动手制作小车，制作出来的作品虽然美观，却不能很好地工作，第一次科创是以失败告终的，俗话说得好，“失败是成功之母”，我并没有气馁，而是积极寻找失败的原因，发现我并没有将我所学的知识很好地应用，之后我开始学习 Pro/E 软件，将虚拟仿真结合到科技创新中，这样不仅节省了时间也提高了工作效率，当然，也使我们取得科技创新成果。大二我继续朝着我的目标和方向努力。辅导员刘老师常说大学里的学习成绩是“1”，其他一切都是“0”，如果“1”倒了，后边加再多的“0”也没用。受他的影响，对于学习我从来没有也不敢掉以轻心，上课时坚持认真听讲，没理解的问题及时向老师请教，课下主动进行预习和复习。在不断地努力下，这一年我在科技创新方面取得一定成果的同时，学习成绩仍保持在全系前五。

在如何处理好科技创新和学习的关系上我也下了功夫，大一的时候还好，没有科技创新的意识，因此，也就只管自己学习就好了，不用想太多，但是大二就不一样了，我和同学组成了科技创新团队，除了学习书本上的知识之外，还要涉猎广泛的前沿科技。对我而言，白天几乎天天都是“满课”，晚上，我和我的团队会聚在一起讨论交流。至于寒暑假以及节假日，对我来说，就是科研创新的“大好时间”。我一直相信，如果想要获得就必须要付出，大一、大二的暑假我都是在我们学院的 SAE 技术创新创业实验室中度过的，我在其中学到了很多书本上学不到的东西。这里教会了我什么是创新，什么叫学以致用，什么叫“科技点燃梦想，梦想改变未来”。

仍记得去年参加全国节能减排大赛时的场景，我的团队成员们都是白天在教室上课，晚上在实验室里计算模型、讨论方案，每天都弄到很晚，周六、周日都没有休息过，一直持续了一个多月“三点一线”的生活。除了寝室的室友，其他人在课余时间想见到我都是比较困难的，回想起这段时光，虽然很苦但是很充实，我能为了自己的理想去奋斗，实在是一件幸事，毕竟“人没有梦想和咸鱼又有什么区别”。

在大二这一年中，我陆陆续续参加了接近 10 个科技创新比赛，从建模类到实物类，几乎我们系能涉及的科技创新比赛我都参与其中，我以各个比赛为节点将我的一年划分成了长短不一的时间段，曾经有学弟问我：“学长，你参加这些科技创新比赛有意义吗？”我的回答是肯定的，参加的每个比赛对于我来说都是一种锻炼、一种应用，通过虚拟技术，我们的想法都能被具象化，而我也能从中加深对知识的理解。

最后，我想说科技创新绝不只是参加比赛，科技创新是将我们所学习到的知识应用到生活或生产实践中，再从生活应用中抽取出特性进行分析，最后将其归纳为我们书本中的知识，在这个过程中，不经意间，就能实现我们的梦想，而我一直坚信“科技点燃梦想，梦想改变未来”。

李阳阳——为理想坚持初心

李阳阳，航天与建筑工程学院2014级本科生，担任航建学院科协副主席，曾获国家奖学金两次、校一等奖学金五次；2015年、2016年全国大学生数学建模竞赛黑龙江赛区一等奖、2016年全国大学生数学竞赛省二等奖、第七届省结构设计大赛二等奖、第八届校"启航杯"大学生创新创意大赛二等奖；校"三好学生"、校"优秀共青团员"、黑龙江省"三好学生"。

我是一名来自工程力学专业的大三学生，在自己的青春年华里奋斗着，努力着。当前社会有许多的诱惑阻碍着我们实现当初的理想，有些人走着走着就放弃了，而我始终不忘初心，在最富有活力的青春年华里，做自己最应该做的事。大学对于我来说已经过去了四分之三，回顾我的三年学习生活，从一开始步入大学，内心的茫然不知所措，到现在逐渐认识自己，了解自己的专业。我庆幸自己能够坚持走过这三年，不管在学习上还是生活中，我都学到了许多。

记得为了适应大学课堂，我沿用了高中预习的习惯。我预习的第一门课是线性代数，新知识让我内心有些慌乱，感觉它颠覆了我以往所建立的知识体系，但我还是硬着头皮看了几小节，画了一些自己都不知道为什么要画的句子和公式，可能是感觉它高大上吧。第二天上课，我仔细听老师的讲解，发现我还是可以理解的，并且老师的话使我慢慢回忆起昨晚的预习内容，虽然很模糊，但是对我来说已经足以听懂这节课了。我认为不能满足于老师在课堂上讲的内容，于是我就在网上搜那些经典的教材，还有一些公开课，来开阔自己的视野。到了后来我发现，预习对学习每一门课都是一个很好的入门方法，尤其是对专业课来说，有些课程如果事先自己不大概看看，那么上课听老师讲就会很吃力，而且要是听不懂，就会产生厌学的情绪，那么这一堂课的学习内容基本上就无法掌握了。如果课下再不想办法补救，那就很难再跟上老师讲课的节奏了。

大学的课程相对高中来说不多，但是难度比较大，老师只是负责领进门，学的难易、深浅都靠自己课下的功夫。很早我就被告诫不要总是待在寝室里，寝室是休息娱乐的地方，学习应该到图书馆和自习室里面去。但有时候你会看见同学们有的在打游戏，有的结伴搭伙出去玩儿，而你却要背着书包去学习，不禁会反问自己，这样做值得吗？但当你走进自习室，看到很多在认真看书的同学，你就会不禁为之振奋，觉得自己的做法是对的。每当我有一些烦躁心理时，就会看看这些同学，然后告诉自己应该静下心来。与我经常在一起上自习的还有一些本院系的学长，他们经常来到自习室，有时候会在楼道里讨论专业问题。我很敬佩这些学长，他们都是非常优秀的人，曾获得过很多荣誉，但仍然不忘坚持前行，不忘修补自己的知识短板，他们是我学习的榜样。

当然在这三年中我也犯过错误，比如说眼高手低，对于学习知识总想快些，想快些了解这个世界，于是我在课下开始找各种学习资料看，看得多了练得也就少了，有许多知识仅仅是知道，但具体的用法或者来源并不是很清楚。对于期末考试，我也是没有太放在心上，可当成绩出来时，我有些失落，没有预期的好，但我慰藉自己不要太看重成绩，重要的是认识自己的错误。我有个同班同学平时学习成绩很不好，但是有门专业课是全班分数最高的，有次我和他聊天，他跟我说他把课后题都研究了一遍，越做越有感觉，越学越上手。我很钦佩他的学习精神，我记得在学习这门课时，他每天晚上熄灯后都会在楼道里自己拿着课本在那里学习，课后题上都是满满的符号。

在后来的学习中，我开始注意我的问题，我本来想这些课程没有什么难的，但是一上来就被一节大学物理课打击了我的自信心。在某些专题上，我非常不理解老师的思路，老师在前面讲，我脑子里满是“为什么，为什么，你为什么不能那么考虑”。渐渐地，我把头埋在桌子上，课堂此刻与我无关了。下课的路上，我无比焦虑与担忧，学不下去了，感觉大学物理这门课是要挂科了。但从同学那里得知隔壁班老师讲得不错，我便跟着他们到隔壁班蹭课，蹭了没多久，发现效果不行，原来不懂的还是不懂。于是我又回到了原来的教室，却又发现两边老师的讲课进度不一样，我的老师讲得很快，已经开始了第二个专题。平时的作业我也不能按时交了，因为连题都看不懂。那时的心情真是欲哭无泪，惶恐不安。于是我决定和有同样心情的同学一起自己学，我们从图书馆借来许多大学物理的相关资料，从不懂的地方开始慢慢看，我们遇到不懂的就在寝室里、教学楼道里互相讨论。教材里公式很多，记不住，我就照着课本自己推导，后来发现理解起来并不难，只不过是自己没能够静下心来认真体会，而且缺乏动笔推导和练习。有时，看到书上的某一句话就解决了我的疑惑。现在再看看老师布置的作业题，基本都是概念类问题。我的信心倍增，把以往的作业慢慢地补上了。虽然大学物理课早就结课了，但我和同学经过一个多月的紧追慢赶终于赶上了进度，接下来就是复习阶段了。我开始梳理整个课本的知识点，适量地做一些题来加深我的理解。考试结果令我非常满意，我得了满分，这激励了我在今后的学习中，要直面学习上的困难，静下心来学习。一直到现在，每当我看不下去的时候，我就拿起铅笔自己推导公式，久而久之发现那是另一个奇妙的世界，能让人欣喜若狂。

我的大学生活充实、快乐，不光是学习上带来的喜悦，更多的是因为能够认识一群同样在青春年华里靠自己努力拼搏的人。外面的世界很精彩，总想出去看看，那就让我们从提高自己的能力开始吧，为了理想，坚持初心，让自己足够强大，拥有一颗强大无畏的心去闯荡世界。

李芳野——不忘初心，砥砺前行

李芳野，经济管理学院2014级本科生，曾获2015—2016学年度国家奖学金、2016—2017学年度国家奖学金、校一等奖学金五次、二等奖学金二次、国际企业管理挑战赛（GMC）铜奖、黑龙江省"三好学生"、校"三好学生"、校"优秀共青团员"等荣誉称号。

悄然间，在哈尔滨工程大学的生活已经是第四年了。回首入学时的样子，还仿佛只是昨日之事。上大学之前，我一直对大学有着无比的憧憬，觉得大学仿佛有一种魔力，是一个可以让人找到并确定人生目标和理想的地方。就这样，2014年我带着激动的心情，来到了哈尔滨工程大学。在三年的时间里，我也和大多数人一样经历了迷茫、困惑甚至可以说痛苦的日子，但是最终还是通过自己的不懈努力取得了今天的成绩。

第一次来到哈尔滨工程大学并不是新生入学的时候，而是在2014年的4月份，我来学校参加自主招生考试。一进入学校，我瞬间就被学校美丽的景色所吸引，青檐碧瓦的教学楼，参天的大树，美不胜收。操场上有同学在跑步，教室里有同学在自习，图书馆里有同学们在低头读书，这就是我梦想中的大学生活。我当时就下定决心，一定要来到这里读大学。自主招生考试我取得了第二名的好成绩，高考也很顺利，我如愿以偿来到了我期待已久的大学——哈尔滨工程大学。刚进入大学的时候，我确确实实感受到了大学自由自在的氛围，上课时100人的教室，不经常点名的老师和没有固定课后作业的课堂让刚从高考的重压下解放出来的我瞬间松懈了。上课不认真听讲，课后作业抄答案，每天熬夜看电视剧……我的大学生活变得颓废又"轻松"。在学院组织的第一次期中考试中，我的考试成绩并不理想，这次考试也给我敲响了警钟，我反复地问自己，难道大学就要这样浑浑噩噩地过去吗？进了大学以后的学习还有意义吗？来到大学究竟是为了什么？当初的奋斗是为了什么？想想高考时自己的决心，再看看自己现在的状态，经过一番心理挣扎，我终于确定自己未来要在财务领域实现自己的抱负，并且认识到作为大学生应该学好专业知识，为将来的学习和工作打好基础，与此同时还要积极参与学校的活动。

在学习方面，在经历期中考试的失利后，我意识到了学习的重要性，开始严格要求自己上课认真听讲并且课后积极和老师探讨问题，对于老师课上提出的拓展性内容，也会去图书馆借书阅读自主学习。三年中，其实中途也有想过放弃，但是还是咬牙坚持了下去，每当我想到自己的初心，总觉得自己又向前迈了一大步，只要这样脚踏实地地一步一个脚印，坚持自己，不放弃，砥砺前行，最后一定会有收获。在七个学期的学习中，我曾获得国家奖学金两次，校一等奖学金四次，校二等奖学金两次，获得了黑龙江省"三好学生"荣誉称号，校"三好学生"、校"优秀共青团员"的称号，并且被保送至哈尔滨工程大学经济管理学院工商管理专业攻读硕士学位。

同时，三年中，我一直踊跃参加院系和学校举办的各项科技创新活动，取得了不错的成绩，收获了很多宝贵的经验和财富。在国际企业管理挑战赛（GMC）中，我和其他队友参加了学院的培训并且自己编出了一套实用的决策模型，最终获得了铜奖的好成绩。同时，我参加了2015年的"五四杯"大学生课外学术科技作品竞赛，并且获得了院系三等奖。除此之外，我还积极参加各项学校、院系举办的科创比赛，在商道、沙盘模拟大赛中都取得了不错的成绩，并收获了很多经验。与此同时，我还是一个爱好广泛，热衷于参加各种文体活动的"全能"选手。在经济管理学院新生迎新晚会中演唱了歌曲《最初的梦想》，用这首歌提醒我自己和同学们不忘记自己的初心，不浪费时间，不负韶华。除了这些，在体育方面，我在课外参加瑜伽课堂培训，已达200课时，还代表班级参加趣味运动会、拔河比赛、女足比赛并取得优异成绩。

在社会实践中，我积极投身志愿者活动和院系的学生工作，参加了班级组织的团聚爱心活动。冬天，我和寝室的同学一起，多次参加炼原小学义务扫雪活动，还经常向爱心超市捐赠图书。三年累计公益学时80小时。在院系中，我担任了阳光助学中心副部长，给学院贫困生送去温暖，并且一直尽心尽力地为同学和院系服务。

通过不断努力和奋斗，我带着最初的梦想不断前行。我坚持以脚踏实地的态度对待学习、对待工作；用一颗真诚的心，对待同学、对待师长。我相信，我只要朝着自己的梦想不断努力，不忘初心，就一定会有所收获。我用我的经历告诉大家，人只有朝着梦想，不惧困难，不断努力，才能一步步实现自己的人生目标。简单来说就是不忘初心，砥砺前行。

郭兴召——梦想，聊得远了也就虚了

郭兴召，机电工程学院 2015 级本科生，担任 20150712 班学委，曾获国家奖学金一次，校一等奖学金三次，第八届全国大学生数学竞赛二等奖，“五四杯”大学生课外学术科技创新作品竞赛二等奖，中国机器人大赛“仿生类”舞蹈比赛三等奖。

匆匆忙忙，大二也基本上要完结了。静静地坐下来，拿出从未离过书包的日记本，翻到第一页，“2015.8.22 明天开始军训……”

拖着行李箱，怀着好奇和梦想，经过两天的车程，终于到达了远在千里之外的目的地——哈尔滨工程大学。从一个教育质量在全市排名倒数的高中学校以全县理科第一的成绩考到这里，其实也能为自己的高中三年生活画上一个句号了。但心里就是有些许不满足，我想做得更好，我也能做得更好，但这些遗憾就只能到大学里来弥补了。当时自己心里就是憋着一股劲儿，不愿意平平静静、毫无波澜地过完自己最美好的大学四年时光——我要发光！

充实的 21 天军训匆匆而过，大学生活也开始步入正轨。首先从内心深处给自己定一个学期目标——学习成绩院系第一，其他计划后排。高中学校的"放羊式"管理，让我也养成了能控制自己按时按点必须学习的习惯。另外就是也明白想要在大学里过得不平凡，首先就要把知识学好。一个在大学连学习都不能自我管理的大学生也很难做好其他事情，这首先就涉及在大学里最重要的一个能力——时间管理。每节课我都会做到课前预习，课上笔记，课后做习题。晚自习的时候，一般是要拿着课本把老师当天讲过的内容，包括公式的推理过程以及思源在脑袋里想一遍或拿着笔推算一遍，然后才开始做习题。不敢懈怠，只能拿时间来当作资本。记得当时院系规定晚自习结束时间是 20∶50，可我基本上没有一次不是被大爷给赶走的。真的，因为学习被别人赶的感觉还是特别好的。日复一日，第一个学期就完结了。很遗憾，院系成绩排名第四。

在大学度过了半年的适应期后，我对学习方式也都了解了一些，后续计划便逐渐提了上来：开始留一些时间给科创和竞赛，也开始自学一些科创知识。

进入第二个学期，好多学生都开始浮躁了起来，不可否认，我也是其中一个。转专业的通知已经下发给了各个院系，好多同学开始忙里忙外地准备着转系材料。细细一想，上学期成绩排名的院系前五只有我一个没有报名。有同学过来劝我："走啊，转系呀。"可转专业毕竟是自己的事情，我喜欢机械这个专业，迷恋各种机械结构，并觉得这很奇妙。坚持自己的想法，我留了下来。经常听见别人说，七系的好学生都转走了，这让我觉得听着刺耳，慢慢地，心里也就有了这个想法：把第一留在七系。我在学习上从不敢放松，因为排名靠前的同学的实力不容小觑。在这期间，我参加了数学竞赛、计算机二级考试、"启航杯"大学生创新创意大赛、"五四杯"大学生课外学术科技作品竞赛，成绩也都差强人意。为了给数学竞赛打一个前站，我报名参加了微积分自主考试，考了 98 分，相对于期末提升了 1 分。院系的"集体舞""疾风三十一"让我真真正正从心底里产生了莫大的集体荣誉感，同时也遇见了好多朋友。那时，爸妈经常会主动给我打电话，也经常在电话里说，兴召呀，大学嘛，努力就行了，没有必要非争个什么，开开心心就好，有时间记得多给家里来个电话。想想心里也挺不是滋味的，可我就是要争这一口气。忙忙碌碌，2016 年就走完了，2016 年度我的学习成绩和综合测评成绩我都在院系排名第一，也算是弥补了上学期的遗憾。我感到很欣慰，也很感动。

有时会想，确实是这样。梦想，聊得远了也就虚了，也总说，梦想都是遥不可及的。其实也就是看得远了，聊得多了，才会变得有点虚无。真真切切地在心中存有一个可以实现的梦，然后该做的就是把握好现在，一步一步踏踏实实地做好当下能做的和该做的。

徐荣琛——一直在路上

徐荣琛，男，汉族，江苏南通人，系哈尔滨工程大学计算机科学与技术学院2015级0612班的一名学生，曾获国家奖学金、宝龙达企业奖学金，并多次获得校一等奖学金，被评为黑龙江省“三好学生”、校“学习标兵”、校“三好学生”，另外还获得了ACM/ICPC国际大学生程序设计竞赛亚洲区域赛铜奖以及其他一系列奖项。

2015年8月，我有幸踏入了哈尔滨工程大学这所有着优良历史传统和良好学风的大学，并从此开始了新的求学生涯。在两年不到的时间里，我在各个方面都取得了不错的成绩，在这里先简要介绍一下我在学习与生活中及各项活动的情况。

在生活方面,我始终保持着一种积极乐观的生活态度,注重自己的言行举止,性格温和,生活朴实,与同学保持着十分融洽的关系,为人处事大方得体,得到了同学和老师们的好评。

在学生活动方面,我积极参加学校及学院组织的各项活动,例如在大一的学院新生篮球赛中,我和队友取得了第四名的佳绩;在大一班级间的拔河比赛中,我也积极贡献出自己的力量,为班级争取荣誉。此外,我还积极参加班团支部组织的各项活动,大一期间还被评为了校“优秀共青团员”。我主动投身到各项社会公益活动,为他人贡献自己的微薄之力,并多次参加爱心捐助活动,例如将自己所得奖学金的一部分捐入阳光家庭危难疾重学生救助基金等。

在学习方面,我充分意识到学习的重要性,大学课程的学习目的不仅仅是为了学到知识,更重要的是培养自己独立的学习方法和学习习惯,锻炼和提高学习能力,因此我非常重视各项课程的学习。在入学之后的两年时间里,我始终保持着良好的学习状态,在各个学科的考试中均发挥稳定,到目前为止,我的学习成绩排名专业第一。在大一期间,分别以理想分数一次性通过了大学英语四、六级考试。另外我于 2017 年 3 月参加了中国计算机学会组织的计算机职业资格认证(CSP),成绩达到了 400 分,累计排名前 0.78%。由于成绩上的突出表现,我有幸被评为校“学习标兵”,并在各个学期均获得了校一等奖学金。

在科技创新方面,我注重实践创新,积极参加科创竞赛,进入大学以前,我没有任何编程基础,记得入学之后不久听了主管 ACM 竞赛的朴秀峰老师的一场宣讲,当时就激起了我的学习热情。大一学校不让带电脑,我就和几个同学结伴去图书馆电子阅览室敲代码,当时几个最最简单的代码花了大半天才完成,那段时间现在回想起来都成了美好的回忆。通过半年左右的努力,可能外加一些天赋吧,我就这样自学完成了编程的入门基础课程。大一下学期的校程序设计竞赛中,我发挥得不错,以非校队成员第一名的成绩被选拔进入了校队。此后大多数课余时间我都会花在编程训练和算法学习上,周末都会花上一天时间来打一场比赛以保持手感。凭借这些努力和队友的支持,我有幸在各项、各层级程序设计比赛中都取得了不错的成绩,包括 ACM 省赛中获得银奖,东北赛铜奖、亚洲区域赛铜奖等。在工信部组织的蓝桥杯程序设计大赛 A 组省赛中获得一等奖,并且成功晋级国赛,即将前往北京参赛。在一定的编程基础上,我现在还积极承担一些授课任务,包括帮助与辅导其他同学提高编程和算法能力,也希望能够借自己一技之所长实现一定的自我价值。

目前我取得如此成绩,我认为有以下几个方面的原因。

首先是严谨和执着的学习态度。对于所学习的内容,我有着不理解透彻不罢休的精神,有时即使可以偷懒,但我还是以对自己负责的态度要求自己,例如对于作业,我一定是独立自主完成的。凡是做的事情都力求做得最好,比如上课坐在前排以获得更好的听课效果、任何一门考试都以得满分为奋斗目标。

其次是不怕吃苦的精神与极高的专注度。在有限的时间里,为了做好每一项任务,我可以在实验室学习到凌晨,因为我相信只要付出就一定会有相应的回报。在特定的时间里我会专注于某一项特定的事情，比如在考试前的复习时我的注意力就非常集中，这样便可以保持高效的学习。

再次是对自己清晰的认识，主要是指了解自己的学习状态，比如我认识到自己夜间学习效率更高，我就充分利用晚间时间学习，直至深夜。对未来有一定规划，最开始这一点我做得并不好，通过学长的工作或是读研之类的经验介绍，我才有了明确的发展方向。

最后是良好的学习环境。一个好的学习氛围能够激发个人奋斗的欲望，非常有幸能够进入学校的 ACM 实验室，在这里不仅提高了我的编程和算法能力，而且我还结识了学院里最优秀的一批同学，并能够相互帮助、相互促进。

在接下来的学习生活中，我将继续严格要求自己，努力起到先进模范带头作用，希望能够引导其他人在有限的大学时间里努力奋斗。我希望能够通过不断学习，努力提高自身各项综合能力，力争实现全面可持续发展，并在将来走向社会后，实现自身社会价值。

张姣——不忘初心，继续前进

张姣，自动化学院 2015 级本科生，现担任 20170411 班副班主任，多次获得校一等奖学金，曾获国家奖学金、黑龙江省“三好学生”、校“优秀共青团员”、2016 年“TI 杯”全国大学生电子设计竞赛黑龙江赛区一等奖、2017 年东北三省数学建模竞赛二等奖、2018 年“工程学子中学行”寒假社会实践二等奖及“相约哈工程”黑龙江省 2016 年高考咨询会“优秀志愿者”称号。

每个人小时候都有一个大大的梦想，想成为科学家、宇航员，甚至是超人。那时候的我们，希望有一天能改变世界！于是，建筑师将童年的积木变成高耸的摩天大楼；工程师将童年的纸飞机打造成顶尖的飞行器和机器人。后来，有些人被世界改变了，而另一些则改变了世界。我想优秀的人,应该就是那些没有被世界改变的人。

我从小就有一个当科学家的梦想,那时候的引路人大概就是电视剧《快乐星球》里的多面体,他聪明,热衷科学研究,发明了许多稀奇古怪的东西, 8 岁时我就想成为一个像他一样的人。从此,梦想的种子在童年的我的心中生根发芽了。我的小学、初中和高中和大多数同学一样,不谙世事,无忧无虑地生活着,并且每一阶段的小目标都顺利实现了。但高考的失利,使事情发生了转变,我没有考上理想中的大学。在准备复读的情况下,一次偶然的机会,我了解到了哈尔滨工程大学。我被这所学校的学风以及科研实力深深吸引,觉得这可能会是一个助力我实现梦想的地方,便不顾所有人的反对,毅然决然地来到了这里。

我怀揣着一颗探索未知、实现梦想的心态来到了"哈工程"。为了证明自己当初的决定是对的,我想要在这所学校里,不断追寻与探索,实现自己的价值。

我从小就是一个很热爱学习的人,我能感觉到知识带给我的力量,它会让我认识到自己的无知,我也因此想要变得更加强大。没来到大学之前,面对高中讲台上的老师,我无数次想象在大学里和老师一起探讨问题的场景,那种在知识的海洋里畅游的感觉一定很美妙。

来到"哈工程",我想要在这里一步步向着梦想靠近。大一刚开学的第一个国庆节,我就宅在实验室里,花了七天的时间学习 51 单片机。每当我实现了它的一个功能,内心就充满了成就感。因为当初就是为了实现梦想而来到这里的,学习之余,我一直有意地培养自己的科创能力。我也因此认识了一批优秀的学长们,在钦佩他们能力的同时,我能做的就是静下心来,慢慢地了解、学习。随着自己经验的积累以及学习的不断深入,我感觉到了巨大的知识空白,这也是我第一次深刻地感受到这个世界上每个领域都是我穷尽一生也无法认知完的。

随着自己各方面能力的提高,我感受到自己现在才开始真正地去了解这个世界。无论是我们理论课学习的东西,或者是在各种实践经历中学到的东西,都只不过是在学着认识这个世界本来的模样。世界很大,一个人的认知和力量都是有限的,所以我们才要终身学习,去对我们生存的这个世界了解更多,在这个世界里发挥更大的作用。

在学习以及科创过程中,难以避免地会遇到许多难题,但我们不能就此却步,至少我不会这样。我觉得对于任何一种事物以及规律的认知都应该是彻底的、全面的。所以,我经常会打破砂锅问到底,因为我想认识它最真实的模样。从小到大,和我接触过的老师都会觉得我实在是太较真了,但是我已经这样生活了 20 年,实在是改不掉啦。不得不说,我真的很喜欢工科,喜欢自己的专业。自然科学使尝试着了解它的人变得更加理性和睿智。我学习知识秉持"基于课本而又高于课本,基于课堂而又高于课堂"的理念,更注重知识的灵活运用,我希望自己所学能有所用。生活处处皆学问,我积极抓住每一次锻炼的机会。我坚信"科技兴国",想凭借自己的努力为国家的科技发展贡献自己的一分力量,一个人固然很渺小,但也要有追赶黄大年这样模范人物的愿望。

如果将来回顾我的大学生活，我希望自己的世界里不只有学习和科创，我想度过一段丰富多彩的大学时光。现在我发现自己真的参加了很多活动，学了很多和我专业不相关的东西，我也从中收获了许多友谊和感动。不得不说，志愿者的时光是最开心的，我经常在学院及学校举办的大型会议及活动中担任志愿者，除此以外，还多次进社区进行义务家教及社区清扫的工作。一直以来，我就特别喜欢体育运动，大一参加的大众项目“疾风三一”给我留下了难忘的回忆，难忘的并不是取得的第二名的成绩，而是每个早晨与夜晚，大家一起的坚持与努力。我也是校慢垒队的一员，每天的训练自然少不了，不过跟队友们一起努力，提高自己的技术水平，真的是一件很开心的事。我也在慢慢努力，追赶那些优秀的前辈们。在院系团委学生会的工作极大地提高了自己人际交往、应变处事的能力，这也是我需要锻炼的地方。担任 17 级的副班主任，是因为我想用自己这三年来的感想与收获帮助其他同学度过一个充实、无悔的大学生活。

在这所学校里，我掌握了比较扎实的理论知识，学习能力有了很大的提升；我经历过很多次挫折失败，也纯为兴趣坚持做了许多事情。我很庆幸自己一路走到这里，人生中总会有迷茫，但迷茫的时候也不能停下前进的脚步，前行之中总会有转机，生命就是这样转动起来的。在成功的道路上，激情是需要的，志向是可贵的，但更重要的是那坚守的毅力和勇气。

张文杰——做新时代的船海人

张文杰，船舶工程学院2016级本科生。现担任20160117班级班长、科创委员，院系团委科技创新协会立项部部长。曾获国家奖学金一次、CCS中国船级社奖学金一次，黑龙江省“三好学生”一次、校“三好学生”两次，校“优秀共青团员”两次、校“优秀共青团员标兵”一次；以第一作者完成国家型立项一项；多次获得“优秀志愿者”称号。

让优秀变成一种习惯。刚刚步入大学时的我对于今后四年的生活懵懂而无知，辅导员和学长学姐们反复强调的学习的重要性成为我唯一清晰而又模糊的目标。怎样才是优秀，如何才能优秀，为什么要优秀？当时的我还不懂得标兵的背后代表了什么，陈赓奖学金意味着怎样的奋斗历程。呆呆地看着启航剧场舞台上庄重而有仪式感的颁奖，我觉得这一切对于我来说是那样的陌生，距离我是那样遥远而不可及。时间是诞生奇迹的所有诀窍。每日坚持上好每一节课，课下及时做好相关作业和复习，这便是我在当时唯一能做的事情。但直到现在我才发现，这恰恰是为我的发展奠定了最坚实的基础。生活的本质或许就是平凡，而非不凡；是平淡，而少有痛苦与欢乐。如今在我看来，优秀诞生于平凡，是始终如一的坚持，是将一件事情做到自己无法做得更好的极点，是学习借鉴周围人的长处并融入自己特点的发展。在国防生跑早操时，我步入21b教学楼开始一天的学习，伴随着图书馆的闭馆音乐收拾书包迈向黑夜，在十一假期中孤独地在一个人的教室中继续努力复习，不曾懈怠……培养一个曾经没有的好习惯是一件痛苦的事情，或许比较漫长，但却抵不过日积月累与潜移默化的影响，而它所带来的积极作用也绝非想象所及。如果不知道自己应该做什么，那就学习吧，因为学习是一件打基础的事情，基础深厚总没有坏处。一刀一刀地雕刻才造就了小提琴绝美的音色，踏实地做好自己当下需要做的事情，这是培养本领的必经之路。

让责任与担当发挥作用。责任是一种巨大的动力，它在告诉我们应该做什么，应该怎样做。“在其位谋其政”的思想始终深刻影响着我。作为20160117班班长和科创委员，我在平时会努力营造班级学习氛围和科创氛围，定期举行学习和科创经验分享会，为班级同学答疑解惑。付出总会有收获。在2018年结题的校级学生创新训练项目普通型立项中，我班以项目负责人身份参与的项目有9项，占院系项目总数的20%。作为学院科协立项部的成员，在过去工作的三年里，从部员、副部到部长一路走来，我以认真严谨的态度跟进部门主要负责的引导型立项、普通型立项、国家型立项每一批次项目的进度，进行针对性的指导与培训，在保证科创质量的基础上努力提高科创的参与度。在过去的一年里在部门中新设立了宣传小组，加强工作与通知的宣传力度，努力促进学院科创氛围的营造。学院引导型立项申报项目数由2018年的114项增加到2019年的120项；普通型立项申报项目数由2017年的36项增加到2018年的45项；国家型立项初次申报项目数（未审核）由2018年的31项增加到2019年的64项。过审项目数由2018年的31项略减为2019年的27项，但项目质量大大提高。一步步走到今天，我接受了很多人的帮助，感激之余也意识到了自己应尽的社会义务。在学习工作之余，我尽量多地参加公益活动，努力帮助他人，服务社会，传递温暖。在学校及学院的引导下，我积极参加各项志愿服务活动，如校青协“班助一·汇流”志愿服务活动、高考招生咨询会志愿活动、古梨园清扫志愿活动等；累计公益服务学时达105学时，先后获多项活动“优秀志愿者”称号。责任感促进了担当的优秀品质的培养。

以梦为马。梦想是对未来美好生活的向往，是我坚持与努力的重要动力。从个人层面讲，我梦想将来能拥有一个稳定的家庭、一份稳定的工作、过上稳定的生活。幸福的生活从来不会掉到每个人面前，唯有努力奋斗才可能有机会争取自己想要的生活。从大一点的角度来看，我梦想有一天，祖国能够统一；我梦想有一天，不再有任何的领土争端。为了这个梦想，我想我需要努力学习基础知识，奠定坚实的基础。以至善精神做事业，以至真态度做学问。时刻等待国家的号召，争取能够为祖国的海洋事业尽可能多地贡献出自己的力量。

习主席说过：“青年一代有理想、有本领、有担当，国家就有前途，民族就有希望。”我是一名船海人，是一名处于新时代的船海人。银河号的屈辱未曾远去，海天卫士的悲壮仍历历在目，辽宁舰的雄姿令人振奋。这是最好的时代。作为当代青年，我必将不负党的重托、无愧历史选择，志存高远、勇立潮头、敢于开拓，在实现中国梦的生动实践中放飞青春梦想，在为人民利益的不懈奋斗中书写人生华章。

朱博远——精勤做事，敦笃励行

朱博远，经济管理学院2016级工商管理专业本科生，现任经济管理学院学生会主席，党建中心主任，党政理论研习社社长，20160921班团支书。曾获2017—2018年度国家奖学金，校一等奖学金四次，黑龙江省“三好学生”，校“三好学生”，“优秀学生干部”等荣誉称号。

我在大一开学时就提交了入党申请书，从此我时刻坚持以党员标准严格要求自己，积极参与政治学习，不断提高政治觉悟与思想水平，在多方面起到先进模范带头作用，目前我已成为预备党员。

工商管理专业是我的兴趣所在，被第一专业志愿录取的我，系统地学习了专业相关课程，培养了严谨的专业逻辑思维，具备了全面而扎实的专业知识功底。同时，我充分利用大学丰富的图书资源，建立了枝繁叶茂的知识体系架构。在受益的同时我进一步了解自己，将所学专业从最初的兴趣吸引转变成了坚定的奋斗目标。因此我积极关注经济发展动态，期望向该领域不断靠拢。

我坚持对专业知识的学习，始终保持学院第一的成绩，平均成绩 94.08 分，形成扎实的学科基础，曾获 2017—2018 年度国家奖学金，校一等奖学金三次，校“三好学生”荣誉称号。

身处浓厚的学术氛围之中，我认真完成老师布置的每个课题的讨论和研究，主动抓住机会，较为广泛地翻阅中英文著述、查阅资料，增加学术积累。其中“计量经济学”实验和“统计学”实验帮助我深刻认识到：结果分析中误差来源是最能体现实验价值的部分，通过对此的讨论常常可以设计出下一步实验方向。我出色完成了各课程的实践调研和研究报告，均得到了较高的成绩。从大一上学期开始，我开始逐渐接触科研活动。在大一大二分别参与了“五四杯”大学生课外学术科技创新作品竞赛学术科技论文大赛并获奖，且参与两次校级哲社立项。这些经历更多的是摸索和学习，从设计调查问卷，计量计算到综合运用经济学理论分析问题，学术研究的立项选题、文献综述都使我扩充知识储备，不断成长。

大二有幸接触了校创业街区，成了该创新创业项目的一员，因在负责财务预算和线上运营的出色表现，大三时期以负责人身份孵化哈尔滨沁怡农业有限公司的创业项目，有效培养了自己在推送、PS 等方面的综合技能，也通过团队的协作取得“三农·风吹稻香”商业计划书，在第九届全国大学生“创新、创意及创业”大赛获得了校一等奖，此时正在筹备省赛。这段经历让我认识到做项目必须严格要求自己，要有清晰的、独立的 idea 和团队协作能力。

大三期间，在苏屹老师和曹静老师的指导下，利用 31 省份的面板数据建立计量模型，完成科研论文《中国房价波动的影响因素分析》；此外，论文《石油进口量影响因素分析》成功发表。在大三的科研探索里，我的思维得到了锻炼，能够灵活运用各种模型和理论体系分析相关课题。

我积极活跃于科创赛事中，负责整体研究思路梳理、部分论文写作及完善校验任务，曾获互联网 +“绿色农业”大赛省三等奖、全国“TRIZ 杯”大学生创新方法大赛国家三等奖、国际企业管理挑战赛（GMC）中国赛区铜奖等十余项奖项。

除此之外，我热衷公益服务，积极参与志愿活动，曾作为 2016 年国际大学生雪雕大赛志愿者、第十八届全国科技评价学术研讨会志愿者及校青协“班助一·汇流”活动志愿者。

我在日常工作中坚持认真细致的态度和严格的标准，从大一至今担任班级团支书一职，任职过程中我努力增强团支部成员的思想素质，积极完成上级团组织交给的各项任务，及时推进工作进程，并提高工作效率。团支部开展“团聚爱心”活动四次，开展“品质团活”四次，且项目结题成绩优异。带领团支部成员积极参与公益实践活动，为黑龙江省青少年发展基金会及希望工程做出贡献，并于 2016 年获得校级“优秀志愿班级”荣誉称号，带领班级获“五四红旗团支部”荣誉称号。

在大三期间，我担任院系学生会主席一职，并兼任党建中心主任、党政理论研习社社长；我始终坚持以“奉献学院，服务同学”为宗旨，积极配合校学生会工作，加强院系学生会工作建设，目前已带领院系获得校新生篮球赛亚军，校合唱比赛、校“一二·九”大型晚会筹备正在有序进行。我积极配合校学生会深化学生会组织改革，加强院系学生会建设工作，已开展校院联动学子论坛活动 12 期，大力改革院系学生会公众号，如增加查寝成绩公布推送，英语

四、六级考试模拟答案推送等，以增强公众号与院系学生的日常联系，积极筹备和带领院系学生会推进各活动的开展和创新，曾两次获得校“优秀共青团干部”荣誉称号，通过为班级、为院系同学服务，我积累和提高了各方面的知识和潜力。

工作并没有成为我学习上的阻碍，效率和专注度是我保持学生工作和课业学习平衡的关键。我学会了更好地规划自己的日程安排，更清晰地看到自己逐渐成长的路径，能够迅速熟悉集体，找到自己合适的位置，以恰当的方式促进团队的前进。曾获得“校十佳团支书”、校“优秀学生干部”、校“优秀共青团干部”等荣誉称号。学生工作为我的大学生活带来彩虹般绚烂的记忆，学会了分享，学会了责任与担当。我希望我的大学生活的边界不仅如此，还应该有成就感、精神世界和远方。

田纪伦——不忘初心，继续前进

田纪伦，自动化学院2016级本科生，现担任20160402班学习委员，20180403班副班主任。大学期间，曾获得国家奖学金，黑龙江省“三好学生”，校“学习标兵”以及其他校级荣誉；参加省级及省级以上比赛九次并获奖。

在学习上，我积极奋进，努力学习。大学前五学期的总成绩为93.4分，位列学院第四名，专业第四名。在所有必修课中，考试成绩在90分以上的有17门，占所有课程的94.6%，并且超过95分的课程有9门，占到所有课程的50%左右。在英语学习中，我顺利通过了英语四、六级考试，四级543分，六级470分。我经常浏览英文文献以及英文专业教材，所以专业英语和英语词汇量有一定的积累。同时我学习C语言、MATLAB等软件，并在课程实验学习与比赛中接触使用过Solidedge、Multisim、Quartus、Altium Designer、Excel、IAR、Linux等软件，并取得了计算机二级C语言证书。

在科技创新方面，我在大二学年加入西门子实验室，并积极参加科创活动与学术竞赛活动，参加的九个省级及以上比赛都有获奖，分别是美国大学生数学建模竞赛一等奖，全国大学生数学建模竞赛省级一等奖、二等奖，电子设计大赛省级三等奖，东北三省数学建模竞赛省级三等奖，全国大学生数学竞赛预赛国家一等奖，“西门子杯”中国智能挑战赛省级一等奖，“北斗杯”全国青少年科技创新大赛省级二等奖，其中绝大部分比赛都是第一作者。我的数学、逻辑能力较强，且软件操作能力较强，所以在数学建模中，为团队提供大部分思路；我能够熟练使用 MATLAB、Excel 等软件，所以在建模画图和数据处理中，我也做了许多工作；在论文书写中，我积极学习往届优秀论文，并在论文写作上有所心得。在黑龙江省电子设计大赛中，我提前学习了单片机、小车制作、电路、焊电路板等基本知识和技能，并作为第一作者，参与并完成了比赛的部分工作，在这次比赛中，我明白了团队协作的重要性，也明白了如何将书本的知识应用到实际工作中。在“西门子杯”中国智能制造挑战赛中，我提前接触了控制科学的一些知识，尤其是过程控制的一些知识，也掌握了 PID、单片机、硬件搭配等知识，同时也知道了实际作品的外观和经济性也是很重要的；我们选择的赛题是企业命题赛项，需要考虑多方面因素，最终得出相应的事物作品和论文。在“北斗杯”比赛中，我接触了北斗定位系统，并将它与轨道检测系统进行结合，提出了新技术下的一些创新点，并与团队成员一起完成了比赛。全国大学生数学竞赛体现了数学的多样性，尤其是微积分的各种定理活学活用让我增长了见识，同时也为学好自动化专业提供了基础。我在数学竞赛前，认真复习了相应的微积分知识，并通过相关书籍拓宽视野，对一些定理的本质进行了解，这对我后来的数学学习有着极大的帮助。除数学竞赛外的比赛论文，大都由我执笔，所以我的论文写作能力也得到了相应的提升，且得到了大赛老师们的认可，尤其是美赛的英语论文书写，培养了我英语论文写作的能力。在大学参加的各式各样的比赛，对于我将来的研究生或是科研生涯，都起着很大的作用。

同时，我也积极参加了学校以及学院组织的各类科技创新活动共计 10 余项，其中包括“五四杯”大学生课外学术科技创新作品竞赛，“启航杯”大学生创新创意大赛，人文知识竞赛、校电子设计大赛、物理仪器设计大赛、“飞思卡尔”杯比赛等；并且结题校级学生创新训练项目普通型立项 3 项，国家级大学生创新创业立项 1 项。在大一上学期，通过“启航杯”和校级学生创新训练项目引导性立项，让我提前接触了科技创新活动，并产生了浓厚的兴趣。之后，我陆陆续续参加了各式各样的学校与学院组织的比赛，通过这些比赛积累知识，并与队友进行深度沟通，了解我所欠缺的部分并改进。虽然有些比赛没有获奖，但是比赛的经历却让我难忘，通过这些比赛，让我实现了从高中到大学的彻底转变，也让我对于理论和实践的关系有了更充分的认识。

在班级内部，我担任 20160402 班学习委员、2016 级自动化专业二班的班长，20180403 班副班主任。我在期末考试前积极帮助他人，组织多次班级内部讲座，在同学们困惑于难懂的知识点时，为同学们梳理；在假期，我经常提前返校，与挂科同学交流，并帮助他们了解相关的课程知识；我主持了 2018 级班级新生第一次班会，帮助辅导同学们在课程学习上遇到的难题。同时我积极参加志愿活动，响应班级团委的号召，前往敬老院或其他地方进行献爱心的活动，我也曾担任国际大学生雪雕大赛志愿者并被评为优秀志愿者。在比赛中，早出晚归，尽我所能为雪雕大赛选手提供帮助。在志愿活动中，我经常与其他志愿者交流，观看雪雕雕刻的过程，在这个过程中既锻炼了自己，也增长了眼界。

大学生活以来在老师和同学的支持认可下，我曾获得国家奖学金、校“学习标兵”、校一等奖学金、黑龙江省“三好学生”、校“优秀共青团员”、校“三好学生”等奖项。并且我曾在大三上学期参加了党课，在未来我要为党、为国家、为社会做出自己的贡献。

聂瑞——回忆迎新，初为学长愿为舟

聂瑞，材料科学与化学工程学院2017级本科生。担任材料科学与化学工程学院社团管理中心副主任、20171054班团支部书记。曾获国家奖学金、校一等奖学金、校“优秀共青团干部”、第二届东北地区大学生光电设计竞赛“优秀志愿者”、第六届海峡两岸大学生北国文化之旅冬令营“优秀志愿者”，第九届“启航杯”创新创意大赛一等奖第一作者、第24届“五四杯”大学生课外学术科技创新作品竞赛校级一等奖第一作者。

作为一名2017级的本科生，我已不知不觉度过了接近两年的大学生活。翻开手机的相册，回溯自己的2018年，每张照片记录的经历都历历在目。从2018年上半年连夜备战大学的第一次期末考试，到进入实验室准备引导型科研立项、期末复习周兼顾参加“启航杯”大学生创新创意大赛、“五四杯”，再到成功竞选院系团委的副部、获得国家奖学金……在忙碌的一年中，令我感触颇深的，不是一次次的考试与比赛，而是2018年秋季新学年的迎新工作。

2017年的8月，我以一名新生的身份进入哈尔滨工程大学，在新生导航员学长学姐们的帮助下，我很快融入了新的环境。一年后，我也成为一名学长，于是我主动报名成为材料科学与化学工程学院2018届的新生导航员，将学长学姐们的任务接力过来。

新生导航员的工作其实在暑假期间新生宿舍分配结果公布时就已经开始了。我在2018届的新生群里一次次地发出消息，希望能尽快联系到我所负责寝室的学弟们。这种感觉比我大一入学前在群里找室友还要迫切。在入学前，我能在线上做的，不仅仅是学院分派给我们的任务，譬如向新生传达各种通知、统计报到时间等，而且还应该以一名“过来人”的身份帮助他们调整入学前的心态，为接下来的大学生活做好准备。

临近开学，新生导航员需要牺牲自己三到五天的暑假时间提前返校，领取报到需要的材料，按照学院安排分配任务，准备迎新工作，以最好的状态为学弟学妹们提供帮助。

迎新第一天的清晨，哈工程校园依然保持着暑假期间的沉寂。作为团委的一员，我应该站在迎新的最前线。迎着晨光，我走出公寓大门，沿着马路的方向望去，不禁回想起一年前自己入学时的情景：在父母的陪同下，我走下哈工程迎新接送班车，迎面而来的是热情洋溢的新生导航员学长们，他们一把接去我沉甸甸的行李箱，询问我的寝室房间号，带我走进即将居住四年的寝室，又陪同我完成一系列的入学流程……这一天，我站在了昔日学长们的位置，戴上新生导航员的吊牌，去做他们曾经的工作——代表哈尔滨工程大学材料科学与化学工程学院迎接第一批“00后”们。

还是熟悉的巴士，送来了第一批材化学院的2018级新生。我也没有想到自己竟会迫不及待地上前帮学弟拿行李，尽管他不是我所负责寝室的新生，但还是有一份成就感。千呼万唤始出来，我收到我负责的学弟到校的信息后，在楼梯间上上下下跑了数不清多少趟，接下数不清的行李箱的我充满了干劲。八月末的哈尔滨还未褪去暑气，带领陆续到来的学弟们完成住宿登记、体检以及排队缴交书费、购买军训服后，我在公寓楼下的迎新工作站休息了很久。此时已至中午，双手已经没有力气端起盒饭。

新生导航员的工作看似简单，其实不然。“导航”二字，不仅仅是带领新生在大学校园准确找到各个入学流程所在的地点，更为重要的是负责新生的思想指导工作。我们在初、高中时期被灌输了一种思想：上了大学就可以不用花心思学习了。经过了一年的亲身体验，现实让我觉得大学的生活更为艰难。我相信很多新生也一定抱着这样的想法，于是我尽量利用每一次空闲时间，和他们进行交流，端正他们对于大学的态度，解答他们提出的关于大学生活的每一个问题。这时的我，恨不得把自己这一年来积累的所有的经验一口气分享给我的学弟们。告诉他们，大学生更不能松懈，不仅课业繁重，还要在思想、科创、实践等各个方面全方位发展。

除此之外，有时家长也需要我们的帮助。2018级的学弟学妹基本上是“00后”，没有住校经历，被家人宠惯者居多。可能在新生们脑海里都是对大学生活的憧憬，家长却恨不得多陪伴孩子一天、一小时、一分钟。军训开始的那个下午，按照学校军训期间规定，家长需要准时离开寝室。我走在新生寝室所在楼层去向家长们传达通知时，悄悄推开房门，传来的是家长们满含不舍的啜泣。我仿佛又看到了自己入学那天，母亲在寝室里也是这样流下辛酸的泪水。虽然这些都不是我负责的寝室，但我还是尽可能地去安慰这些家长，告诉他们作为学长的我们会帮助学弟们适应大学的新环境，请他们放心。

在与学弟及其家长们接触的过程中，我很愿意回答他们提出的各种问题，关于学校、学院、专业、奖学金、科创、学生组织等等方面，我都会通过我这一年来的大学经历与经验去给出答复，尽力让他们满意。当然，也并不是所有的问题都能解决。这里要感谢材化学院团委的王政学长，总是挡下那些令我们犯难的问题。从他身上我看到了什么是优秀以及自己还有很多方面需要完善，大学期间还有很长的路要走。

三天的正式迎新工作，我总是和团委的兄弟们在早晨最早到位，傍晚等候到最后离开。这种感觉就像一年前参加军训一样，用一个字形容:累。但是也充满成就感与满足感，甚至有所收获。迎新是大一新生第一次感受大学人情味的时候，可以说，它代表了一所大学的亲和力。参加迎新工作，既出于我作为一名学长的责任，也源于我对这所学校的热爱。新生会变成老生，陌生的会变成熟悉的。我相信每一位新生都会在一年之内完成蜕变，而我则会继续这份引导新人、摆渡新人的使命。

孙雅涵——凡心所向，素履以往

孙雅涵，计算机科学与技术学院2017级本科生，曾获2017年工信部创业二等奖学金、国家奖学金、黑龙江省“三好学生”、校一等奖学金两次、第十四届黑龙江省大学生程序设计竞赛一等奖、第十二届东北地区大学生程序设计竞赛三等奖、第九届全国蓝桥杯大赛用户体验设计赛全国总决赛手机图标设计三等奖等荣誉。

2017年的夏天，炎热而又漫长。有时萌生一个想法很简单，只需要一份从心中突然涌起的热忱，但能否将其真正付诸实践，取决于一个人对自我的确认。从小到大，我所拿过最多的奖是作文，我所考过最差的成绩是数学、物理，而那年夏天在文科类志愿和工科类志愿间徘徊的我，却下定了决心——我想学计算机。

作为全国高考改革的第一届考生，以一个学校的一个专业为一个志愿的80个志愿中，凭着对计算机情有独钟的一腔热爱，我报了 70 个学校的计算机专业，也终于如愿地迈进了计算机学院的大门，踏上了从南到北的求学征途。

刚进入大学的心之所向，是想要体验不同于曾经高中时代的新鲜事物。面试通过了院系学生会、院系团委和校科技协会，第一次去亲身感受"学生组织"这四个字背后的故事。各项工作从零开始一点一滴地学习，而身外多个组织所导致的繁忙让我更加懂得合理规划时间。学生组织就像一扇门，为我打开了大学生活的新世界，而只有经历，才是最好的履历。在学习和组织工作之余，我报名参加了校新生运动会、校大合唱比赛、校雪雕大赛、院系新生辩论赛、院系羽毛球比赛等等一系列文体活动。每一次的活动，都有汗有泪、有哭有笑；每一次的尝试，都是一次成长。

在尝试新事物的同时，我也始终没有忘记自己的初衷——多方面地学习计算机技术，从而找到一条适合自己的发展道路。因此，在大学刚开学不久，看到第九届全国蓝桥杯大赛的竞赛通知中有用户体验设计组别时，即使没有任何专业基础，我仍毅然选择了报名。报名的时候是十一月，而比赛作品提交时间是来年三月，这代表着我有整整四个月的时间可以去尝试、去学习。我用了三个月去构想，一个月将想法变为现实，那段时间是痛并快乐着的，学习、学生组织和竞赛像三座大山压在我的身上，每一天劳累却又充实，而那也是我大学第一次自己单独参加竞赛并拿到了大学中的第一张比赛证书。

然而并不是所有前进的道路都是一帆风顺的。但即使身处无法前进的困境，也不能轻言放弃，要奋力踏上属于自己的征途。大一初始，我通过百团大战认识了程序设计与算法学社，了解了 ACM 国际大学生程序设计竞赛，而那也是我与程序代码的初识。初学 C 语言还觉得勉勉强强，然而当我步入初级算法的学习时，我明显感受到了吃力。我知道编程能力是在学习计算机的道路上不可或缺的，但即使经过了一整个寒假的努力，大一下学期的校级程序设计竞赛中，我清晰而又深刻地感受到了我与别人的差距。即使通过选拔，成功地进入 ACM 校队，但面对身边许多能力超群的同学，我开始自卑迷茫。那段时间，我在怀疑自己、安慰自己、质疑自己、鼓励自己的过程中一遍又一遍地循环着。"如果因为觉得困难，真的想要放弃，你早就放弃了。"在跟妈妈倾诉的时候，她这样说道。那一刻，我终于能够直面内心地承认，其实我未曾后悔过选择这条路，哪怕当初家人劝阻，志愿表上我也仍旧填满了计算机这三个字，哪怕如今算法难学，笔记本上我也仍旧写满了一行行代码。那段难熬的时间，让我更加明白什么是我所向往、所想要追逐的事物，因为它困难，所以才具有挑战性；因为它重要，所以才具有意义。而我只要迈开双腿，左脚右脚交替前进，哪怕摇摇晃晃，偶尔跌倒，也一直是在路上。

凡心所向，素履以往。前行的路，依旧漫长而又艰辛，但至少每一天我都是在向前向上的，通过不懈地努力奋斗和追求，我就一定能看到那条无限接近完美的渐进曲线。而所谓卓越，并非指行为，而是习惯，我们日复一日做的事情，决定了我们成为怎样的人。因此，纵使前路漫长，我也有梦想为光。

许明杰——程序人生

许明杰,计算机科学与技术学院 2017 级本科生,担任计算机科协副部长职务以及计算机科学与技术 3 班科创委员职务。曾获 2017—2018 学年度第一学期、2018—2019 学年度第一学期校一等奖学金、2017—2018 学年度国家奖学金、黑龙江省“三好学生”荣誉称号、第十三届黑龙江省大学生程序设计竞赛三等奖、第十届蓝桥杯省赛一等奖。

“2018 算法学社寒假集训开始报名啦!在这里你的编程能力能有极大地提高,还有参加更高层次比赛的机会!”一天,我走进 21B 教学楼的大厅,看到公告栏上写着这么一段话,马上感觉到:这不就是我期待已久的 ACM 集训吗?!于是我二话不说,立即登录网站进行了报名。那个时候已经 12 月份,快要进入考试周了,在复习的间隙,我在心心念念之中一直在期待着这次培训。

时间过得很快,期待的寒假集训已经在自己眼前了。ACM 集训队的学长为我们安排了为期 8 天的集训。上午讲解,下午比赛,晚上讲题,每天都按照这样的节奏进行下去。每天学长讲述的内容大部分是自己从来没有接触过的,因此有很多内容没有听懂;每天下午的比赛,也被那些本来就已经很强的同学"虐"得体无完肤。但是,寒假集训给我带来的最重要的收获,便是学习的方向和训练的动力。

转眼间,到了 3 月份。那时的自己还没有进入校队,可又想找到一个地方专心训练。于是自己克服困难,每天背着电脑,一到没有课的时间,便跑到图书馆,泡上咖啡,开始几个小时的训练。作为初学者的自己,每看到一道题,都要去思考很久。要是自己突然有了一个可行的解题思路,便在电脑上迫不及待地把自己的想法转化为 C++ 代码。写完之后,测试是必不可少的,于是我把题目给出的样例输入,输入到命令行中,看到了与样例输出一致的结果。我惊喜万分,可能自己的思路就是正确的!不管了,提交!提交之后,自己不断地按 F5 键刷新网页,突然,我看到了红色的"Wrong Answer"字样,这表明我的做法存在错误。感到扫兴的同时,自己还要仔细检查代码,这时我发现了一处小错误,赶紧改正,又交了上去,等了一会,得到了"Time Limit Exceeded"的反馈,这时的我意识到,自己的做法虽然可以得到正确的结果,可是自己的程序无法处理规模很大的数据。这时的我,又陷入了思考中。过了一会,自己想出了效率更高的算法,交了上去,看到结果,是绿色的"Accepted",这表明自己的做法通过了所有的数据测试。这时,自己开始做下一道题,如此地进行下去……

后来,经历了校赛、省赛和东北赛,自己受到了很大的打击,每一次都能感受到与周围选手的巨大差距。但是,这也给了自己十足的动力,去使自己变得更强。

新一届校队的人选,是根据从寒假集训到东北赛所有的成绩综合考量来确定的。知道这一信息之后,自己放弃了进入校队的想法。可是,在某一天晚上敲代码的时候,突然收到了一条消息,上面写着"以下是入选校队同学的名单,希望进队的同学能够奔着下半年的区域赛更加努力训练,没有进队的同学继续努力,明年还有机会"。然后我看到了自己的名字,这使我十分惊喜,瞬间感觉自己又有了很多的希望。

再后来,自己正式入驻了 21B 573 实验室,有了自己的位置。这个实验室是我在入学以前就听说的,我对它的印象是:这是一个神奇的、很有氛围的地方,有很多学长,他们兴趣相同,为了 ACM 这一件事情,共同努力,不断交流,他们经常训练或者打比赛到深夜。这下子,我便有了固定的地方专心训练。

从此之后,只要没有课,自己便一定会坐在这间并不大的实验室里面,开始训练。自己的训练方式很简单,就是看书学习新的算法,然后在网上做一些相关的题目,巩固所学到的算法,但重要的是,这锻炼了自己的思维能力,说白了就是想题的能力。过程与之前在图书馆做题是很相似的。每一次"Accepted"都是一次惊喜,特别是自己独立想出做法的时候。

全球有很多像我们这样的编程爱好者,他们中不乏有一些强者,他们会面向全世界的爱好者们举行定期的比赛。因为这样的比赛,能让我们有着很好的竞技体验,同时又能很好地锻炼自己的能力,于是我们只要没什么事情,都会选择去参加。因为是网络赛,所以我们在实验室就可以参加。到了比赛的时候,实验室内没有人说话,能听到的只有自己写字的声音和满实验室的键盘声。没错,充满键盘声的环境,是自己每天都要亲身体验到的。比赛结束之后,我们都会自然而然地去讨论一些难题的做法。在这种训练氛围之中,自己的编程能力和思维能力都有了很大的提升。

有时,自己会得到一些出去比赛的机会,例如大二上学期,自己获得了参加ICPC国际大学生程序设计竞赛亚洲区域赛徐州站和CCPC中国大学生程序设计竞赛总决赛的机会。当时的自己,学到的东西还很有限,也没有取得好成绩,但是自己见识到了全国很多其他学校的强者,见识到了他们的强大,这倒逼着自己更加努力地训练。

ACM仅仅是一个比赛,它不是大学生活的全部。作为一名有志于从事计算机行业工作的学生,学好计算机科学的相关专业知识尤为重要。而学习,是自己最为重要的事情。课表上出现的课程,自己几乎一节不落,堂堂课都坐在第一排,生怕错过老师讲解的重点知识。上课时,自己可能是教室里比较活跃的那个同学,时不时地与老师互动。这个习惯,是我高中的时候养成的,自我感觉对听课很有帮助,很有助于自己集中注意力。而每到考试临近的时候,自己会暂时放下手头的训练(尽管有一些不舍),然后专心复习自己所学过的专业课知识,从容应对每一次考试。一年半下来,自己也取得了相对不错的学习成绩。

在接下来的日子,我希望自己能够把手头每一件事情都做到最好。

苑雪美——梦想，因努力而闪耀

苑雪美，经济管理学院2017级本科生，担任班级学习委员、校青年志愿者协会副部长，曾获国家奖学金一次、校一等奖学金两次，黑龙江省“三好学生”、校“三好学生”、校“优秀共青团员”等荣誉称号，获得国际企业管理挑战赛中国赛区铜奖、“新道杯”会计信息技能大赛三等奖、“五四杯”大学生课外学术科技创新作品竞赛铜奖。

时间犹如白驹过隙，转眼间我已是大二的学生，回顾过去一年的大学生活，我感触颇深。刚进入大学时的情景我至今记忆犹新，那时，我对大学满怀憧憬，还带着一丝迷茫，许多事情都不懂。以前经常听人赞颂大学的无拘无束、海阔天空。因此，第一次踏入这个陌生的校园，我对未来的一切充满好奇。

如今，经历了一年多的大学生活，我对大学的理解不再仅仅停留在以前从别人口中传出的那样。这一年，我学会了很多，成长了很多，我从青涩懵懂的少年走向了成熟。亲身经历的大学生活让我受益匪浅。

起初，刚走过高中时代的我，对自己的理想、人生、目标并没有太多的规划。面对这个距离家乡几千里的陌生的环境，我怀着欣喜的心情，尝试着去体验身边的新鲜事物。大学的第一课便是军训，这不仅锻炼了我们的意志与能力，更是我们扩大朋友圈、适应大学生活的关键时机。令我记忆深刻的是，军训期间，辅导员让我们每个人都写下自己大学四年的目标与愿望并拍照留念，这使得并未考虑过未来具体目标的我陷入了沉思。最终，我告诉自己要努力学习，不能缺课，争取保研；关注时事，紧跟时代思想；加入学生组织，锻炼工作交流能力；乐于助人，广交朋友，不虚度大学时光。

一次“守护星星”的志愿活动，让我更加坚定理想，要为之努力奋斗。那天，我来到一所特殊的学校，那里的儿童和其他正常的小孩不同，他们不懂得如何与人交流，也不懂得如何去和这个社会融合，甚至无法表达内心的想法。在与他们相处的过程中，我看到了他们为完成一件对正常儿童而言很简单的事而付出的不懈努力。我想，也许他们也有自己的梦想，他们也想为自己的目标去努力、去奋斗。然而，他们并没有能力去实现这一切。而我们，在各种温暖呵护之下健康成长，拥有幸福的生活，拥有最好的资源，我们又有什么理由去虚度时光，不为自己的梦想而奋斗呢？

大学可以称得上是人生中最绚烂的一页，在这里，我有最广阔的资源，有最纯真的友情，更有实现梦想的无限动力。常听老师谈起，大学是最好的学习时光，图书馆是我们最珍贵的资源。大学的空余时间自己安排，没有固定的教室，因此，我也爱上了图书馆。在专业理论与基础知识的学习中，我一直以认真积极的态度对待，脚踏实地，走好人生的每一步。在学生工作中，我满怀热情与高度的责任感，对工作一丝不苟。任职期间，我以身作则，认真履行自己的工作职责，以热情诚恳、乐观向上的态度做好每一份工作。在生活中，我一直以“服务他人，奉献自己”为宗旨，努力做一名优秀的青年志愿者。我喜欢与人交往，虚心向同学学习，也愿意和朋友一起参加各种集体活动。在课余时间，我尝试着去参加各种竞赛，从“五四杯”大学生课外学术科技创新作品竞赛到国际企业管理挑战赛（GMC）、“互联网 +”大赛等，虽然有过很多次失败，但我相信每一次尝试都会有收获，都会为以后奠定良好的基础。我努力培养自己各方面的能力，让自己全面发展。

也许有人认为，这种生活太过忙碌，大学时应当学会享受生活。殊不知，忙碌也是一种幸福，疲倦也是一种享受。每当我想停下脚步时，想起那些来自星星的美丽而孤独的孩子，我就又会重新鼓起勇气。感谢国家和学校给了我如此珍贵的资源，如此多的锻炼的机会和成长的空间，我相信我在未来依旧会脚踏实地、扎扎实实地向更高的目标奋斗！

梦想是漂泊在大海中的小船，只有付出了行动和心血，迈出我们坚不可摧的步伐，才能到达成功的彼岸。人的一生是奋斗的一生，但有的人却碌碌无为。如果我们拥有一个伟大的理想，有一颗善良不服输的心，我们就一定能够把琐碎的时间堆砌起来，创造不平凡的成就。

歌德曾说过，“人不是靠他生来就有的一切，而是靠他在学习中所得到的一切来造就自己的”。我始终牢记“大工至善，大学至真”的校训；我一直坚信，量的积累，终会换来质的蜕变。我相信，努力会让梦想发光，坚持会让未来更美好。

尹荣基——不忘初心 砥砺前行

尹荣基，自动化学院2017级本科生，担任“双创”委员一职，曾获校一等奖学金两次，被授予黑龙江省“三好学生”、校“优秀共青团员”称号。

岁月不居，时节如流。大二马上就要过去了，回首自己在哈尔滨工程大学度过的两年时光，感觉好像才来到这里不久，又仿佛我跟这里已经是老朋友了。过去的两年里有欢笑有悲伤，有汗水有不甘。有过桀骜不羁、浑浑噩噩的日子，但更多的是无数个早出晚归、埋头苦读的日子，与之相伴的，是教学楼门卫大爷清楼的呼喊声，是哈尔滨清晨的挤入鼻腔冰凉的空气。

刚入学时看到教学楼前“大工至善，大学至真”八个字只是感觉很有气魄，不愧是哈军工的传承。现在过了两年了才开始慢慢理解这八个字里的含义远不止想得那么简单。我对于“大道至简”一词再熟悉不过了，道的极致就是简。在我见到了毛主席为“哈军工”所提的训词中的“工学”二字，我才明白校训亦是如此，“工”字就是工程，是埋头实干的行为，“学”则是学问、学习。作为一个工程人，就是要脚踏实地地追求最好，真真正正地做学问。这八个字一直在影响着我，激励着我不断前进。

大一的时候还是有很多不适应的，第一次离家千里，第一次体验住宿生活，第一次来到与从小生活环境完全不一样的北国重镇……诸多的第一次让我对大学生活无所适从，那个时候生活很混乱，没有节奏浑浑噩噩。庆幸的是我的辅导员、舍友还有朋友们都很热情，带领着我走出了那段日子。凡心所向，素履所往，生如逆旅，一苇以航。大一学期我在迷茫之中迷失自己，还好及时醒悟，也算收获了不错的结果。进入了下半学期，找到了自己节奏的我觉得学习成绩固然重要，但是作为一名工科的学生，我们要有实干精神，在实践与学科理论的结合中才能有更大的进步。所以我在学习之余，开始接触科创，也参加过一些校级竞赛以及建模比赛、数学竞赛等。

由于高中教育的不同，我在大学中越来越觉得自己在创新创业能力上与其他人有差距。我的高中生活让我在学习方面游刃有余，但是除了学习书本知识和考试，我的其他能力还有很大的不足，所以我到这之后更加注重在双创方面提升自己的能力。因为一开始自己是个科创小白，虽有一腔热情，各种比赛、各类科创社团都有参加，各种宣讲会、培训会也都会去听，但是苦于不得道，成效甚微。因为自己在中学学习过程中还算顺利，第一次遇到这种挫折，明明投入了很多的时间和精力，为什么没有成效？现在想想那时候还是很难熬的，自己也会经常在校园里一边散步一边思考：难道是我天生不适合做双创？说实话那个时候动摇过，也怀疑过自己。山不过来，我就过去。在学期末的时候，我填写了 ROBOCON 团队的报名表。因为科创不比学习，科创本身就是一种实践，我想只有真正去做才能领悟到一些东西。然后，我认为自己最忙的一段时间就来了。白天正常上课，晚上要去实验室学习单片机编程等一些知识。在当今这个科技发展迅猛、竞争激烈的时代，我清楚地知道，只有把自己打造成为具有创新思想的新一代大学生，才能在今后竞争日趋激烈的社会中立于不败之地。因此我广泛涉猎和学习各种新的文化思想和专业知识，全力打造一个通古博今的全新自我，同时，我始终牢记，作为一名学生干部，应当在学习上做好同学们的表率和带头人。所以即便自己觉得很累，但是我在思想上时刻保持积极向上，把最好的精神面貌留给每一天。

最令我难忘的莫过于在实验室准备比赛的这一年了。大二开始我们结束了大部分基础课程的学习，开始接触各类专业课。由于我高中基础理论学习得还算不错，所以这些基础课程的学习其实并没有多么令我头疼。但是专业课就不一样了，这需要很好地对基础课程内容的理解以及应用。学习上难度加大的同时，比赛的准备也刻不容缓。做比赛很多时候都是一边学习一边应用，是有明确应用目的的学习，这跟上课学习需要完全不一样的方法。纵观自己走过的将近一年，实验室的学长和队友们给了我很大的帮助，我在这段日子里深刻领悟到了团队合作的重要意义。以前是心情不好的时候喜欢在校园里漫无目的地溜达，慢慢地，这种散步成了习惯，在散步的时候也不会总是心情不好的时候了。大二的这一年比大一要紧张多了，但是不再有迷茫感了。

作为一名工科生，也许我们会牺牲一些情趣、一点感性，但我们会抓住那一丝理性，勇于探索、发掘真知。杨德森院士就是一个榜样。已九十岁高龄的杨院士不能不说是老当益壮，每一次的勘测都亲身下海试验，每一个误差都躬亲处理、身体力行，他无疑是我们探索创新的典范。可能我们习惯了“雨中山果落，灯下草虫鸣”的安逸，但我们更应以一种挑战的姿态去迎接“惊涛来似雪，一坐凛生寒”的惊险刺激。实践是我们工科生强有力的武器，兴奋与刺激更是我们生活中不可或缺的情感符号。探索，还是回避？对我们来说从来不是一个问题。

作为踏上千里之外求学的学子们，脱离了亲人的庇护来到一个陌生的环境，或多或少有一些不适应或者些许困难。那么，一句“眼因流多泪水而愈益清明，心因饱经忧患而愈益温厚”，与君共勉。障碍与困境是我们无法避免的，然而心境可以为我们所掌控。有了“寓身化世一尘沙，笑看潮来潮去，了生涯”的豁达乐观，有了“举世誉而不骄妄，举世毁而不自贬”的淡然，又有什么坎踏不过，什么事看不透呢？

以梦为马，不负韶华。不忘初心，砥砺前行。

3　励志领航

陈嘉琪——我的七彩大学

陈嘉琪，理学院2012级本科生。曾获得校一等奖学金七次、国家奖学金两次、国家励志奖学金一次、黑龙江省“三好学生”、校“三好学生标兵”、校“三好学生”、“优秀学生干部”、“优秀共青团干部”、校“优秀学生会干部”，校物理仪器设计大赛一等奖、全国大学生数学建模竞赛黑龙江赛区二等奖、全国大学生数学竞赛黑龙江赛区一等奖、美国大学生数学建模竞赛二等奖等奖励和荣誉称号。

如果要用彩虹的七种颜色来描述我的大学，我想“紫靛蓝绿黄橙红”应该最合适不过了，颜色愈深表示我内心的迷茫、恐惧程度愈浓烈，从“紫”到“红”，这是我大学生活的奋斗史。随着大学生活的延伸，我受到了很多帮助，逐渐地找到了自己的目标，通过自己的努力在学习、学生工作等方面均取得了优异的成绩，我现在的大学生活是一片绚丽的红！我感恩我的大学，它火红的颜色绚烂了我的青春。

对于一个从农村来到大城市读书的孩子来说，刚上大学时，恐惧、自卑恐怕会多于对未来的憧憬、对理想的追求，我就是这样的。因为家在农村，家里经济条件不允许添置电脑，因此在上大学前，我从没真正接触过电脑，更别谈掌握一些办公软件了。来学校后，从 word 等办公软件的使用到 QQ、微信、邮箱等大家日常交流的方式，我都很陌生。我曾因不会用 PPT 做自我介绍而急得抓耳挠腮，甚至我都不知道邮件应该怎么发。好不容易鼓起勇气去竞选班委，胆怯的我在面试时都不敢抬头看辅导员的眼睛。在生活中也是如此，看着室友桌上琳琅满目的化妆品，听着大家聊着哪一款运动品牌的鞋子最好看，这些对我来说陌生、新奇但却不敢奢望。诸如这样的事情还有很多。也许是我的性格使然，我的骨子里总有那么一股不服输的劲儿，在我当年考大学时这股劲儿就隐隐可见，在第一年高考失利后，我没有退缩，在“炼狱”般的“高四”生活的磨炼下，我收获了成长，也收到了大学的录取通知书。在我的大学生活陷于压抑之时，我没有气馁，没有放弃自己，我告诉自己，大学就是一个不断学习、不断充实自己的过程。

抱着这样的心态，我迅速调整自己，确立了自己的大学规划:学习是第一位的！做好学习的同时做一些学生工作来锻炼自己。因此我申请加入了学生会，并同时担任班级学习委员。在这段时间里，我认真学习，见到不懂的就问、就学，在提升自己的同时我还努力帮助班级同学。我一直坚持以学习为主的原则，以一种勤奋认真、刻苦钻研的态度来对待学习任务，认真地对待每一课时，积极地与老师互动，同时不断扩大自己的知识面，阅读大量的课外书籍。这是一段我大量汲取知识的过程，也是我迅速成长，逐渐爱上大学生活的过程。我把它定义为“绿”，这是成长的颜色，也是生命的象征！

提到学习，就不得不提到我们年级的特色活动“一人一技能”，顾名思义，每个同学在每一学期都要利用课余时间学习一门软件技能。由于专业需要，我报名参加了班级的 MATLAB 软件小组，在将近一年的学习中，我从对 MATLAB 一无所知，到连续两学期拿到 MATLAB 小组的最高分，尽管中间付出了很多辛苦，但却收获了我作为数学专业的学生必须掌握的软件技能，这对于我专业课的学习也有很大的帮助，诸如高等数值计算、偏微分方程等课程，我都是利用 MATLAB 软件成功地完成了课程设计并分别拿到了 99 分和 94 分的成绩。而作为班级的学习委员，除了大家能想到的学委职责外，我还负责班级的英语小组学习，带领大家做一些英语专业文献或者时事英语的翻译，让大家保持一种学习英语的积极态度。慢慢地，我发觉自己的内心更强大了，拥有了我以前所不具备的自信，我的生活好像一片蔚蓝的大海，不断涌入的细流使它更加壮大。

从上大学至今我一直担任班级的学习委员，工作认真负责、热爱学习、成绩优异，我会主动帮助班级同学解决学习上的困难，积极配合辅导员以及班长的工作。在此期间，我积极参加学科竞赛和科创比赛，并获得美国大学生数学建模竞赛二等奖、全国大学生数学竞赛黑龙江赛区一等奖和二等奖、校物理仪器设计大赛一等奖、国家大学生创新创业训练计划成功结题等奖项。同时参加学校举办的各种活动,均取得了很好的成绩。最重要的是我从中锻炼了自己,使自己变得更阳光、更自信。

学生会给了我很多锻炼的平台。我尤其喜欢做一些公益活动,只要一有时间,我就会参加社区活动、敬老院志愿活动等。在2013年4月,我参与了校青协举办的“班助一”活动,帮助父母均进城打工的小朋友解决学习和生活上的困难,并代表班级给予了300元的爱心资助。我感恩我的大学,感恩自己曾获得的帮助,我要把这份爱心传递下去,让更多家庭困难的同学感受到温暖,燃起自己求学的斗志!

在这三年里,我不敢有丝毫松懈。我知道我的大学来之不易,我必须付出比别人多两倍的精力去认真学习。我做到了!

从刚入学时懵懂无知、恐惧自卑的小女孩,到现在积极开朗、洋溢着青春活力的大学生,我看到了自己一点一滴的成长和进步。或许我曾经用获得的奖励或荣誉证明过自己,但现在的我内心很从容,安静地学习、安静地生活、安静地努力着。在这个星球上,存在一个伟大真理:不论你是谁,不论你做什么,当你想要某种东西时,整个宇宙都会合力助你实现愿望。世界上最怕“认真”二字,世上无难事,只要肯攀登!

梦,始于改变;梦想,并不遥远。感恩我的大学,感恩我的七彩青春!

周帅宇——自强不息 绽放光彩

周帅宇，动力与能源工程学院热能与动力工程专业2012级本科生，现任班级班长及院系考评中心主任。入学至今获得国家奖学金一次、国家励志奖学金一次、校级奖学金五次、校"优秀共青团干部"、校"优秀学生干部"、校"三好学生"、"三下乡"实践活动先进个人及校庆六十周年"优秀志愿者"等奖励和荣誉称号。

我叫周帅宇，来自动力与能源工程学院，是2012级热能与动力工程专业的一名本科生，中共预备党员，现任动能学院考评中心主任。

我出生在黑龙江省哈尔滨市双城区的一个小县城，父母早年外出打工，把我交给农村的姥姥、姥爷抚养，从小艰苦的环境铸就了我刚毅的性格。小时候跟随姥姥、姥爷去农田干活，年龄太小干不了什么,只能跟姥姥一块去田里捡别人落下的花生、黄豆,帮着姥姥做饭、洗菜,提着篮子去给地里干活的姥爷送水、送饭,过早地接触农田里的生活也使得我比同龄人都懂事一些。

等到该上小学时,父母把我接到了哈尔滨市道里区的一个棚户区,爸爸外出打工,妈妈一人经营一个废品收购站。每次看到妈妈一人挑起一大堆垃圾走路的样子都会让我深感妈妈的不易,所以从小我就帮妈妈做些力所能及的事情,如利用周六、周日的时间来帮妈妈把垃圾归类,上学、放学的路上也在寻找着路边的废铁块,找到便揣到兜里交给妈妈。小学时候的我就已经能够早晨起来做饭给自己吃,看到别人都是爸妈接送,玩着各种各样的玩具,虽然心里很羡慕,但想到父母的不容易,还是告诉自己不能乱花钱。沉重的家庭生活使我的童年少了很多欢乐,形成了我沉默寡言的性格,但也给了我更加强大的内心和努力学习的动力,因为我想成为妈妈的骄傲,用我的成绩给她繁重的体力劳动带去一点心理上的安慰,也让她能看到她努力的希望。

到了初中,收购站的生意不太好,寒暑假的时候我又帮着妈妈去早市卖菜,早晨四点半就要推着三轮车去早市,小小的三轮车上面绑了一大捆菜,到了冬天路滑风还大,我在路上摔倒过好几次,可我觉得能帮妈妈一点儿是一点儿。由于离家远,中午我都不回家吃饭,为了省钱、省时间,我就买几个包子在教室里边做题边吃,把妈妈每天给我的饭费悄悄攒下来,偷偷地塞到她的零钱兜里。后来爸爸回来,他俩开了一个早餐店,每逢周末,我都会在周五晚上把作业写完,周六、周日就帮他们和面、烧火、打豆浆、卖烧饼,夏天炉房很热,经常烤得我脸通红,可想到能帮他们减轻一点负担我觉得很值得。

一直以来我都没有松懈过我的学习,妈妈不同意我勤工俭学,也是为了让我能够安心学习,将来能够有所成就。从小学到初中、从初中到高中,虽然没有买过一本辅导材料,我的成绩却一直名列前茅。到了高中,我更加勤奋努力学习,从小磨砺出来的性格使我无畏漫天的卷子和种种考试,不仅如此,我还积极地帮助身边的同学,在老师们和同学中都赢得了不错的口碑。最终我成功考上了大学,成为那片棚户区里考得最好的孩子。拿到录取通知书的那一天,是我妈笑得最开心的一天。录取通知书也是对我这些年自强不息的一个见证。

高考完的那个夏天,我利用漫长的三个月来打工,在烈日炎炎下发过宣传单,做了三份家教,整整三个月,我用打工挣来的钱交够了我的学费,那是我感觉最有成就的一件事情。刚上大学没几个月,妈妈就查出了肿瘤,所幸是良性的,医院离学校比较近,那几个月,我天天医院、学校来回跑,为了不耽误上课,我只能天天早晨早起去医院看她,替换爸爸照顾她,给她打饭,再匆匆赶回来。

贫困的家庭使我少了很多物质上的满足,却让我多了很多锤炼自己内心的机会,也让我知晓努力的意义,流血流汗不流泪,身处再艰苦的环境,我相信我也能够生活下去,而且不仅仅是生活下去,还要发光,还要照亮别人。

君子敬其在己者,虽然家庭条件不好,但在大学里,我还是在努力寻求多方面发展自己,通过学习和学生工作来历练自己。两年间,我从腼腆内向变得成熟稳重。两年间,我获得了一次励志奖学金、四次校奖学金及多个校级奖项，并且在最近获得申请国家奖学金的资格，这是对我努力的肯定，也是对我今后的鼓励。在课业之余我还积极参加科技创新活动，为了备战今年暑假的节能减排大赛，我和我的团队鏖战三天两夜，最终赶出了项目计划书，虽然未能入围国赛，但对我来说也是一次极好的锻炼。

我现任学院考评中心主任，负责学院学风建设和综合成绩及各项荣誉奖项评比，测评工作很多、很烦琐，经常要熬到很晚才能完成，又赶上母亲身体需要复查，于是我便在学校和医院间不停地奔波，很累很疲惫，有时候真感到无力，很想放弃。但是从小养成的性格让我坚持下来，按时完成了院系工作，母亲也平安健康，虽然过程很曲折，但结果是好的。这让我变得更加坚强、成熟、稳重。

入学以来一直担任2012级315班班长，所在班级多次在班级建设评定中排名居前。我曾经多次深夜为同学整理考试资料，同学们都取得了不错的成绩，并在同学需要的时候及时出现，在生活的点滴中关心每位同学，带领同学去看望、帮助贫困儿童，慰问孤寡老人，尽自己所能帮助需要帮助的人，这让班级同学对我十分认可。付出得到了回报，这让我感到幸福、满足。

自强不息的品格使我在大学的舞台上绽放光彩，让我面对生活中的挑战更加从容，它是我披荆斩棘的利刃，也必将指引着我穿过黑暗、走向光明。

赵隆祥——胸怀梦想、志在航天

赵隆祥，航天与建筑工程学院飞行器设计与工程专业2012级本科生。2016届校优秀本科毕业生，2012级本科生学业人物榜样，曾获国家奖学金两次、校一等奖学金七次，被评为黑龙江省“三好学生”一次、校“三好学生”三次、校“优秀共青团员”一次，获得国家级各类比赛奖励三项、省级比赛奖励一项、校级比赛奖励十项。

记得在小学时《当代小学生》期刊上有这样一篇文章，描述的是“两弹元勋”邓稼先几十年扎根大漠，默默奉献，带领科研团队相继研制出原子弹和氢弹的故事。我被邓稼先那种淡泊名利、忠贞爱国的精神所鼓舞，孩童时的我立志也要成为像邓稼先那样的人。当我从电视上看到“长征”火箭承载起国人千年的飞天梦，将“神舟”飞船送入太空时，我将我的梦想锁定在了航天，希望在祖国航天这片沃土上，施展自己的才华，成为一名平凡但又最不平凡的航天人。在高考填报志愿时，我不顾父母的质疑，毅然将第一志愿填报了哈尔滨工程大学的飞行器设计与工程专业。

步入大学后，我也经历了茫然中的不知所措，“条条大路通罗马”，但我不知道哪一条道路才能使自己通往梦想的殿堂。但我想，学生的主业就是学习，努力学习总是对的。于是，披星戴月、早出晚归成了我的学习常态。就这样，在第一学期我的学习成绩取得了学院第一的好成绩，这使我获得了极大的自信心，也使我更加坚信通过不懈的努力步入梦想殿堂的可行性。

有同学曾问我，为什么书包要装那么多书，好似一个移动的图书馆，我总是笑着说，我不想我要用到某一本书的时候，却发现自己有能力将它带在身边而没带；也有同学曾问我，为什么在大学中总是身着印有“莒县一中”的高中校服，而不顾他人异样的目光，我总是回答说，我要时刻铭记高中那三年奋斗的日子，我不在乎他人对我的评价；还有同学问我，你已经是第一了，为什么还要一学期比一学期更加刻苦地学习，我总是回答说，我学习最大的目的不是为了名次，也不是为了奖学金，而是为了心中那一直坚守的梦想。当我因此而努力的时候，名次和奖学金也自然会向你走来。

在大学中，没有像高中那么繁多的课时和作业，使我有很多自由支配的时间。我想，自由并不等于放松，而仅仅意味着自己有更多的自主权。所以我就充分将这些时间用于学科体系的构建：在同一门课程中，用不同的方法证明一个结论，从宏观模糊的感性角度与微观定量的理性角度看待问题，多提一些“为什么”；在同一学科不同课程间，进行知识的兼容对接，将各学科的理论框架统一于同一个基点上；在不同学科间，发掘其共同的学术思想和客观规律，上升到一般的自然科学的高度看待问题。体系构建的目的是美好的，但过程总是充满了艰辛与无奈。对于有些问题，有过抓耳挠腮时的冥思苦想，也有过恨自己没用时的垂头丧气，但阳光总在风雨后，追逐梦想的途中总会充满波折。每当同学向我请教问题时，我都会从问题的本质出发，从各个角度讲解，那时我获得的不仅是帮助别人后的手中余香，还有对自己付出后被肯定的自信心。

在大学中，我也经历了很多失败和挫折。记得在第一次国家奖学金答辩会上，评委问我除了学习还有什么，为班级做过什么，面对这些问题，我突然感到自己除了学习一无所有，仿佛晴朗的天空中还飘浮着几朵乌云，而这几朵乌云很有可能在未来使整个晴朗的天空陷入阴云密布，的确自己以前的路走得过于偏激，所以，这次答辩我失败了。跌倒并不可怕，可怕的是没有勇气振作起来。于是，我从大二开始担任班级的科创委员，参与新生迎新活动，并担任新生寝室导航员。对于服务性的工作，自己的性格虽然偏于内向，但自己还是坚持下来，因为一分耕耘一分收获。同时，身为科创委员的我也加大了对科创的投入力度，不仅激发了同学们参与科创的热情，使班级的科创活动参与人数得到大幅增加，也为自己找到了一些提升自己实践能力的机会。人生中总会有一些失败，成功后的喜悦与失败后的沮丧交织出的人生才是绚丽的人生。用哲学观点的话说就是，矛盾双方对立统一、相辅相成，共同促进了事物的发展。人生就是这样！

在生活上，我比较喜欢看一些革命战争题材的电视剧，常常为那些老一辈革命家勤俭节约的生活作风、宁死不屈的革命气节而折服。在就餐时，我时刻践行“光盘”行动，勤俭节约的精神不能丢。我的铁皮文具盒从小学一直用到现在，虽已锈迹斑斑，但我一直没有丢弃，我想在文具盒未丧失其装文具的主要功能前没有必要更换新的。但勤俭节约并不等于吝啬，我在大学期间使用的所有教材都买新的，因为在我看来新书象征着学术的圣洁，也象征着我学习的态度。在物质较为丰富的今天，勤俭节约的精神仍要继续弘扬，身为大学生的我们更应继承。

转眼间，我的大学生活即将结束，四年的坚持不懈收获了很多，但我也清晰地认识到自己不会的也很多。未来在北大直博的道路会更加曲折，但在拼搏下，成功与失败的交织将使人生更加精彩！

王雨——汗水滴落的感动

王雨，经济管理学院2013级本科生，担任20130931班生活委员。曾获国家奖学金两次、校一等奖学金六次、二等奖学金一次、中国移动励志奖学金，获全国大学生英语竞赛二等奖、国际企业管理挑战赛（GMC）中国赛区铜奖、哈尔滨市创业计划大赛二等奖和“五四杯”大学生课外学术科技创新作品竞赛一等奖等奖项，荣获黑龙江省“三好学生”、校“三好学生”、校“自强标兵”等荣誉称号。

“智者无为，庸人自缚，心若无异，万法一如。”这是我从高中时代起的座右铭。对于我而言，心中存在着这样一个真理：上学是我唯一的出路。

我没有令人艳羡的家庭背景和天赋异禀的才华，小时候的我愚钝而又笨拙，做什么事情都做不好。也许是因为儿时的自卑造就了我事事争先的性格。但是我的父母对我很好，尤其是我的爸爸经常跟我说这样一句话："好好读书，好好上学，将来我不指望你为我和你妈养老，但是你自己要活得舒坦漂亮。"很朴实的话却镌刻在我的脑海，这么多年过去了，我的父母依然是我内心最强大的支柱，在每一次的困难面前，我最先想到的都是他们，想起他们，再大的困难我都有信心迈过去，正是这样一份信念，我才有机会在哈尔滨工程大学读书，才有机会在这里写下我获得国奖的心得。

我的国奖之路始于大二上学期。我踏入大学初始，对于大学的生活并没有一个清晰的概念，大学的生活比高中时代要丰富得多，我还没有一个充足的心理准备面对这样全新的生活，而当我慢慢适应时，大一已经过去了一半。在我看来，大一下学期的我是失败而又颓废的，也许是习惯了周围的喧嚣，看着身边有些同学上课迟到、旷课，我也慢慢变得松散而又迷惘。当时我一心想的是锻炼自己，多参加学生社团和活动组织，提高与人交往的能力，但是慢慢地我发现等学期结束评奖评优时，那些平时投身于学生工作和社团活动的人学习成绩也毫不示弱，记得大二上学期院系要进行国奖答辩，我天真地写了申请表，但是却没有给我答辩的机会，因为成绩不过关。也就是这个时候我开始反思自己：作为学生，我俨然已经忘记了我的本职工作，能力固然要锻炼，可是一旦学习成绩落下，将来在方方面面都会受到阻挠，如果专业课知识都不够牢固，那以后应聘时，用人单位还会青睐于我吗？

有了大一的迷茫，才有了我大二的拼命。之所以用这两个字形容我的大二生活，是因为那真的是一段值得回味而又感动到自己的时期。大二上学期伊始，我就给自己下了死命令：拿国奖。不仅是因为8000元钱，更是为了争一口气。我深知要想拿国奖，方方面面都要做得比别人好，尤其是学习方面。好在我的学习方法并不差，大一时期虽然学习松懈却也没落下太多，因此大二的我迈进了课堂，投身于实践，活跃于各种科研赛事。我留意着每一个专业前几名同学的学习方式，并加以总结分析，最终制定出属于自己的学习计划。大二的课程比大一要多得多，而且大部分都是专业课学习，为了把每一个知识点弄懂弄透，上课消化不了的，我必须在课下抽时间弄懂，实在不理解的就积极向身边同学请教。我记得有段时间科研比赛和专业课的实验报告赶到一起，为了保质保量地完成任务，我已记不清熬了多少次夜。只知道那段时间人跟脱了一层皮一样，累得只知道天花板是白的，睡觉是世界上最美好的事情。除了投身于学习和科研赛事，大二的我还担任校手语协会的主席和院系的宣传部副部长，作为院系宣传部副部长，为院系的每一次活动画海报，做宣传，进行新媒体建设；作为校手语协会的主席，除了要组织每一次的手语教学活动外，还要为社团的文化月和巡礼月排练手语节目。尤其是临近期末的那段时间，工作学习两头重，我几乎没有时间思考我累不累，只知道我一直没有停下在校园穿梭的脚步。虽然忙碌，但换来的是手语协会在启航剧场舞台上每一次表演的成功，是我们夺得"社团风采大赛第一名"时的骄傲，是被评为年度优秀学生社团时难以言说的激动和喜悦。

就这样，拼命地过完大二之后，我如愿以偿地拿到了国奖。那一刻我哭了，为自己开心，为自己感动。而等回过头来我突然发现：一个远大的目标对于人生来说是多么的重要。就这样，有了大二养成的好习惯，大三的我又再次斩获了国奖，对我而言，这是莫大的鼓励和信心！

这两次国奖，对我而言，最美好的不是结局如何，而是在为这个美好的结局奋斗的过程中收获的快乐、汗水和感动。每每提起那段激情飞扬的日子，我的心中总会荡漾起层层涟漪。愿这层层涟漪时刻激励着我、鼓舞着我奋勇向前，为下一个目标，为另一份感动拼搏、努力。我在期待着，期待着我的人生之路山花烂漫，期待着我和我的家人、所有我爱的和爱我的人们笑靥如花。

马国红——逐梦随心，为所当为

马国红，人文社会科学学院2013级本科生，担任学院学习部部长。曾获得黑龙江省“三好学生”、国家奖学金、国家励志奖学金、校“自强标兵”、校“三好学生标兵”、校奖学金一等奖五次、中国建设银行“成长计划”奖学金，黑龙江省军区奖学金，校应用文写作大赛一等奖，校法律知识竞赛一等奖，校“三好学生”两次、2014年高考咨询会“优秀志愿者”等奖励和荣誉称号。

勤工俭学接触社会

我的家庭经济条件不是特别好，家在土壤贫瘠的宁夏，父母靠微薄的务农收入养活四个孩子，哥哥常年患病，需要巨额的医疗费用维持生命，父母年事已高，身体并不健康，所以，我从小就养成了自立自强的性格，努力学习的同时也在勤工俭学，截至目前，已经六年没向家里要过一分钱。

大一时，面对学费和生活费的巨大压力，我下定决心要自己挣钱供自己念完大学！在大一时拖过厕所、发过传单，寒暑假在亲戚的公司打工，不仅能够把自己的学费挣够、还能维持自己在学校里的各项生活开支。大二时，爸爸妈妈因为务农劳累过度而双双晕厥，同时被送往医院治疗。哥哥的病情本就不稳定，需要维持着药物治疗，父母一旦病倒，家里就完全失去了经济来源，这无疑近乎灭顶之灾！但我很快走出了悲伤，自己又多找了两份工作，除了上课时间，所有的空闲都被工作排满，一年下来，工资和奖学金加起来可以拿到两万多元，不仅能够完全独立，还可以每月向家里汇钱，帮助哥哥治病。

不抱怨，不放弃

作为少数民族预科生的我本身学习底子不好，进入大学后同学们都在较劲儿，比谁的高考分数高，我毫无疑问地成为最差的一个。为了证明给那些在我背后指指点点的同学看"预科生并不一定是最差的"，抓住上课、打工之外一切能学习的时间上自习，上课下课时间都同老师积极进行交流，几乎每天晚上都要学到十一点钟，第二天六点钟就起来背书，就这样坚持到期中考试后，我三门科目取得了专业第一的成绩，这给了我足够的勇气。我将这种学习强度坚持了下来，大一第一学期学习成绩和综合成绩都在前三，获得了黑龙江省军区和中国建设银行的奖学金。我一直都没有放松过对自己的要求，坚持在学习竞技场中保持顽强的意志力和旺盛的奋斗热情，就这样坚持着，我在大一第二学期的学习成绩和综合成绩都获得了全年级第一，大二学年也是全年级第一，获得了国家奖学金、国家励志奖学金、校"自强标兵"等十余项奖励。我实现了自己的目标，也兑现了自己的承诺，削去了别人对我的讥讽，赢得了尊重。

探索改变，促进成长

团学组织对于我而言是一个陌生的名词，在跟风的情况下我成了学院体育部的一分子。我是一个性格极为内向的人，以至于在公众面前说话声音都会不自觉地颤抖，然而加入团学组织成为一名学生干事，在这样一个大家庭，就意味着要更多地与人进行交流与沟通，对我而言这是一个巨大的挑战。

经过一段时间，我逐渐融入其中时，感受到了学习所不能带给我的别样感受。还记得学姐第一次给我的任务，是打电话联系嘉宾。学姐说，要学会挑战自己，才能不断进步。依稀记得自己拿起电话前心里的忐忑不安，但完事之后嘉宾的肯定，顿时让我感觉到了自己的价值，原来为别人服务是一件这么幸福的事。到大二由于大一的积累和成绩我被调剂到学习部，面对的第一件事就是核算成绩。我负责的是大二成绩的核算以及汇总，当开会时学姐说我没有出错，是做得最好的一个，其他人出了三四次错，这时我知道了做一件事很简单但做好很难。如今的我已经成了学习部部长，组织了期中考试、四级模拟、学子论坛、读书报告、晚自习、辩论赛等活动。我积累了交流的经验，说话也不颤抖了，可以为同学们讲学习经验和活动的注意细节，这些优质的活动保证我们学院获得了校团学组织的冠军。我不再惧怕挑战，而是期待自己每一次的进步。然而学习是无止境的，记得学院举办毕业典礼时，学院给团学组织各个部门都分配了任务。于是，我们各自带着副部长在做自己的事，但典礼时屏幕上拼字的气球一个一个往地上掉，到最后气球分布不均，字不像字，现场出现混乱，当辅导员询问时，每个部长都在推诿，并没有人承担过错，都认为自己是对的。典礼结束，辅导员开总结会提出了好多细节问题，我们才知道问题所在。辅导员教导我们不应该局限于自己的职能，在做好本职工作的同时，不要忘记协调合作。我们是一个部门，也就是一个团队，身处于一个团队中，就必须时刻考虑到整体的利益，切忌单干蛮干。然而，我明白得迟了，我时常会问自己为什么做不到呢？而给出的答案只有一个：学习不够。

用"心"回报自己

现在的眼光并不能判断未来的路，但我们不能没有理想、没有目标。虽然计划赶不上变化，但没有计划也是万万不能的。我的目标很简单：坚定不移去做自己该做的。从不觉得自己聪明，但知道自己能干什么，不能干什么，我"可以不成功，却不能不成长"，别人用一天做的我可以用一周做，别人用一周做的我可以用一个月做，只有问心无愧才能回报自己。不管结果怎么样，不要抱怨，学会感恩。感恩帮助过自己的人，感恩嘲讽你的人，他们都是我成长进步的源泉。

张秋娜——做更好的自己

张秋娜，信息与通信工程学院2013级本科生，被评为黑龙江省“三好学生”、校“三好学生”，获国家奖学金、国家励志奖学金，获校一等奖学金四次、校二等奖学金一次、2015年全国大学生数学建模竞赛黑龙江赛区二等奖。

我从来都知道自己不是一个天才，所以我从未不切实际地要求自己像爱因斯坦、霍金一样成为在科学史上留名的人，我只想每时每刻都用自己的努力，做更好的自己。我的力量不能改变这个世界，却可以改变我自己。

我的高中生活可以说是十分压抑的，身为一个山东考生，竞争压力巨大，每天除了学习就是学习，感觉自己已经变成了学习的机器。这时候的学习已经不再拥有乐趣，但我没有放弃，而是把它当成是一种责任、一种历练，因为我知道它是我人生必须经历的阶段，我无法选择，那就只能去接受，不仅如此，还要尽力去做到最好。

但是上了大学，我发现自己对学习的兴趣又回来了。有道是，兴趣是最好的老师，在大学里我有了学习的动力，因为我发现自己不只可以学，还可以做，而且有很多自主的时间可以让我学我想学的东西、做我想做的事。我的大学生活跟所有人都一样，都是从刚开始的懵懵懂懂到后来找到自己的方向，找准自己的路。大一时，由于自己什么也不懂，我也只是跟随大部队，别人上课我上课，别人参加什么活动我就参加什么活动，发现大家都没有高中那么努力学习了，其实刚开始我有些不适应这种生活，但还是挺快乐的，毕竟那颗刚刚迈入大学校园、激动不已的心还没有平静下来，觉得大学的时间嘛，就应该是轻松愉快地度过才是。然而，后来当我回首这段时光，还是有些许遗憾的，因为自己并没有投注特别多的时间在学习上，导致自己的基础打得不是特别牢固，需要后面花大量时间来弥补。大二开始，我就知道自己不能再像大一一样得过且过、没有主见了，我需要找到自己的奋斗方向。在大学里，有的人专注于学习，有的人专注于科创，有的人专注于学生工作，这些选择并没有好坏之分，最适合自己的才是最好的。而要做出选择也很简单，想想自己想成为什么样的人，这就像是一场旅程，终点只要确定了，只要一步一步往前走就好了。我想成为一名卓越的工程师，本科毕业后还要读研，甚至读博，那么我给自己定的方向就是以学习为主，学习之余参加科创和一些社会实践活动。在大二，我考虑很久以后决定修双学位。我修的是经济类的专业——国际经济与贸易，它跟我的本专业是没有什么关联的，事实上我修这门双学位时，很多同学都会说你修它有什么用啊，以后又用不上，又要花费大量的时间。其实我修双学位的初衷很简单，我一直对经济类学科很感兴趣，尤其在经济全球化的时代大背景下，我非常希望能通过国际贸易专业的学习开阔自己的眼界，去了解自己不知道的事情，即便它可能对我今后的工作并没有什么帮助，但我还是抱着浓厚的兴趣去学习它，去探索我所不知道的世界。

有了方向之后，我便开始一步一个脚印地往下走。我们都知道，任何事都是说起来容易做起来难，相比于高中，大学的环境算是比较嘈杂的，要想静下心来学习，并不是一件简单的事，要培养自己对学习的兴趣，更要养成良好的习惯。上课认真听讲是第一步，其实我是很喜欢听老师讲课的，虽然每个老师的风格不同，但是在讲课的过程中都渗透着老师的思维方式和对知识的理解，这会让我受益匪浅。其实很多时候跟上老师的思路，学习就不再是枯燥无味的事，而是变成了有趣的事。学习是一个循序渐进的过程，一点一点积累，不知不觉中便已经走出很远了。永远不要把学习当成自己的敌人，而要把它当成朋友，和它一起成长。我的专业是电子信息工程，要学好这门专业，不仅要求自己要学好基础课程，更要学好专业课程，尤其是专业课程要深入学习，于是我会经常去图书馆借相关的书籍对课堂的知识进行补充，这个过程是十分有意义的。

大二结束的那个暑假，我没有回家，留在了学校，参加了全国大学生电子设计大赛。之前我可以说是零科创基础。在整个暑假，别人都在悠闲享受假期的时候，我每天都是在实验室度过的，实验室里没有空调，在哈尔滨最热的时候，我和我的队友没有人放弃，从头学起，把全部精力都投入到准备电赛当中。我还清楚地记得，当我们做的第一个电源能正常输出电压时，我内心非常激动，我这才相信原来我也可以做科创，不是不行，而是没有尝试。

上了大学，我感觉自己开朗了很多，更善于去表达自己，和同学的相处也十分融洽。我认为与人交往最重要的就是一个“诚”字，诚恳待人，与人为善，就像《诗经》中所说的那样：“投我以木瓜，报之以琼琚。匪报也，永以为好也！投我以木桃，报之以琼瑶。匪报也，永以为好也！投我以木李，报之以琼玖，匪报也，永以为好也。”

大学中有很多做志愿者的机会，我非常珍惜当志愿者的经历，它让我的生活有了一抹温暖的色彩。“赠人玫瑰，手有余香”，当志愿者收获的是感动，收获的是一群同样有着赤子之心的可爱的人。我知道，当我老了，我也会回忆起这一段温暖的历程，难以忘却。

魏明珠——脚踏实地 勇攀高峰

魏明珠，船舶工程学院2014级本科生，曾担任学校讲解团副部长、院系宣传中心编辑部副部长，曾获2015—2016学年国家奖学金、2014—2015学年国家励志奖学金、2015—2016学年校“三好学生”称号、校一等奖学金四次、校二等奖学金一次、第七届校数学竞赛三等奖、校讲解团“优秀学生干部”称号，国家重大型立项“十字形风流联合发电平台”已结题。

文能雄踞状元榜

“能学、善读、多实践”是学工科专业学生必备的三项基本技能，本着严格要求自己的学习态度，我一直不断告诫自己，作为一名学生要始终把专业课学习作为自己的第一任务。为此，在至今五个学期里，在学习上我学精学深，勤奋钻研，几乎每天都是宿舍、食堂、教学楼、图书馆四点一线的生活。在学习上我认真听讲，主动与老师或同学探讨学习问题，不放过每个疑点。天道酬勤，我的五个学期成绩平均分为专业第一名，获得国家奖学金一次、国家励志奖学金一次、校一等奖学金四次、校二等奖学金一次和校"三好学生"称号，且在大一学年已通过四、六级英语考试。

课上学习我认真听讲，尤其是在理论力学、材料力学和结构力学等力学方面。在学习中遇到的问题，我一般都会和同学交流，如果不能解决，会在图书馆查阅资料和在网上阅读论文之后和老师进行交流，直到问题解决。我的这些努力和付出的汗水也体现在了成绩上，理论力学成绩 95 分，材料力学 96 分，结构力学 96 分（其中材料力学和结构力学均为班级第一名）。除了在力学方面有浓厚的兴趣，在数学方面我也很有心得。在大一时期学习微积分、概率论、线性代数、复变函数过程中，每次学校里组织的数学讲座我均参加，并进行总结，除此之外我还到学校图书馆借阅各高校相关书籍，我的微积分上、下学期成绩为分别 95 分与 99 分，概率论和复变函数成绩均为 98 分（均为专业第一名），除此，我还参加了校数学竞赛，获得了三等奖。

班级贡献不能少

我认为班级是要和自己一起生活四年的集体，在某种程度上来说班级就是自己的家，班级里的成员不仅是同学更是亲人。因此，班级里的集体活动我每次都去，扫雪、篮球比赛、足球联谊赛（班级获院系冠军）、雪地对抗赛、拔河比赛均不落下；学院里的道博斯运动会（女子组 200 米第二名）、疾风三一以及校运会的 800 米也均有参加。我认为自己一个人的优秀并不是真的优秀，集体的优秀才会更让自己自豪。为此，虽然不是班级学习委员，我还是主动担任了复变函数课代表，将老师的作业落实到位并将同学的问题反馈给老师。在电工基础的学习中，利用课余时间我将课本七个章节的内容整理并结合所查资料进行补充最终写成笔记与同学分享，在期末时我和班级学习委员出了两套模拟题和全班同学一起练习，并在做完题后为同学讲解，最终电工基础全班均通过。我的努力与付出也得到了老师和同学的认可，在各种分组的学习活动和实验中我都会被选中担任组长，在此过程中，我积极工作、认真负责，尤其在大二学年的测量实习中，在我和组员的共同努力下，一周时间内我们测量 500 点，第一个完成测量任务。

武能堪称实践家

在我的理解中学习分为两种，一种是课堂的专业学习，而另一种则是实践学习。

大一时我通过了军工馆讲解考核，在学校讲解团中获得二星级讲解员和"优秀学生干部"称号。在学生工作中，我也更加明白要成为一名合格的大学生，需要的不仅是过硬的专业素质，还有更加丰富的实践经验。为此，我参加与专业联系紧密的"一带一路"调研活动，并在院系微信公众平台进行推送，这对我自己深入了解本专业就业范围与发展前景有很大的指导意义。

在科创方面，我参加了 2016 年“五四杯”大学生课外学术科技创新作品竞赛并获得优胜奖，申请 2016 年自然科学类重大型科研立项项目通过并于 2018 年 5 月份结题。

综合发展有拼劲

生活总是会垂青那些有准备、敢拼搏的人，我喜欢去尝试和挑战不一样的自己。除了日常学习和科创，我还喜欢参加公益活动，如学院里的“小红帽”地铁站志愿服务活动、看望孤寡老人的活动、地段小学科普活动以及“班助一”活动等，累计公益学时 200 个。在大学生活中，我深刻地体会到：大学最重要的是不断地锻炼自己的综合素质。当今是复合型人才的社会，想要让自己变得更加优秀，就必须不断学习完善和营造自己。

任佳威——不甘平凡方能自强不息

任佳威，黑龙江省"三好学生"、全国"廉洁大使"、水声工程学院2014级本科生，现任20140531班班长职务。曾获国家奖学金、国家励志奖学金、水声基金一等奖学金、校一等奖学金四次、美国大学生数学建模竞赛一等奖、全国大学生数学建模竞赛黑龙江赛区一等奖、数学竞赛国家三等奖。曾获校黑龙江省"自强之星"、校"自强标兵"、校"三好学生"、校"优秀学生干部"、校"优秀共青团员"等荣誉称号。

有些东西从来都没有选择的余地，比如出身或者天赋之类的东西，但是这并不意味着我们的命运不在自己的手里。我们很多人都曾出身平凡，但也有很多人不甘于平凡。我始终相信，天赋异禀难敌天道酬勤，不甘平凡方能自强不息。

我是曾被认为高中最有可能考上清华的学生，高考失利后来到了哈工程，刚来的那个学期，因为环境陌生，心情低落，又带着一些农村男孩的自卑感，没有勇气去竞选班长，也很少主动表现自己，只是默默地加入了几个社团，生活在以寝室为主的圈子里，每天做着自己该做的事情，平平淡淡，一学期结束，成绩不算突出也不算落后，在学院寂寂无名。

放假回去以后，和以前的同学聊了很多，因为在高中的时候我有过自己的文学社，成绩也还不错，他们都为我觉得惋惜，言语中透露着江郎才尽的悲哀，那天回去，自己也想了很多，开始担心大学生活就被那么定性了。

第二学期来了之后，我便决心接受不能改变的，而去努力改变可以改变的，那时觉得除了把学习搞上去，没有什么可能让别人知道自己，于是开始少玩一点游戏，尽量不在寝室待，也开始一个人吃饭一个人自习，因为这样可以让自己更加集中于学习，那时最深刻的记忆就是为了大物实验报告拿优秀，每一个不明白的地方都跑去问老师，有时候也会遇上比较冷淡的老师，被拒绝之后还要说几声谢谢。七月份的 316 自习室热得出奇，也正因如此，人非常少，安静并且手机没有信号，所以我坚守在那里复习。最后一门课程考完的时候，从教室走出来，没有着急回去收拾东西，而是去操场走了两圈，觉得自己特别不容易，眼眶里就一直含着泪水，大二成绩出来，各科平均分 92.5，全系第一，这个成绩是没有选修加分的。

虽然比较遗憾，但却增加了我的自信，大家也开始知道有任佳威这么个人，感觉那个敢想、敢争取的自己回来了。然后，大二上学期开始加入学习指导中心、廉洁社团，开始参与学生工作，做过 2015 年新生导航员与化学助教，担任我院英语部副部长，531 班班长，校青年志愿者协会宣传部副部长，工学网、共建网编辑，哈工程大学生廉洁教育社团策划部部长，可以说我一直在努力，也一直在成长，到目前为止，共策划筹办校级活动十余项，参与筹办两次水声成长故事会，自己的工作也得到了别人的认可，这注定了大二上学期并不轻松，因为除了这些，得管好学习这个主业，有时候起床早而睡得晚，会发生室友在寝室见不到自己的情况。当时也没想过参与工作之后要怎么样，就想一直踏踏实实地完成自己该做的事情，老师、学姐学长打电话问有没有时间，也如实回答，能做的工作尽量做，并且做好。

付出了总会有回报，大二下学期的时候，拿到了黑龙江省“三好学生”，全国“廉洁大使”、校“优秀共青团员”等称号，其中省“三好学生”甚至是我没有想到的，因为当时学院大二就只有两个名额，“廉洁大使”全国每年也只有 40 个。然后也是在大二，拿到了美国大学生数学建模竞赛一等奖、数学竞赛国家三等奖，国家励志奖学金，水声基金奖学金等奖项。

之所以讲这些，是因为我相信有很多同学也有同样的经历和想法，我们很多人都曾是某个学校的精英，所以除了和大家分享，也是希望能给大家增添信心，敢于争取，不仅在学习上你争我赶，在创新、创业、学生工作方面也要有这样的意识，要知道最激励人心的东西，便是自己的付出得到了回报。

或许正是当时的那份不屈，那种不甘于平凡的精神和想要脱颖而出的斗志，让我尝到了奋斗的甜头，也让我更加明白了努力奋斗的意义，所以从那之后，我便开始尝试去做不同的事情,学习、学生工作、创新,甚至创业,其中有过失败,但是最终都获得了该有的收获。所以也是从那学期之后,我开始自己赚钱,获得了生活上的自立。我现在的目标就是在研究生毕业的时候,自己攒钱买一辆自己喜欢的车,而我也正为这一目标而努力着。

今天,特别想给大家展示一下我刚上大学的样子,黝黑的皮肤、老旧的衣服、迷茫度日的同时计算着每天的花销。现在靠自己的努力也算是过上了小康的生活。所以,如果你不甘于平凡,与其抱怨和迷茫,倒不如做一些近在眼前的事情证明给自己看。直到发现,努力后的收获是那么甜美;直到发现,原来自己注定不凡……

闫旭亮——军工男儿当自强

闫旭亮，自动化学院2014级本科生，曾任社团管理中心主任，大学期间曾获得校一等奖学金七次、国家奖学金一次、励志奖学金一次、“哈船院”七九级优秀本科生奖学金一次，获黑龙江省“三好学生”、校“优秀毕业生”、校“优秀团干部”、校“三好学生”、校“优秀共青团员”等荣誉称号。

自2014年入学以来，我深深感受到不同学校之间的差距，因此，我倍加珍惜学习的机会，从不放松对自己的要求。从大一开始，每天我六点出宿舍大门，先在教室预习今天老师会讲到的内容，在不会的地方做好标记，待老师讲解的时候认真地听讲；同时，也会将上次课上的内容回顾，将不懂的地方准备好，下课向老师请教。大约七点，我会去“大美”吃早饭，然后回教室等待老师精彩的授课。上课做笔记是最关键的，我常常会将不同的知识点根据自己的理解用属于自己的符号做出标注，下课有重点地去复习。每天如此往复，大部分时间奔波于教室、食堂、图书馆和宿舍之间，虽然有时候会觉得枯燥，但每当想起自己掌握的知识、明天又会得到老师精辟的讲解就会心潮涌动。经过不懈努力，我的成绩终于一点点前进了。其中，大二学年还有幸取得了学院年级第一的好成绩。前三学年成绩优异，被免试推送到北京航空航天大学攻读研究生，也因为优异的成绩获得了总共将近三万元的奖学金。

学习之余，我常常乐于将自己学到的知识分享给周围乃至于全校的同学。从最初的考前为熟悉的好友答疑、讲解疑难杂症、划重点，到后来我担任了学校的微积分助教，每周总会有三个晚上在图书馆四楼的“答疑之家”度过愉快的两个半小时。在“答疑之家”不仅仅可以为学弟们讲解微积分的知识，还会和本专业的同学们讨论每门课的重点知识。此外，我还接任了小班辅导的任务，微积分自主考试前一周，在 21B 大教室为所有有需要的同学们讲解微积分常用的考点和解题的方法。在讲解时，我常常会提到：第一，一定要重视基础的知识和概念定义，有时候选择、填空通过一个概念的定义就可以排除一些选项或者是结果，更有甚者就会直接得到答案；其次，要重视微积分中一些解题方法的思路，这对于以后想参加数学竞赛的同学将大有帮助。

“纸上得来终觉浅，绝知此事要躬行。”课本上得到的知识毕竟只是理论的，要想真正提高自己，还需要不断地锻炼自己的实践能力。大学前三年，我积极参加各种科创类和学科类比赛，投身于学生工作，包括美国大学生数学建模竞赛、第七届全国大学生数学竞赛、全国大学生数学建模竞赛等我都参加了，可以说我的课余生活丰富多彩。曾获得第七届全国大学生数学竞赛国家一等奖、美国大学生数学建模竞赛二等奖、2016 年“西门子杯”中国智能制造挑战赛国家三等奖、2016 年“TI 杯”全国大学生电子设计竞赛黑龙江赛区三等奖、第八届全国大学生数学竞赛国家二等奖、2016 年“互联网 +”创业比赛黑龙江省二等奖等奖项。

我认为，学生除了在校园内努力充实自己之外还应在社会中锻炼自己。大二上学期凭借优异的成绩成功应聘校学工处微积分助教岗位，为全学校大一新生答疑微积分学科的疑问，同时个人的知识水平也借此有了进一步的提升。大二下学期负责学工处小班辅导的讲课工作，对全校微积分知识薄弱或者为了进一步提高微积分分数的同学们通过讨论和讲课进行答疑讲解。课下我积极参与了敬老院献爱心活动、环卫工人一日体验活动、爱心流浪狗收容站活动、三下乡活动等，累计公益时长达上千小时。大二学年加入阳光筑梦团，为全校贫困生进行小班辅导和讲解工作，其中包括工程图学的一对一辅导和期末考试之前大学物理学科的总复习。对于比较难理解的大学物理，我抽出自己期末复习的时间认真备课，通过上网和查阅低年级书籍，详细认真做好安排和 PPT。经过我的辅导之后，许多同学取得了长足的进步。因为对雪的热爱，我还申请担任了国际大学生雪雕比赛的志愿者，作为志愿者，我尽职尽责，对国外的队伍提供力所能及的帮助，得到了他们的一致好评。毛泽东主席在 1952 年 7 月 10 日签署的《中央人民政府人民革命军事委员会训词》是“哈军工”独有的荣誉，是“哈军工”精神的出发点。作为“哈军工”的后代，我们有责任、有义务秉承“忠诚于人民革命，务实的工作途径，进取高水平成就，传承科技与文明”的“哈军工”精神为自己的梦想努力拼搏！

杨静宇——新环境，新机遇，新挑战

杨静宇，船舶工程学院2015级本科生，担任船舶工程学院学习部部长。获得国家奖学金一次、校一等奖学金五次，获得“自强标兵”、黑龙江省“三好学生”、校“三好学生”、校“优秀共青团员”等称号，还获得第八届全国大学生数学竞赛省赛二等奖、第九届全国大学生数学竞赛国家二等奖、第十一届全国周培源力学竞赛省级一等奖。

时光荏苒，转眼间便到了大三的下学期，回首这两年半的大学生活，有太多的迷茫困惑，同时也有太多的泪水和汗水，但是我从来没有遗憾和后悔。

新的学习环境

高三那年,高考成绩不是太理想。在填报志愿时为了稳妥我选择了一些录取分数较低的专业。最后我成功地进入了材料科学与化学工程学院,然而对于生性倔强好强的我来说,这又怎么能够满足?于是大一争取转专业的名额便成了我最重要的目标。每天早上五点多天不亮就开始学习,为了保证下午的学习效率,中午从来只休息半个小时,晚上一直到快要熄灯才回到寝室。就这样坚持了半年,我的学习成绩便成了学院第二,第一就是睡在我隔壁的兄弟于连杰。一场有意思的"角逐"便展开了,我俩上课一起抢占前排,下课一起探讨问题取长补短,相约一起自习,一起去听高数讲座但又暗自里都较着劲儿谁也不服谁。就这样到了期末考试我成了第一名,第二名便是我的那个室友。就这样,在大一下学期转专业选择方向的时候,我终于完成了自己的目标,以材化学院第一的成绩顺利地转入船舶工程学院,我的室友于连杰也成功转入船舶工程学院。在2016年学校实行书院制,全校同学集体换寝室,我们俩又一次成为室友,在新的学院我们依旧通力合作、相互竞争,在大学前五个学期的成绩排名中我和于连杰分别位列学院第三和第五。

新的兼职挑战

生活在农村,深知父母的不易,在入学前我就下定决心要做到经济独立。在进入大学前同学的一句:"要拿就拿奖学金,拿什么助学金啊!"使我印象深刻,直到现在为止都没有申请过贫困生。大一上学期,在同学的介绍下我加入了一个兼职团队,大一国庆节期间做了大学期间的第一份兼职。由于距离比较远我每天早上五点就要爬起来,在外面发传单,一站就是一天,晚上回到学校还要抓紧时间补功课,之后这样的兼职便成为常态。发传单、做气模人,这样的工作一干就是一整天,很多时候做完一天的兼职后,在喧闹的公交车上都能睡着。但是每当自己拿到一天并不多的酬金时,想着父母在田地耕作的场景,又感到这一切算不了什么。大一期间加上奖学金我基本上做到了生活费上的独立。为了进一步利用空闲时间,我还在21B教室找到一份勤工俭学的职位,每天趁着同学们吃饭的时候打扫卫生,这也为自己形成了良好的生活学习的规律。

在大二期间我找到了一份做家教的兼职工作。家教对于大多数同学来说可能相对很简单,但是对于性格内向的我来说却显得十分困难。第一次见到孩子,看着熟悉的知识,我自己心里忐忑不安,嘴里却半天憋不出一句话,第一份家教就这样以失败而告终。然而我在私下里却不肯放弃,通过家教群我又找到了大学期间的第二份家教,为了保证成功我提前做好讲义并反复练习,最终讲解效果得到了家长的认可。家教的收入相对比较丰厚,但是对于知识的要求相对要高一些,白天学习晚上抽时间备课也逐渐成为一种习惯。这些兼职的经历不仅带来了经济上的补贴,而且它对于一个人来说更是一种历练,可以让人更加自律,并且锻炼了自己的交际能力。

新的工作职位

大一，作为初生牛犊，我什么都想尝试，申报了七个学生组织，但是都被拒绝，最终通过了一次不抱希望的面试，我加入了院系的生活部。在生活部里面，部长给了我很大的支持和影响，解答了很多我对大学生活的疑惑。大二时在班长的帮助下我顺利地加入了船舶工程学院小红帽志愿者服务队。在这样一个组织里，每周都要参加各种志愿服务活动，去小学教学、去养老院看望老人。虽然耗费了时间精力，但是看着孩子们满足快乐的神情，我自己也被深深地感动了。大二期间的志愿者经历确实让我学到了很多。进入大三我又成功竞选了学习部部长，相较于大二时的工作，我的工作就更加繁重了。自己也常常因为协调不好学习、工作、兼职而陷入了痛苦的境地。刚开始的时候我要负责统计计算全院学生的综合成绩，这是一件既耗时又耗力还不讨好的苦力活，而且是涉及评奖评优的大事。这对于我这样一个什么都不懂的、外系转进来从来没接触过此类活动的学生来说是难上加难。我一开始便去请教之前的算过综测的学长，从学习成绩的计算到非智力成绩包含的项目再到附加分数的核算，以及其中所包含的项目所占的比例。就这样一有问题我就去找学长、辅导员询问。后来经过两周的不断统计、汇总、计算、修改、联系各班班长、确认核实各项内容，全院学生综合成绩最终如期完成。在开学的前两周里自己平均每天的休息时间只有 4 个小时。以至于后来学长都说，你要是一个人这样搞的话肯定得把自己搞疯。后来在学院内为大一新生举办“学子论坛”“名师有约”活动，期中模拟考试、期末模拟考试等也都能顺利协调了。通过这些工作让我认识了统筹协调的重要性，将一些简单的事情分散交给副部和部员处理，不仅可以节约大量时间，而且也对他们起到了锻炼的作用。

不论是新的学校，还是新的专业对于我们来说都是新的挑战，只有我们积极地面对而不是选择退缩、放弃，我们才有可能突破它从而取得成功。小学时那一句通俗易懂的名言“困难像弹簧，你强它就弱，你弱它就强”能够深刻地说明问题。人生当自强，自强的人，永远有一颗坚韧勇敢的心，因为他们经历了痛苦的蝶变，所以无论遇到何种困难都不会击败他们昂扬挺立的心！

侯开阳——风雨中绽放的青春

侯开阳，水声工程学院2015级本科生，担任院系团委学生会办公室主任，任班级生活委员。曾获国家奖学金、国家励志奖学金、水声基金一等奖学金、多次获校级奖学金等；获得“自强标兵”、黑龙江省“三好学生”、校“三好学生”、“优秀共青团干部”、校“优秀共青团员”，所在寝室获得“优秀寝室标兵”等荣誉。

我的求学

因成绩优异，品学兼优，我高中被提前录取到了衡水二中。正如大家想象的，那是个“魔鬼集中训练营”。每天早起的晨读、仅十分钟的吃饭时间、铺天盖地的卷子……直到现在,回想起当时的情景,我还会觉得胆战心惊。当时从家里温暖的“巢穴”走出,面对日复一日紧张的生活作息,我真实地感觉到了人间地狱般的摧残和磨炼,一时适应不了。记得当时学校规定不让带手机,通讯时只能使用学校的电话卡。我手里握着父母那份微薄的血汗钱,加上每月几百的贫困生助学金,咬了咬牙,一张电话卡也没舍得买。虽然心里也特别想家,想问问父母现在还累不累、家里都好不好。尽管学校的严格纪律让我身体吃不消,但我依旧硬撑着度过了那艰难的一个月,没有去医务室看过病。因为我知道家庭的困难、学费的来之不易,我更不想让父母为我担心,我要用自己的成绩让父母高兴。老天不负有心人,我终于以优异的成绩考入了哈尔滨工程大学水声学院。也是由于父亲强烈的国防情怀,让我选择了这个与国防建设紧密联系的专业,我也甘愿为祖国的水声事业贡献出自己的一分力量。

我的自强

带着这份为国为海为国防的理想,我迈入了大学的校门。初来乍到,我什么也不懂。绿色通道和办理贫困生的手续都是由热心的学长学姐们带着我跑下来的。当时我就暗下决心,以后一定要变得像学姐学长般优秀,为学院贡献自己的力量!学习上,我勤奋刻苦,十分努力,每次课前都坐在第一排的位置,认真听讲。课下,我总是很积极地去问老师问题,这也让我从老师那里得到了很多宝贵的学习经验,我的成绩在学院也总是名列前茅。在搞好自己成绩的同时,我也乐于帮助同学,每次考前总是和同学分享自己的学习心得和经验,获得了老师和同学的一致好评。为了承担起自己大学的费用,除了国家贷款以外,我还利用课余时间做勤工助学的工作:实验室的助教、校内外的兼职家教、校内商品的代理以及公寓的清理工作,我都干过。每天清晨,当同学们都还在睡梦中时,我便已经在楼道里拖地了;当同学们沉迷于游戏的欢乐中时,我在校内各公寓之间发传单、做代理;当同学们买奢侈的化妆品和衣服时,我不知疲倦地做着家教工作……兼职的生活让我体会到了生活的不易,也更加珍惜现在的大学时光。我所获奖学金累计达两万余元,加上平常勤工助学的工资,让我的大学生活不用向家里再要一分钱。

不幸的家庭并没有压垮我,反而让我学会了自立自强。

我的微笑

我的性格很开朗,也很乐观。我总是愿意用自己的力量去帮助别人获得快乐。我在学院积极参加活动组织,成了一名学生干部。大一时我是院系小海豚服务队的一名队员,经常去做一些志愿活动。记得有一次,我们一起去探望一个留守儿童,是个小男孩,很腼腆,不愿意见陌生人。当时我们几个志愿者刚进男孩的家中,他奶奶就迎了上来,非常高兴地接待了我们。谈起小男孩的情况时,才知道他的性格有些孤僻、不爱讲话,学习成绩也是很不理想。我们大家当时是准备了一些礼物文具等过去的,我主动提出和男孩接触一下,希望今天我们的到来能让他改变一下自己。我先跟他一起画画,给他讲了一些大学里发生的故事,他慢慢地喜欢和我聊天了。通过聊天我发现,男孩不爱讲话一部分是父母不在身边的原因,他觉得非常孤独;另外就是他有点厌学,觉得学习没有给他带来很多快乐。我们这时就围在小男孩身边,跟他讲学习能带来什么、能改变什么、能决定什么……我把我们大学里的照片还有我们同学一起学习、探讨的照片给他看,让他逐渐明白学习也可以很快乐、很轻松;学习是一种责任,不仅是为自己而学,也是为家庭而学,更是为国家而学、而奋斗!他听了特别受鼓舞,也变得开朗了许多。在之后的几次拜访中,我能很明显地看到小男孩性格变得积极乐观了许多,成绩也在不断进步。虽然这不是家教,但我却感受到了那一份快乐。

这件事也给了我很大的启发和感受,“赠人玫瑰,手有余香”就是这个道理。在其他方面,我也是乐于助人,懂得集体的力量是伟大的。记得我们寝室每次考前,都会办个“学习经验交流会”。我们都会将平时课下总结的东西分享出来,将不懂的地方提出,一起探讨,时间不长,但效率很高。这也是我们寝室被称为“学霸寝室”的秘籍之一。我们一起进步,一起成长。在大学的青春岁月里,不应该只收获知识,更应该播种友谊。

我的梦想

我的乐观坚强也感染到了周围的每一个人,我的努力和强烈的责任心保证我总是能圆满完成上级交代的每一个任务。我热爱生活,积极向党组织靠拢,热心公益活动,因为我说,正是因为社会的帮助,才成就了今天的自己,滴水之恩应当涌泉相报。同学都说,每次遇到我,脸上总是挂着温暖的微笑。我的正能量也传播到了学院里,被大家当作学习的好榜样。

大学几年,时光匆匆。回顾从大一时的青涩懵懂到大二的拼搏时光,纵有千言万语,此时此刻我也不知如何表达。我只相信,上天会眷顾努力的孩子。我们作为新时代的青年,就要有梦想、勇敢追,哪怕路上崎岖不平,只要我们踏过,留下的就会是一串串坚实的脚印和执着追梦的背影。家庭困难,我用自己的双手和智慧弥补;成绩落后,我用夜以继日的学习争取进步;交际欠缺,我用积极乐观的真心付出;可是如果没有梦想,我们将何去何从?我的梦想便是为祖国的海洋事业贡献自己的青春。我也一直为此努力着。青春,只有经历了风雨,才能最美丽地绽放!

李桃——破茧

李桃，水声工程学院 2015 级本科生，现担任水声工程学院传媒中心主任。曾获国家奖学金、国家励志奖学金、黑龙江省“三好学生”、校奖学金、水声特别奖学金、先进个人、2017 全国大学生数学建模竞赛黑龙江赛区二等奖、“五四杯”大学生课外学术科技创新作品竞赛一等奖和“优秀志愿者”等荣誉。

为什么要参加竞选？怎样开展工作？如何提高自我能力？如何使传媒中心协调一致……在竞选水声工程学院传媒中心主任时，我曾思考过这些问题，然而，也正是这些问题“逼迫”我“破茧”。

2017 年 6 月，哈尔滨的盛夏充满了激情。绿绿的树叶、似火的骄阳、徐徐的夏风，哈工程充满了活力，水声工程学院开始筹备2017年学生干部换届选举活动，我身边的同学们都跃跃欲试，我也是其中一员，大家都是能兼顾好学习和学生工作的能人，在学习方面，他们被称为学霸；在学生工作方面，他们被称为大佬。部员、副部，大家终于等到参加部长及以上职位竞选的时刻，当上负责人，就能带领一个部门或者一个组织一起工作，能够成为自己大一和大二时敬佩的人，能够体现自我价值等，我当然会好好地把握这次的机会。凭借自己丰富的学生工作经历、工作设想以及成绩，我荣幸地被选为传媒中心主任，在这一职位，意味着我要负责水声工程学院的所有学生活动宣传工作以及部分学院宣传工作。责任感和使命感让我很自豪，我有坚定的信心去领导传媒中心完成好所有的工作。想象很美好，但是现实却很残酷，此时的我还是太年轻。

7月，学院按照惯例开展"三下乡"活动，本次的活动目的地在木兰县柳河镇三星村。开完工作部署会议之后，五大组织负责人们纷纷开始给自己的组织安排活动。毫无疑问，我负责本次"三下乡"的宣传工作。最后只有我和宣传部部长欧鹏参加此次活动。顿时，我觉得很无助，因为这意味着我要负责所有拍照和视频录制工作，欧鹏要负责所有宣传的文字材料编写。但自己沉浸在刚上任的喜悦中，没有迅速转型，更没有从主任的角度来考虑此次宣传工作的质量和计划。摄影和拍照正好是我的强项，而且我只考虑了此次工作的一部分，没有真正意识到任务的重要性，所以并没有感到压力很大，带着满满的信心并且毫无计划地开始了这次"三下乡"活动，也开启了我的"破茧"之旅。

在"三下乡"活动中，我并没有和老师以及欧鹏讨论如何开展我们的宣传报道活动，更没有制定一份资料收集表。在整个活动过程中，我都忙于拍各种照片（共约400张）、录制视频，欧鹏忙碌记录各种信息，每次回到旅店，我们都十分疲惫，疲惫的身体已经顾不上三十多度的高温。在后续的报道中，虽然我们取得了不错的成绩，但是其中走了不少的弯路，工作量也因此翻了好几倍，还暴露出不少的问题，如自己的照片不够好、欧鹏的文字材料不好、不知道如何审核推送并给出提高性建议和要求等。也是在这个过程，我发现自己的能力还需要提高，主任不仅仅是需要会拍照，还要会写优秀的文字材料，还要会做高质量的推送，还要有整体工作安排设想等。无奈、疲惫和消极能淋漓尽致地描述当时自己的状态。而这只是我的开始，传媒中心的开始。

不能放弃！不想放弃！不甘放弃！唯有积极的心态和不懈的努力才能帮助我"破茧"。

在任务结束后，我找到前一任传媒中心主任孙纯学姐，跟她倾诉我的无奈，自己很想做好，也付出了很多，但是最后往往适得其反。学姐跟我讲述了很多她自己的心得。当初，她也遇到过同样的情况，她对自己的干过的工作进行了仔细梳理，罗列自己的问题并找到相应的解决方法，并最终一一落实。我开始梳理自己干过的工作，在梳理中，我发现了许多问题，如在工作前没有做好工作计划等。为了提高自己的文字材料写作能力，我经常去浏览一些官方网站上面的新闻；为了提高对推送的制作和审阅能力，我常常去看各类推送并做好总结；在每次活动之前，做好计划，以保证新闻和推送的时效性和准确性。

2017年秋季开学，我们开始"迎新"的系列宣传工作。我和三位部长提前到校，对我们的系列报道做了仔细的安排。确定每次的宣传主题、安排拍照和视频录制的时间、规定每次推送的时间、确定每部分工作的负责人以及工作流程(采集素材—做推送和写新闻—上报审批—发布)等。为了提高推送的信息量,我们将迎新相关工作安排、筹备等信息以"图片配合文字"的形式加在推送里,让新同学们能直观感受到学院对他们的欢迎热情,明白报到的流程等。除此,为了提高大家的工作热情,我们对每一期推送报道制定访问量目标,要不断突破,提高整个组织的工作质量。从迎新筹备阶段开始报道,传媒中心每次都按照事先的计划表来完成工作,一切都显得得心应手,这样在保证工作质量的情况下既提高了工作效率,又尽量避免了做无用功。推送访问量逐渐完成了破 500、破 1000、破 1500 和破 2000 等目标,这意味着有越来越多的人关注我们的公众号,大家愿意浏览我们的推送,我们的付出得到了大家的肯定。

"迎新"的系列宣传结束后,传媒中心召开了部长会议,在会议中,我们了分析自己的成功点以及需要提高的点。在讨论中,我们发现工作计划很重要,这是一个组织的灵魂,因为所有工作人员都要依据这份计划来工作,它可以让一个组织的工作变得井然有序,它可以提高工作效率和质量。另外,负责人的能力也十分重要,因为各部长要负责各个部门工作的最后审批,需要严把质量关和信息正确关。

"传承亮点,改进不足"是我们的理念,更是我们的实际行动。我渐渐地发现,学生工作、学习和生活都是相通的,解决困难的方法都是一样的!人生总有一些束缚,但是我想尽办法"破茧"而出,飞向自己的远方。

王紫玲——脚踏实地，仰望星空

王紫玲，数学科学学院2016级本科生，担任班级团支书、党校工作部部长。曾获国家奖学金两次，第九届、第十届全国大学生数学竞赛数学专业组国家一等奖，美国大学生数学建模竞赛二等奖，全国大学生数学建模竞赛黑龙江赛区一等奖；获黑龙江省“三好学生”、校“三好学生”、“优秀班干部”、校“优秀共青团员”等荣誉。

冰心曾写道：“成功的花，人们只惊羡她现时的明艳！然而当初她的芽儿，浸透了奋斗的泪泉。”或许大部分同学会觉得天才高不可及。但事实上，天才的道路也都是一步一个脚印走过来的，没有一蹴而就，也没有一帆风顺。

我是一个乐观开朗的女生，有着最亲切的笑容，也许，从我的外表你看不出来自内心深处的坚韧。可是，在一点一滴的认识中，我们将见证一场完美的蜕变，看到一条浸满汗水的成长之路。

大一时，初进大学校园，还是懵懵懂懂，告别高考失利的伤心，我选择把握当下。既然选择了远方，便只顾风雨兼程。每一门课程的开设都是有其初衷的，认真学好每一门课程，上课认真听讲，及时预习和复习，提高学习效率，不为考试而学习，而是真正理解所以然，为以后打下坚实的专业基础；同时，在学习过程中，我有意识地培养自己的实践能力，即对知识的运用能力，将所学运用到生活当中而不仅仅停留在课本上。连续两学年学习成绩专业第一，专业课成绩优异，并顺利通过了英语四、六级考试，共获得国家奖学金两次，校优秀学生奖学金一等奖三次、二等奖一次；我还积极参加学生活动，表现优秀，连续两年担任班级团支书，为班级尽职尽责。担任党建中心党校工作部部长时，我认真履行干事的责任。参加院礼仪队是为了锻炼自己的胆量，挑战自己，挖掘自己其他方面的潜能，并在校礼仪风采大赛中获二等奖。我有丰富的校园生活，校运动会跑步、跳远、柔术比赛，雅思讲座，学习论坛，科创培训都可以见到我的身影，并获女子跳远第三名、柔术团队赛冠军、师生益智比赛跳棋第一名。为了培养自己其他方面的兴趣，我积极参加学校开设的特色科创公开课、三维建模基础、微信小程序，在一次次尝试与努力中，我得到了锻炼，提升了能力，更深刻地认识了自己，知道了自己的优缺点，同时结识了朋友。生活上，因为家庭原因，为分担母亲压力课余时间我做兼职家教，力求自力更生，大二寒假在乡政府实习一个月，这些经历使我养成独立自主的好习惯，自理能力较强。我的大学计划很严密，但我不觉得累，反而自得其乐，每个人的性格与生俱来是不同的，人生轨迹也是不同的，我有我的路要走，我尊重大学生及时行乐，也尊重不在课堂睡觉、每日专心听讲、规划未来的人。而我只想在美好的大学时光里，专心去做一件事，把握当下，做好自己，走过一段难忘的旅程。

大二时，慢慢地，我开始考虑自己的人生，最终选择迈上了学术的道路，并且试着根据自己的目标规划大学生活。想出国交流，不是因为高校排名、传说中的文化开放，而是想开阔眼界，切身感受国外的学术氛围，体会不一样的生活。但我深知，无论留学还是考研，学习成绩、英语水平、学术成果都是重要的三个因素，所以我一刻也不曾放松，做着自己最大的努力与奋斗。一切的成绩都属于过去，我们要向前看。人只有站在一个新的起点才会有一个新的进步。比我努力的人数不胜数，我只是一个实在而幸运的人，得到了老师和同学的太多帮助。我一直在平平淡淡地走自己的路，在日常积累中不断地学习，在学习中收获快乐与成长，在点滴付出里回报生活。学习是一个持续的过程，需要的是坚持不懈的努力，数学研究更是需要知识的沉淀；在自己提高学习成绩的同时，我还积极帮助身边的同学，经常跟几个同学在一起讨论学习，帮助同学克服学习上遇到的困难，在考前为同学梳理知识点、答疑等。跟着导师学习，周末研讨，这是我大二学习以外的主线了，那学年我获得第九届、第十届全国大学生数学竞赛数学专业组国家一等奖，美国大学生数学建模竞赛二等奖，全国大学生数学建模比赛黑龙江赛区一等奖等。

向前的脚步永不停息，我希望在汗水中成长，在跌倒中爬起，现在的失败只是为了以后能走得更稳。我积极参加各种英语比赛,如全国大学生英语竞赛、“外研社杯”等,我知道自己的短板,不放弃,不抛弃,相信勤奋是唯一的捷径。我或许不是最聪明的那个,但我努力当最用心的那个。互联网时代,计算机技能已必不可少,应用数学专业与计算机更是密不可分。我顺利通过全国大学生计算机二级考试并继续学习相关的软件。参加志愿者活动,在感恩中前行,成为全国第十届华人心理研讨大会志愿者以及迎接新生志愿者。

我曾经历过幼年亲人逝世、高考失利、与家人分别、身处异乡,但我一直是乐观的,人要学会知足、学会感恩,对生活乐观的态度铸就了我坚强的意志品质。我相信莎士比亚说的“你应该用这样的思想宽解你的厄运,什么都比不上厄运更能磨炼人的德性”。我从生活里读懂了“异地而处之,平心以度之”的道理。“无论将来如何,人要饮水思源,怀着感恩的心做好自己”,这让我很快乐。我只想脚踏实地,仰望星空,用真正的成长来回报深爱我的人。

王淼——仰望星空 脚踏实地

王淼，外语系英语专业2016级本科生，任学习委员。曾获国家奖学金、2017年中国“好学生”英语演讲大赛黑龙江赛区特等奖、2017年“外研社杯”全国英语写作大赛黑龙江赛区特等奖、第二十三届中国日报社“21世纪·可口可乐杯”全国英语演讲比赛黑龙江赛区二等奖、第二十二届“五四杯”大学生课外学术科技创新作品竞赛三等奖等。

或许有些人的确天资聪颖，生来就注定要表现得超乎常人，但我绝非如此。资质平平的我之所以能够取得一系列成绩，都是在许多优秀的人的激励下，用踏踏实实地努力与付出换来的。

2016 年的夏天，一纸录取通知书将我带到了坐落在松花江畔的哈尔滨工程大学。我虽然无限憧憬着大学美好的生活，但是在喜悦之余不免有些迷茫与不安。在过去的十几年里，考上一所好大学一直是指引我前进的启明星。虽然前途充满未知，但是从未迷失方向。可如今，当长久的目标终于实现时，前行的灯塔便骤然熄灭。那么成为大学生的我，努力的方向究竟在何方？

正式开学后，我深深感到在迷茫中摸索的被动和无力。整日不是上课和完成老师布置的任务，就是为了巩固与新结识的同学朋友们的关系而聚会狂欢。虽然每天都安排得满满当当，可当静下心来扪心自问到底有多少提高时，我不禁怅然。所幸，在院系新生大会上，我认识了一位优秀的学姐王立然。会后我进一步了解到她优异的学习成绩和出色的课外表现。在此后的迎新晚会等活动中我也都看到了她忙碌的身影。我不禁对这位能将学习和工作处理得井井有条的学姐心生敬佩，暗暗地将她作为激励自己进步的榜样。也就是在这时，我忽然意识到前进的方向已标在脚下。于是，我的内心逐步趋于平静，心中所念的也不再是作业有哪些，而是在这堂课中我学到了哪些新知识、课下应该扩展哪些所学知识等等。教学楼和图书馆成了我的新朋友。大大小小的节假日我基本都是与它们一起庆祝。在课余，我也积极参加学生组织，发展兴趣、锻炼能力，而不仅仅只是与朋友聚会。比如在“2017• 纪念谢有法、刘居英、张衍 100 周年诞辰图片展”中担任讲解员、在 2017 年微电影《以诚为马信可见》中担任编剧获诚信主题原创作品大赛二等奖。课外生活丰富多彩的同时，我也做到了将课本知识一点点吃透、内化，在学业上取得了明显的进步。荣获国家奖学金一次、校一等奖学金两次、二等奖学金一次。

同学们在称赞之余也都不禁好奇地询问我是如何提高的。听到同学们的夸奖，我自然很开心。可俗话说，水满则溢，月圆则亏。幸运的是，在我因为这一点点成就而沾沾自喜之时，另一位出色的学姐刘梓沛使我及时认识到了自己长期欠缺的短板，也让我了解到了以后提升的方法和途径。在一次讲座中，我被学姐一口地道流利零错误的口语所惊艳，从前曾自诩“口语水平较高”的我不禁羞愧难当。看到学姐在讲解语音知识时信手拈来、游刃有余，我默默地将她作为自己今后努力的目标。人常说，语音面貌是外语人的第二张脸，可见其地位之重要。而之前的我对自己的要求太松、定的标准太低，以至于口语水平提高慢。于是，我开始了对语音的魔鬼训练。每天听至少半小时美国之声或英国广播或者无字幕的英文演讲来体会原汁原味的英语，并尽可能模仿其中的语音语调。每周与外教交流一小时以上来提高英语使用的熟练程度。甚至在上课的路上、在寝室中闲聊，我都会与同学用英语交流，来尽可能多地练习英语。虽然时不时会受到路人的白眼，但是有一天，我在朗读课文时，猛然听到自己近似地道的英语发音时，那喜悦之情足以冲刷掉所有被质疑与不屑的酸楚。

成绩的提升和口语水平的突破使我受到了许多关注。不少人建议我参加各类英语演讲比赛。可只有我自己知道，公共演讲是我最胆怯的事情。机缘巧合之下，我听到了一位优秀学长范子健的演讲。看到学长在台上镇定自若、侃侃而谈，即使面对犀利的问题，也从容不迫地抒发自己的观点，我便决心克服胆怯，努力成为一名优秀的演讲者。为此，我积极参加各类英语演讲比赛,给自己尽可能多的锻炼。我至今还记得自己第一次演讲比赛前的紧张,双手冰凉,坐立难安。当比赛开始后,我听到自己的声音微微发颤。好在,我顺利完成了比赛。虽然并未取得名次,但我从此爱上了演讲。语言的优美及其力量在演讲这一表现形式中展示得淋漓尽致。因此,我沉迷于聆听 TED Talk,分析这些演讲者语言风格、语音语调和演讲技巧。这不仅提高了我的演讲水平,还使我增长了见识,开阔了眼界。在此后的演讲比赛中,我取得了优异的成绩,如 2017 年中国“好学生”英语演讲大赛黑龙江赛区特等奖、第二十三届中国日报社“21 世纪 • 可口可乐杯”全国英语演讲比赛黑龙江赛区二等奖等。

面对取得的成绩,我在欣慰之余仍感到紧迫。因为我知道优秀永远在路上,无人能一蹴而就,因而未来更需加倍努力。所以,现在的我终于可以回答同学们的问题——“你究竟是怎么做到不断进步提高的呢?”我想答案就在于短短的八个字——仰望星空,脚踏实地。

苏联作家法捷耶夫曾说道:“青年的思想愈被榜样的力量所激动,就愈会发出强烈的光辉。”对于我来说,步入大学后所遇到的优秀学长学姐们都在无形或有形中作为榜样指引我、激励我前进。他们的荣誉像满天繁星使我无比向往,又像北斗星为我指出前进的方向。而我所要做的,不仅仅是赞叹绚丽的星空,更重要的是要脚踏实地、埋头苦干,补齐短板以期有朝一日自己也能成为一颗闪亮的星,指引、激励他人前行的步伐。

葛县县——人生在勤

葛县县，材料科学与化学工程学院2016级本科生。目前担任学院学务部部长及材料一支部宣传委员，曾担任学校科研院学生助管以及学风督察员。曾获国家励志奖学金，国家奖学金，连续三学期获得校一等奖学金。曾获黑龙江省“三好学生”称号，校“自强标兵”称号，校“三好学生”称号以及校“优秀学生干部”称号。

“宝剑锋从磨砺出，梅花香自苦寒来”，大学三年时光，教会我最多的就是这句话。

大一懵懂年岁、生性好强是我，天性贪玩也是我，课上课下铆着一股劲儿看书做题，可时间一久也是耐不下性子，和室友一起伪文艺学吉他、滑滑板，期末看着还算靠前的排名已觉足够。

大二一年遭遇了许多变故，从开始的迷茫痛苦到后来的渐渐醒悟，我倏然认识到，还有一门必修课程在等着我来学习，那就是自立且自强。作为成年人，如果无以自立自强，那就更不必谈及未来。“人生在勤，不索何获”。大二期间，我减少了用来刷微博看综艺的时间，把更多精力放在课程学习和学生工作上来。课程里，一次看不明白的地方就多看几次，一摞摞的笔记，一遍遍地复习。学生工作琐碎且繁杂，只要能找地方坐下，我就会见缝插针看会儿书，塞点东西填饱肚子，然后去完成下一项任务，很多时候要深夜才能休息，第二天再早早起身，开始新一天的忙碌。或许是看我过于拼命，室友开始担心我的身体，这让我也曾一度质疑这种清单式的生活方式，但人的目标一旦确定，怎么能轻易停下？就这样坚持了一年，在大二下学期，我取得了专业排名第二的成绩，我的工作能力也被认可并成功竞选为部长，我获得这一年度的国家奖学金和自强标兵称号，这时回过头再去看，方明白“玉汝于成”。

大二的暑假，科研院发布了暑期勤工俭学的项目，这与我希望能自立自强的想法不谋而合。这次在黑龙江省委实习的机会，是又一个契机。暑假期间，周一到周五，每天保持六点半起床，说实话，现在想想仍然觉得那是很煎熬的一段日子。指导我们工作的，是一个年龄稍长的姐姐，尽管工作繁重，她却每天都充满了活力，不管工作要求多苛刻，不管忙起来有多忘我，她都始终保持良好心态，仿佛一个小太阳。见贤思齐，渐渐地，我学会了调整内心的小不满和抱怨，学会乐观面对工作中常有的困难和挑战，这对我来说意义重大。生活是一面镜子，你笑，它也笑，你哭，它也哭，或哭或笑我们总是要去解决，那我们何不保持微笑，从容处理？拥抱生活、笑对生活，是我学到的第二件重要的事情。大三以来，各种事情可谓应接不暇，要么是在忙学习忙工作，要么是在赶去忙的路上，倘若没有好的心态去面对，怕也无法顺利应对。

现在的我看着过去三年来的经历，不禁为一直在努力的自己喝彩，尽管这一路或许吃了些苦，但我从中学到的、拥有的更多。困难和辛苦只是一时的，收获的知识和能力却是一生的。如果我的事迹可以告诉别人什么，我希望会是学着成长，成为一个肯担当、有梦想、常乐观的向上青年！

郝甜甜——星光不问赶路人，时光不负有心人

郝甜甜，自动化学院2016级本科生，担任副班主任、组织委员职务。曾获国家奖学金、国家励志奖学金、校一等奖学金四次、黑龙江省“三好学生”、校“三好学生”两次、校“优秀共青团干部”等荣誉；获2019年美国大学数学建模竞赛M奖，2018年全国大学生数学建模竞赛黑龙江赛区一等奖，西门子智能挑战赛省级三等奖等多项奖励。

在辅导员与家长的交流会上，一位穿着稚气的女生在人群中显得尤为突出，没错这个女生就是我，我跟我的父母前来参加这次专门为新生家长安排的交流会。这是我与辅导员的第一次见面，也正因为这次的会议让刚刚入学的我了解了本学院的保研政策和奖励政策。

其中让我印象最深刻的是辅导员向我们展示的他带的那届学生的保研名单，虽然这些“大神”我并不认识，但是他们保研的院校都是全国实力非常强的学校。那个时候我就暗暗地告诉自己，四年之后我也要成为其中的一员！

带着这份信念开始了我的大学生活，离开了父母的管束，为了避免自己在一个较为宽松的环境下产生惰性，我一直保持军训的作息时间，5 点起床听英语新闻，7 点吃饭，只有精力充沛才能够在学习上取得进步。上课认真跟着老师讲课的进度，课后及时将当天学的内容消化，但随着课程数目的增加，课业难度的提升，时常晚上会弄到很晚，甚至仍然弄不完。时间一长，由于晚睡早起，身体产生了疲惫，导致上课困倦，反而降低了听课的效率。所以在期中考试的时候，自己虽然已经很努力但是分数仍然不高。那段时间心情很失落，我觉得如果继续这样下去，那么我就没有机会实现自己的目标了。

当自己出现问题的时候要及时反省。最终得到的结论就是调整学习状态和学习方法。对于自己上课困倦的解决办法是让自己不断思考，当一个人思考时大脑就会很清楚，就不会产生困倦感，这样课堂效率提高，课后就节省了很多时间；其次争取课上的内容课后及时消化，另一个很重要的内容就是要分阶段进行总结，梳理所学的知识，做到前后贯通，这样有助于自己对知识的理解与掌握。

自己积极的学习态度加上正确的学习方法使我在期末考试的时候取得了很好的成绩，并因此获得了校一等奖学金。这给了我莫大的鼓励，同时也在不断地告诉自己，要继续努力，一时的好成绩容易得到，难得的是坚持四年。在接下来的几学期，自己坚持着大一的作息时间，课后在图书馆自习直到闭馆，每次伴着闭馆的音乐离开时内心有一种轻松豁达的感觉，觉得自己这一天过得很充实。每当我想要偷懒的时候，想一想那些保研的优秀的学长学姐，看一看图书馆里其他埋头读书的同学，自己一刻都不敢放松。“只要坚持就不会太差，只要努力过就不会后悔”“向着优秀的人学习使自己变得优秀”……

当自己按照自己的规划一步步往前走时，我居然获得了国家奖学金，这个奖励很让我意外，这是对我过去努力的一种肯定，让我更加坚定了我努力的方向，更加坚信我努力的方法是正确的。

俗话说，世上没有白走的路，你走的每一步都算数。你善待过的每一寸光阴，都会在未来的某一天给你回赠。

王帅茸——仰望星空，脚踏实地

王帅茸，航天与建筑工程学院2017级土木工程专业学生，担任班级双创委员、双创中心科普部副部长职务。曾荣获国家奖学金一次，校一等奖学金两次，全国大学生数学竞赛一等奖，“航建杯”一等奖，校“优秀共青团员”等荣誉和奖项。

李大钊先生说过一句话，“凡事都要脚踏实地去做，不驰于空想，不骛于虚声，而唯以求真的态度做踏实的工夫。以此态度求学，则真理可明，以此态度做事，则功业可就”。一直以来我都把这句话作为我的座右铭，进入大学后，我继续努力践行、孜孜不倦地学习、尝试，不断追求进步，不断超越自我，在取得了一些进步的同时也收获了一些荣誉。

我来自一个农民家庭，家里生活条件一般，但父母勤勤恳恳地工作，生活上给了我很大的启迪，父母用他们质朴的言行给我最大的影响就是无论做什么，都要凭借着自己的努力去奋斗、去改变。我相信，泪是酸的，血是红的，奋斗来的生命是美丽的！美好的未来是需要自己去创造的。

刚刚进入哈尔滨工程大学那会儿，对我来说一切都充满着新奇，一个新的环境，来自五湖四海的朋友都让我异常兴奋，但第一次离开父母的我也有许多不适应，陌生的人群、环境，周围的林林总总让我充满了迷茫。甚至在很长一段时间内都没法从消极的情绪中挣脱出来，学习上没有动力，生活上也有很多不如意，带着这样的烦恼和舍友以及辅导员进行沟通，我才慢慢觉得自己的这些烦恼都太多余、没有必要，甚至是在浪费我自己的时间，既然不能改变现状，为什么不换一种态度去对待它，去克服它呢？烦恼总是会有的，关键是怎样去对待它。所以，我的心也不再浮躁、一点点踏实下来了。当我摆正自己的心态以后，我觉得我应该努力让自己成为学习上的强者。在同学的帮助下，我的大学生活也变得丰富多彩，我不断得到成长。

我一直都觉得自己是幸运的，虽然出身于一个农民的家庭，但父母却教会了我怎样去独立、去拼搏，他们用着自己并不高的薪水来为我交高额的学费，正是因为他们这样的付出，我才觉得自己应该要更加努力，不辜负父母对我的期望。我从来都没有觉得出身于农民家庭会让我丢人，相反，我渴望为自己的命运打出一张漂亮的逆转牌。在我看来努力学习从来都不是为了谁去学，而是通过学习去给自己和家人构造一个美好的未来。虽然有各种各样的挑战，但是，既然选择了就要毫不犹豫地走下去。

在我的大学生活里，想学习科研永远是我的一个主题，学习科研是我目前最主要的工作，也是我唯一可以做的工作，所以说，我在学习上有着背水一战、不破楼兰终不还的精神。在和同学的相处中，我看到了自己的不足，努力学习其他人身上的优点。图书馆已然成为我最为频繁出现的场所，我如饥似渴地不断丰富着我自己的知识。对于专业课，我认为必须要学好，毕竟掌握专业知识是衡量一个人成绩好的重要标准，但作为一个想要全面发展的我来说，我不会仅满足于掌握专业的知识，而且我会努力学好每一科的课程，在课余的时间，我努力学习英语，尽管英语基础不好，但我还是会坚持每天去做阅读、听 BBC 新闻。在我长期的努力下，英语基础原本薄弱的我取得很大的进步，通过了英语四、六级考试。从老师的认可与同学的称赞中我认识到作为一名学生，学习是最重要的任务，没有人一下子就可以取得优秀的成绩，这些都需要每天的坚持和努力。在科研上，我积极参加各种科创比赛，在国家创新创业浪潮的推动下，我也努力学习相关知识，联系老师，现在正在做的比赛有国家级大学生创新创业项目以及全国大学生结构大赛等。搞科创就要拿出不怕苦不怕累的精神，投入时间和精力，但也要权衡好和学习的关系，切不可舍本逐末。

学习要认真踏实，生活亦是如此。对于我来说，能够这样在哈尔滨工程大学学习是一件非常幸福的事情。虽然周围有很多同学的家境比我好很多，但我从来都没有想过要去攀比，我认为山有山的高度，水有水的深度，风有风的自由，云有云的温柔，而我有我的价值！我始终记得我作为人子的责任，我来这读书不是为了浪费父母的钱，而是为了让父母更好的生活。同时，我在生活上积极团结同学，帮助同学答疑解惑，成为朋友中不可缺少的一员。

在过去的一年中，能够得到国家奖学金我非常高兴。因为这是对我过去一年所做出的努力的肯定以及对我自己的一个最高的评价。但这并不代表着我会因为这些就此松懈，我还是会更加地努力以证明自己真的配得上这样的荣誉，这份荣誉是一个监督，让我更加努力去提高自己的各项实力,用一颗感恩的心不断地奋进。

这个荣誉对于我来说是对我过去一年的肯定,这已经是过去时,现在的我还是得努力读书,有更高的追求才能有更多的动力。只有更加努力才能不断前进。我还要更加坚定自己的方向,找到天空中属于自己的一盏星灯,脚踏实地,坚定不移走下去。

不忘初心,砥砺前行!

4 奉献领航

李款——送人玫瑰，手有余香

李款，自动化学院电气工程及自动化专业2012级本科生。曾多次获得校一、二等奖学金，还荣获了国家奖学金，并且在英语四、六级考试中均取得了600分以上的高分，还曾获得过校“极速挑战”智能车竞赛优秀志愿者和院“优秀辩手”荣誉。

在我的班级中，由于各种原因，许多的同学都被英语四、六级考试深深折磨着。他们整日面对着枯燥乏味的英语资料就如同面对着一堵冰冷的墙，那上面只字未有，只是默默地传给他们幽幽的凉意。这凉意开始逐渐地侵入他们的心灵，慢慢地销蚀着他们的信心，于是他们沦陷于英语给他们编织的噩梦中。

眼看着他们这样日复一日地下去,我真的是于心不忍。我深深地知道在这个世界上没有谁可以说是绝顶聪明,也没有谁会是愚不可及。一个人最需要的往往是机会,是对他自己的潜力的开发。我真心不希望他们就此堕落下去,因为若过不了英语这一难关,在今后的道路上就会错失掉足以改变自己的大好机会,所以,我决定付出自己的一些时间去尽己所能地帮助一下他们。如果他们中有些人确实没有认识到问题的严重性,我就会单独找到他们,跟他们详细地道明这里面的利害关系以增强他们的危机意识,这确实也取得了一定的成效。

还记得,一个阳光明媚的早上,我约了李某去 21B 教学楼的大厅,然后给他详细地讲解了一些考试的基本技巧以及几套历年真题。那日,缕缕金灿灿的阳光透过大厅的玻璃幕墙将我们坐的那张桌子照得通明,看着在自己的讲解下他认真地做着笔记,试练的几道题正确率也大有提高,心里别提有多高兴了。现在每每想起总是觉得很怀念,希望再让我回到那日。正如人们常说的那样:送人玫瑰,手有余香。那一段美好的回忆就正是我手中留下的香气。经过我几日的悉心辅导,他果真在不久后的英语考试中稳稳地通过,而且成绩还很不错,那时我真是觉得很欣慰。

除此之外,我还曾给大家集体上过四、六级考前的辅导,那时班长特地为我申请了一间小教室供我晚上给大家辅导。说实话,刚开始听的人并不多,有很多人缺席。其实我心里明白学英语这件事并不是逼出来的,就算现在硬逼着你去做,以后在没人督促的情况下你依然还是会很懒散,因为你根本就没有学习它的动力和兴趣。只有你有了对某事的兴趣,你才能在这条道路上走得更远,才会更多地做出成绩。我开始努力备课,争取把英语讲得更加生动活泼,为此,我晚上回到寝室以后,都会仔细研读新东方的名师们记忆单词的方法,我发现他们更多的是用英语的构词法去辅助记忆,而我在这方面了解得并不多,所以我便又去图书馆借了几本构词法的书籍,争取把自己每天要讲解的单词的起源和构词法都弄懂,这样更便于我去找合适的例子以及一些有趣的小故事之类的东西去辅助他们记忆。当你每记忆一个单词的时候还会连带着记起一个小故事,这不仅加深了记忆而且能够让你更好地去使用它。几天下来,我确实也很辛苦,但是看着在我的带领下那些对英语有些排斥的同学开始逐渐地去嗅它的香气,对它产生了一种兴趣,不再受着它的蹂躏与折磨,我觉得我的付出就是值得的,那些苦累也瞬间变成了美好的时光,不时地萦绕于我的脑际,让我沉醉于那一份成功的甜蜜中。我相信那几个晚上教室里微微昏暗的灯光,一排排凝视的目光,黑板上遒劲有力的文字将会成为我一生中的美好回忆。

从那以后,他们有时还会主动打电话找我请教英语问题。譬如有一个同学的听力较差,于是在他跟我说过之后,我便将我之前用过的一些较好的听力资料赠送给他,并细致地给他说明了应该如何按照书上说的方法去练习,但是有时他的自律性还不是很强,总是有偷懒的时候。因为听力能力提高不是三天打鱼两天晒网的练习就能一蹴而就的,必须要持之以恒,并加以听后的总结思考和改进才能取得成效。所以为了让他不白白浪费掉之前练习听力的时间,我便主动每天适当地去提醒他,或是通过短信的方式,或是自己利用课上的机会跟他交流一下。这样,他在我的督促和帮助下,果真在半个月后就有了一定的成效,他做题的准确率大大地提高了。他不仅在答题技巧上有所掌握,而且真的是能够凭借自己的耳朵听懂大部分的内容。我真是对我自己能够对他产生这么大的有利影响而感到无比自豪。我觉得我在一定程度上实现了自我价值,能够让自己有效地帮助那些需要我去帮助的人。

其实,这也算是让我发现了自己的一个能力,那就是我可以去给别人当老师。于是后来,为了能更好地发挥自己的这个优势,我便开始在校内校外的一些家教中心挂名,做初、高中家教。在学校里的家教中心,我经常义务给一些家境较为困难的学生补课。还记得我曾去过的一个学生家,她家里陈设都很朴素,在有些昏暗的灯光的投射下,更能看出那些家具都已经很陈旧,很多年没有换过,不过却被擦拭得很干净。她们一家四口人勉勉强强挤在一间三十多平方米的小房里,日子过得虽然很清贫,但是孩子的脸上还是洋溢着灿烂的笑容,我能深深地感受到他们一家人给我带来的温馨和暖意。经过了解我才知道,原来是孩子的妈妈不幸患了癌症,现在正处于化疗期,家里急需用钱。我真希望以我的一分力量让她能够更加坚强努力地学习奋斗下去,激励她用自己的力量为自己和家人打拼出美好的将来,相信风雨过后才能见到彩虹。

杨洪衬——不忘初心，方得始终

杨洪衬，材料科学与化学工程学院2012级本科生，第八期“军工英才”大学生骨干培训班五班成员，曾获国家奖学金两次、国家励志奖学金一次、校一等奖学金七次、全国化工设计比赛黑龙江省二等奖、电源设计大赛三等奖两次、低碳设计大赛二等奖、“五四杯”大学生课外学术科技创新作品竞赛一等奖、黑龙江省“三好学生”、校“三好学生”、校“优秀干部标兵”、校“优秀干部”、校“十佳团支书”、校庆“优秀志愿者”等荣誉称号，并以专业第一的成绩保送至天津大学读研。

学而思，思而行

在将近四年的大学生活里，我坚持以学习为中心，以学生干部经历为辅助，既锻炼学习能力，又增强了与他人沟通、协调工作的能力。我在担任多项学生工作的同时还能不断提高学习成绩，名列前茅，获得多项荣誉，并且被保送至天津大学读研，这得益于我比较善于管理自己的时间，以时间为轴、学习为线、学生工作为点，将线穿在轴上，点散落在线间，整的时间用来学习，零散的时间用来工作，当有冲突时分清轻重缓急，按顺序有条不紊地进行着学习和工作。我觉得，学习是一种兴趣，在学习中探究，在实践中应用，激发了我参与科技创新类比赛的热情，并通过比赛与同学们一起集思广益、团结协作，获得了多项奖项。

绽放最好的青春

2012 年 8 月，我走进了大学的大门。在将近一个月的军训中，渐渐发现自己在沟通和协调完善活动方面的能力有所欠缺。抱着锻炼自己的初衷，同时也希望为团支部做些事情，我成功竞选了团支书，从 2012 年 9 月至今，将近四年的工作经历拓宽了我人际交往范围，使自己有更多机会接触到优秀的学长学姐，从而能够学习到他人身上的优点，也增强了与他人沟通和协调完善活动的能力，提高了工作效率，实现了担任学生干部的初衷。

受益于公益，回馈于公益

由于自己是一名贫困生，一直接受好心人的帮助，使我成为一个富有爱心和社会责任感、懂得回报的人。在假期中，我为一名小学生辅导功课，在了解到这名小学生家境贫困后，回到学校组织同班同学为这个孩子捐款；常常利用周末时间组织同班同学到养老院做义工，深受养老院老人们的欢迎。在学校六十年校庆活动中，我积极投身于志愿者工作中，进行了为期一周的志愿活动；在哈尔滨创建文化名城期间，也加入了志愿者的行列，到哈尔滨东站进行旅客疏散。

精彩的生活，认真地体会

与工作中的认真严肃不同，生活中的我更加活泼开朗。在课余时间，比较喜欢和三五好友一起到运动场打羽毛球和网球，在锻炼身体的同时使自己得到放松。而且我是一个喜欢旅行的女生，喜欢在节假日到祖国各地走一走，感受各地不同的风土人情。迄今为止，我的足迹已经遍布沈阳、大连、丹东、天津、北京、临潼、西安和山西的一些城市，在旅行中既放松了心灵，又收获了阅历。

他们眼中的我

在卢森堡有这样一句俗语："不管发生什么事，都请安静且愉快地接受人生，勇敢地、大胆地，而且永远地微笑着。"我在老师和同学的眼中就是这样一个无论发生什么事都会微笑着勇敢前行的人，像是一朵盛开在悬崖峭壁上的花，无论是狂风还是骤雨，都无法改变我盛开的意志。"杨洪衬"这个名字，留给大家的第一印象是坚定的、刚强的，甚至有些男孩子气的，但在实际接触中他们却发现我有着一份女生特有的细腻，嘴角常常挂着一丝笑意，眼中闪着自信的光芒。

"艰难困苦，玉汝于成。"我的大学生涯虽然已接近尾声，但是美好的人生才刚刚起步。期待自己能够在今后的人生中书写更加美好的青春，谱写更加绚丽的华章！

刘子琪——激流曲，军工情

刘子琪，人文社会科学学院法律系2012级本科生。曾获国家奖学金、国家励志奖学金、黑龙江省“三好学生”、校一等奖学金、十一届和十二届“理律杯”全国高校模拟法庭竞赛最佳组织奖、校“优秀共青团员”、校“三好学生”等荣誉称号，并取得国家心理咨询师资格，2015年成为厦门大学国际知识产权夏令营成员。

激流东北四载 志愿服务无限

我来自吉林省吉林市，一个以“东北老工业基地”著称的城市。2012年北上哈尔滨读书，始终扎根在东北的黑土地上。22载以来，我不曾离开东北这个生我养我让我魂牵梦萦的圣地。我是22年来东北发展的见证者与亲历者，也是为其发展添砖加瓦的参与者，未来希望也是“东北突围”的践行者。承蒙国家助学政策的雨露恩泽，我有幸成为国家助学政策的受益者，在受助过程中我深切体会到了政策的温暖，不夸张地说尝救我于水火，得之我幸。与此同时，我常常扪心自问，我能为社会、为他人做些什么。大学四年我珍视每一次志愿服务、公益活动的机会，因为付出是快乐的，感动也一直都在。

作为一名法律人，我们最大的使命就是服务人民，忠诚于国家，定分止争，化解矛盾。因此深入社区、深入老百姓的生活，倾听他们在生活上遇到的法律问题，为他们提供法律援助是当代法学学子义不容辞的责任。哈尔滨工程大学法律系自始就有服务群众的传统，并在人文学院办公楼专设法律援助中心，为来往群众解决生活中的法律问题，主要涉及婚姻家庭问题、房屋产权问题、合同纠纷问题，为群众排忧解难，成果显著。无偿的法律援助减轻了很多家庭法律咨询的负担与成本，我们耐心地讲解又使老百姓对法律有了更深的理解。记得一次法律咨询结束，一位年过六旬的老大爷激动地对我们说：“还是懂法好，法能救人命啊，你们一定得好好学，国家有大希望!”没有什么比群众的肯定更令人鼓舞了，没想到我们一次小小的咨询竟然能解决困扰老百姓的“老大难”问题。

与此同时，一次次的送法进社区活动又加深了我们与群众的交流。哈尔滨工程大学法律志愿服务团队多次深入黑龙江省哈尔滨市道里区、道外区下属的各个社区，进行普法宣传，并展开PPT讲解、剧本演练、法庭重现等多层次多角度法律宣传活动，不求“高大上”，但求“接地气”。

四年来，一次次的实践更加坚定了我对法律援助的信心与决心。法谚有云：“法律不被信仰，它将形同虚设。”而过程中老百姓产生的对法的好感，正是法律信仰之源，也正是法治中国、法治政府、法治国家的精义所在。

慎思明辨笃行 法学指导人生

“法学”作为人文社会科学中的“显学”，让一代代学子前赴后继，素履以往，风雨兼程。公平正义一直是我们的社会追求。正义不仅要实现，更要以看得见的方式来实现，而法律在这个环节起着举足轻重的作用。然而法律又不单单是经世致用之学，更是人生之学，要把法学作为为人为事之学，是我学法多年来的深刻体悟。

慎思。四载拼搏历练，我怀着对法学的热忱，以求真务实的态度对待我法学一切课程的学习，力求达到极致，努力架构起自己较为完备的法学知识体系，不断通过学习和实践锻炼法律思维，加深对法律的信仰，在这个过程中我取得了一些成绩与进步。四年来我的学习成绩位列院系第二名，获得过国家奖学金、国家励志奖学金及校一等奖学金多次，成功推荐免试到厦门大学攻读法学硕士学位。

明辨。法学之美在于其逻辑清晰、论证完备、有理有据、张弛有度，因此法律逻辑课程作为法学的基础学科，对法学整体体系的构建有着不可或缺的作用。大二学年我们开设法律逻辑课程，一度让我为之痴迷，最后以单科满分的成绩为课程画上圆满句号。老师激动地说:“我教书这么多年,这个成绩前无古人,后也难有来者。”法律逻辑系统的学习扎实了我的法学基础,使我在成为优秀法律人的路上越走越远。当然大学的学习除了夯实法学功底,更重要的是培养自己的科研能力。学习期间我积极参加各种科技创新类赛事,所撰写的《哈尔滨科技创新类社团影响力调研报告》获得“启航杯”大学生创新创意大赛二等奖,《对“本土资源论”的几点思考》获得“五四杯”大学生课外学术科技创新作品竞赛三等奖。2014年3月15日“新消法”颁布施行,我紧握法学脉搏,关注法律热点,撰写并发表《消费者权益是“人权”吗?》《论我国〈消费者权益保护法〉的法益》学术论文两篇,其中每个字都沉淀着我的思考,我珍惜这段醉心学术的道路,愿意这样一点一滴地累积,相信天道酬勤,相信厚积薄发,体验学术之路的至真至美。

笃行。知行合一才是法学经世致用的必经之路。法学作为一门应用学科,重在解决社会矛盾,定纷止争,使法律关系处于确定的状态,而这更需要一位法律人做到理论联系实际。一名出色的法律人不仅需要过硬的法学基本功、缜密的逻辑思维,更需要兼具出色的文书写作能力和据理力争的雄辩才能。大一入学以来我着重训练自己各方面法律素养,大一时参加新生辩论赛并获得优秀辩手的称号,并经过学院竞争角逐参与到理律杯模拟法庭竞赛团队中,连续三年代表学校参加由清华大学主办台湾理律文教基金会承办的理律杯高校模拟法庭竞赛,并一举获得最佳组织奖。三载理律之路收获良多,历历在目,忘不了文书写作的彻夜不眠,忘不了一次次模拟庭辩的鏖战,忘不了清华法学院的王晨光对我们青年法律人的勉励。

法学于我已经不单单只是一门学科,更是我的立身之本、立业之本、言之所系、情之所依,“世事洞明皆学问,人情练达即文章”。法理与情理、法律与社会都是人生的大学问,在这种意义上来说法学是我人生道路的指引。它让人游走于规范与现实之间,定纷止争,剖析本质,尝尽人生百味,阅尽人间苦辣酸甜。

实践苦干巧干 扎根允公允能

作为一个土生土长的东北人我对家乡有着很深的情结,以“共和国长子”著称的东北,经济发展缓慢,人才流失严重。“十八大”以来,习总书记、李总理两度到访东北,为东北转型注入动力,身为东北人我感到十分振奋,这更加坚定了我扎根东北的决心。

读万卷书,更要行万里路。立足于东北这片沃土,我找到了为之奋斗的着力点。大一以来我一直坚持做基层法律援助、法律咨询积累了一定经验。2014年认真完成法律诊所安排的民事合同纠纷案例, 2015年夏天,我有幸到黑龙江省哈尔滨市道外区人民法院进行了一个多月的实习活动,这一个月的实习让我对基层法院案件处理、部门分工等工作有了初步认识,通过参与担任书记员部分工作以及庭审,直接接触到基层法院,直面真实的案件,倾听老百姓的诉求,收获良多。一次和师父参与调解的条件给我的印象最深,案情主要是离婚诉讼,女方诉请离婚,男方不同意,而本案所涉的孩子只有几个月大,有亲友看护参与听审。我在一旁边听审边记录,看见双方互相指责,孩子在后面哭,场面着实混乱与辛酸。法官从法律、人情、孩子抚养等角度分别对两人进行单独调解，最后双方同意调解，此中过程十分艰辛，让我深切体会到基层法官的不易。基层法律每天的案件量很大，法院对结案率又有一定要求，同时提倡调解，而调解工作繁重复杂，双方是非难断，这让基层法官面临很大压力，调解成功着实不易。在实习期间我分别参与了多个部门的实习，对立案庭、民事审判庭、刑事审判庭、执行庭、政治处等都有所参与，感受到现阶段基层司法工作推进任重道远，需要一代代法律人的前赴后继。

在 2015 年夏季我有幸参加厦门大学国际知识产权学术交流营，主办方厦门大学请到美国和中国的学者进行全英文的学术授课讲座，使我对知识产权法产生浓厚的兴趣，在新时代下知识产权的保护有着巨大发展空间，从轰动一时的“加多宝”“王老吉”商标权大案可见一斑。通过笔试面试选拔，我被厦门大学知识产权研究院录取为推荐免试研究生，可以在研究生阶段对知识产权进行是为系统的研究、学习。

离开是为了更好地回归。东北要发展人才是关键，而本科的学历视野尚不能满足转型阶段人才的需求，我希望有一天我可以学成归来，扎根东北，为家乡尽自己一份心力。

董涛——人生的每一段旅途都是在探索

董涛，核科学与技术学院2013级本科生，担任校"助梦团"副主席、核学院学生党建中心办公室主任、班级活动小组组长等职务。曾获国家奖学金两次、校一等奖学金四次、校二等奖学金一次、2015年全国大学生数学建模竞赛黑龙江赛区二等奖、"启航杯"大学生创新创意大赛三等奖一次，曾获黑龙江省"三好学生"、校"三好学生"、"军训优秀学员"等荣誉称号。

转眼间，我们迎来了大学生活的第三个五月，这是哈尔滨工程大学最迷人的花季。漫步花海，缕缕花香不禁让人沉醉，不时有身着学士服的男女在花前驻足留影。这就是哈尔滨工程大学的毕业季。

回到现实，想想自己，在一年后的这个最美的季节里，我又是否能够无憾无悔地踏上人生的下一站？是否能安心地为自己的大学留下难忘的毕业留念？

我希望我能做到，因为我一直在努力！

从迷茫中开始

其实，我的大学生活是从迷茫中开始的，但是我却庆幸我坚持的路是正确的。可能是由于我从小都是“老实孩子”，所以，在学院出台的一系列学生学习要求的“威逼利诱”下、在辅导员的“穷追猛打”下，我每天在寝室的任务基本就只剩睡觉了，当然还要庆幸当时学校的时间表中没有将午休时间压缩掉。现在每每看到身边很多人颓废的生活，我都会想到学院及辅导员李灵东老师的那些曾经被“吐槽”的规定，也正是这些规定让我成功迈出了大学的第一步。

未来的不确定性赋予我们无限的可能

在大一那段迷茫的时间里，我始终坚信：做好能做的一切，只为将来不会为此而后悔。每天早起两公里晨跑，每天完成一定的学习任务，每天坚持阅读于涛老师推荐的书籍，每天完成学生组织工作……就这样，一个学期的时间匆匆而过，而我也收获了很多，学习了很多专业知识，感受了古人的智慧，体会了抗战英雄的艰辛，当然也养成了很好的学习习惯，并且一直坚持着。

时间一点点过去了，学习难度越来越大，我也明白了当时做的一切都没有白费。我很庆幸在我迷茫的时候，有人在督促着我，让我能够在学习这条路上死磕到底；也很庆幸当时的努力，为我积累知识、储备能力。

在前一段时间的中广核联培班招聘过程中，我深深体会到了能力储备的重要性。虽然我没有参加面试，但是从身边同学的经历中，我知道我努力取得的学习成绩、丰富的学生干部经历、每天进行的晨跑都是我将来更好发展的资本。或许正是因为当时迷茫的我，坚持学习、积极参加活动、完成学生干部工作的认真负责态度，才让我更加符合企业所器重的、人才发展所必需的资质——较高的学习能力、较强的责任意识、较好的组织协调能力，而这也正是面试失败的同学所欠缺的。

大学对于我来说，只剩下一年时间，我不知道在这一年里我能收获多少，但是我仍将继续努力。因为，面对无知的未来，我们只有尽力提高自己的能力，才能在关键时刻为自己赢得更好的发展机会。

听从自己的内心（惰性），简称“怂”

人嘛，到底是天性勤奋、勇于进取的呢，还是天性懒惰、耽于享乐的呢？我说不好。

我只知道，在很多个需要早起的清晨，我的内心是犹豫的。就像是动画片里的两个小人，一侧是天使，一侧是魔鬼。而我的内心也时常充当那个魔鬼的角色：多睡一会儿吧，再玩一会儿吧……

这种时候，我们需要的就是被锻炼得同样强大的超我来管住自己，把自己推出舒服区。

或许，一份时间规划表是必需的。对于我来说，书包里总是有厚厚一摞草稿纸，而且总有一张是记着我今天或是一周内的学习计划，也总有一张记着我较长时间的学习规划。每到学习累了的时候，就把它找出来看一看，想一想现在玩一会儿真的还能如期完成任务吗？然后，干搓几把脸，伸一伸懒腰，为自己制造一点兴奋素，就又迎来新一轮的攻坚战。

你的问题主要是读书不多而想得太多

在上学期申请的校级科研立项作品制作时，面对早已完成设计的作品，我却因为时间太紧而在自己的心里打起了退堂鼓：这样的设计真的会有人喜欢吗；这种设计真的就是我追求的便捷设计吗？后来，在朋友的规劝下，我们完成了整个作品的设计、制作。在最终的答辩环节，我们的作品赢得了评委老师的高度肯定：这是我今天见过的最好的作品，没有之一！

借用杨绛先生那句犀利的“你的问题主要是读书不多而想得太多”。所以，有想法，觉得有用，那就做吧！

如今，我的大学也将迎来最后一年了，而未来的我，仿佛正站在学术会议的讲台上向我招手。这就应该是我一直追求的方向！

任潇潇——行者常至，为者常成

任潇潇，马克思主义学院2013级本科生。获得国家奖学金一次、校一等奖学金五次、校“三好学生”一次；获得国际企业管理挑战赛二等奖、哈尔滨市创新创业大赛参赛奖、“启航杯”大学生创新创意大赛二等奖一次和三等奖一次、“五四杯”大学生课外学术科技创新作品竞赛三等奖一次；担任第七、八届国际大学生雪雕大赛（境外）志愿者；获得公务员知识竞赛二等奖、校礼仪大赛第二名、校园三行文字大赛二等奖、校心理剧大赛三等奖、团体舞比赛第五名、合唱比赛最佳组织奖等。

我深知，勤奋刻苦是学生的优良品质。于是我在每个太阳没升起的早晨都早早来到教室，以晨读开始每一天。我所在的班级学习气氛浓厚，获得过我校“三好班级标兵”的荣誉称号,在学校的所有班级里起到了表率作用。而我也通过刻苦努力,在历次考试中均排名班级第一名,入校以来连续五次获得校一等奖学金。大一顺利通过英语四、六级考试,在学习好本专业课程的同时,还辅修国际经济贸易专业课程,经过两年的学习,顺利通过考试,增强了自身的文化基础和社会竞争力。此外,我充分利用图书馆资源,阅读其他学科的相关书籍、报刊、杂志,参加科技、人文、社科等方面的讲座,拓展自己的知识面,不断提高自己的综合素质。

大学生活让我真正体会到,机械地学习理论知识是没有意义的,一个死死学习的人,他的学习能力、交往能力都没有得到足够的锻炼。因此我在努力学习的同时,也做了其他方面的工作。我在大一期间,曾组织并参与过很多活动,我十分珍惜这些机会,所以积极工作,尽自己最大的能力做好本职工作,曾获得过三次"校优秀共青团干部"荣誉。大一、大二在校社联外联部及教务助理中心策划部担任干事,并获得优秀干事荣誉称号,现任教务助理中心主席;在院系团委组织部任职两年,现任院系团委副书记;在班级一直担任团支书的职务,在此期间获得最美团支书活动第一名及2014年度校十佳团支书等荣誉。此外作为志愿者队伍中的一员,本着"奉献、友爱、互助、进步"的志愿者精神,进行多项志愿服务工作。从大一开始担任校青协举办的"班助一·汇流"活动的爱心志愿者;暑假期间参与城市规划局的城市绿化,担任七天的志愿者;2014年担任高招会现场志愿者;2014年、2015年两次获得国际大学生雪雕大赛(境外)优秀志愿者;多次跟随烽火实践队服务养老院、社区;向贫困地区捐赠书籍、衣物等。

经历是人生的一笔财富。在大学的四年时光里,有很多机会是你应该争取的,无论是学生干部的竞选、各种竞赛活动的参与,还是社会实践的经历。每一次经历都会让你学到很多不知道的东西。无论结果是成功还是失败,我觉得自己都是一个"成功者",因为我战胜了人生中最难战胜的对手——自我。

另一方面,我认识到,奋斗成就未来。经过了高中日日夜夜痛苦的磨砺生活,我们怀着激动的心情、带着热切的愿望走进了幸福的大学校园。这是一个充满自由的空间,然而我们是不能在思想上放松自己的,因为这是最危险的。很多人都在大学期间走向了人生的另一个方向,他们往往沉迷于网络世界或娱乐生活,沉迷使他们不能自拔,而不能自拔使他们更加沉迷。这种恶性循环,使他们从此走向了堕落,毁其一生。所以我们首先要在思想上树立"活到老,学到老"的意识,为了自己今后的人生继续努力奋斗。

感悟是一段美好的回忆,一段难忘的经历,一种平和的心态,一种前进的动力。在感悟中前进,在前进中成长,这是我理解的大学的意义。

唐轶桐——不忘初心，去做更好的人

唐轶桐，水声工程学院 2013 级本科生，担任水声工程学院学习助教、新生导航员等职务。曾获国家奖学金两次、校一等奖学金四次、水声基金一等奖学金两次，曾多次获校“三好学生”荣誉称号。

当从公示通知中确知自己成了一名光荣的国家奖学金获得者时，我的内心并没有曾经预想的那样激动澎湃。喜悦是自然的，更多的是一种释然和欣慰，恍惚间觉得自己仿佛兑现了一个诺言——与曾经的自己的一份诺言。

三年前，我正式开启了自己的大学生活，开启了一段新的人生旅程。在大学校园里，我不但结识了许许多多志同道合、共同奋斗的同学们，更认识了许多格外优秀的学长学姐们。从这些优秀的楷模们的身上，我学到了许许多多专业上的以及为人处事上的道理，可谓受益匪浅。也正是经过他们的介绍，我才了解到国家奖学金这一极有价值的奖项，而他们中的很多人都曾是国家奖学金的获得者。从那时起，我就暗暗下定决心，要在这四年的时间里实实在在地拼搏一次，在国家奖学金的获奖名单上留下我的名字。那时，国家奖学金就是我奋斗的目标。

于是,从大学的第一节课开始,我就丝毫不敢懈怠,每门课程从始至终都尽力保持高专注、高投入,尽自己的全力争取更好的成绩。但也正因为如此,我越来越少出现在寝室,更多的时间都是坐在教室中咀嚼知识点。逐渐的,三五好友的聚餐没有了我的身影,同学们仿佛忘记了我的存在。我突然发现,我每门功课的得分虽然不低,但是我似乎总是形单影只;有些课程的分数可以拿到全班最高,但是每次班级活动我注定是最没有存在感的那一个。大学生活应该这样吗?我陷入了迷茫。

从某种意义上"拯救"我的大学生活的,恐怕是一次并不起眼的志愿者活动。2015 年学校承办了第八届国际大学生雪雕大赛。由于那时我的考试已经结束,出于好奇我就报名参加了雪雕大赛的随队志愿者,承担了一支来自泰国的队伍的接待、服务工作。尽管在最开始我并没有对这项工作投入足够的热情,但是很快,志愿者队伍内部那种团结互助、相互扶持的精神深深地将我吸引了,我第一次深刻地意识到,原来帮助别人、主动与他人去沟通交流,是一件多么令人身心愉悦的事情。尽管它不会直接提高我的学习成绩,但是这给了我一个展示自我的机会,给了我一个实现自己价值的机会。因此,在那次志愿活动中,我付出了一百二十分的努力,尽自己所能提供帮助。我永远也忘不了参赛队员在登机回国前依次给我的拥抱以及他们生涩而真诚的一声"谢谢",那也许是我大学生活中最为难忘的一瞬间。

自此之后,我便积极主动为班级和学院贡献自己的一分力量。班级举办的各种团活,我主动出谋划策、积极参加;学院号召报名新生导航员和学习助教,我也积极响应。在这些活动中,我感受到了前所未有的存在感,感受到自己的价值正一点一点被具体化,成了可感知的、具体实在的东西。这样充实的感觉令我享受,同时也备受鼓舞,激励着我要拿出更为饱满的热情,回馈班级和学院对我的培养。

慢慢地,我又感受到了变化的到来。我在班级中重新又获得了那份存在感,班级中的大小事务中也越来越多地出现了我的身影,我渐渐感受到了同学们对我与日俱增的信赖和支持,这是最让我感到开心和欣慰的。这意味着,我走在正确的道路上,我在成为一个更好的人,而不只是空有优秀的成绩却倍感迷茫的人。

也正是这样,国家奖学金这样的荣誉才能悄然来到我的身边。我觉得这个时候,奖学金已经不是我奋斗的目标,而是我成为一个更好的人的侧面印证。它既是一份奖励,更是一份期待和希冀。它始终提醒着我,一个真正优秀的学生,或者一个真正优秀的人,绝不仅有一份漂亮的成绩单,他更应有一颗美丽的心,应该想要并且能够帮助别人、帮助集体变得更好、更优秀,那才配得上"优秀"二字。

距离我获得国家奖学金已经半年有余了,这段时间我从未忘记我的初心,即使在得到国家奖学金之后,它仍然在激励着我、驱使着我,提醒我要去做一个更优秀的学生,或者说,一个更好的人。

沈亦农——我的青春我做主

沈亦农，航天与建筑工程学院土木工程专业2014级本科生，平均学习成绩90.93分。曾获国家奖学金、黑龙江省“三好学生”、国际大学生雪雕大赛优秀志愿者、全国机器人大赛优秀志愿者、校“优秀志愿者”、多次获校一等奖学金等奖励与荣誉称号。

我的成长我书写

我来自杭州——一个美丽的南方城市，但我高考后选择到祖国最北边的大城市——哈尔滨来读书，在哈尔滨读书的日子里包含了我太多的故事，其中的酸甜苦辣，熔炼成了我一段与众不同的成长道路。

从小学到高中，我的成绩并不是特别突出，直到完成高考，进入大学，一直都很平稳。可在这段时间里，我培养了很多爱好，比如摄影、绘画、旅游、看书，我觉得人的成长应该是一个积累的过程，而我在进入大学前的校园生活里，慢慢地提升着自己。或许这些兴趣爱好在当时被别人认为是鸡肋，影响学习，但我乐此不疲，我相信总会有用得着的时候。一份耕耘一份收获，一份因就会有一份果，做自己故事的铺垫。

果然，在接过通知书，万里迢迢来到哈尔滨后，我的这些兴趣爱好的好处渐渐开始显露出来。凭借自己的特长，我进入了很多社团组织，交到很多志同道合的朋友，得到了多数人的认可，一些难得的机会也不知不觉找上了我。我开始做志愿者，帮助同学，宣传讲座，这些活动反过来也不断提升我的知识水平和许多平时难以锻炼到的能力。我和一些和我有相同爱好的同学成了朋友，自己所经历的旅途，自己所读过的故事，都变成我交流的材料。同时，大学相对于高中初中来说，一切都是靠自觉，并没有经历太多逼迫教育的我，在大学课程中如鱼得水，学业水平也渐渐地超过了其他人。一切变得顺风顺水，最重要的是，我变得更加自信，而自信，又让我收获了更多人的认同。

但日子不会一直一帆风顺下去，总要经历波澜，才知天地壮阔。我面对的第一个"波澜"就是南北方的文化差异，来到哈尔滨之前，我以为大不了只是吃不惯北方的重油重盐，不了解北方同学的生活习惯，这些我都有足够的心理准备，但来到哈尔滨之后，对我影响最大的却是在一些问题上我和一部分北方同学存在着一些认知上差异，这让我们之间的交流变得困难，但经过两年的沟通和换位思考，我也能渐渐理解很多北方汉子的想法，这些也让我知道，面对分歧的最好方法，就是去换位思考和理解对方。

我面对的第二个"波澜"是时间的合理分配问题。由于我参加了很多的社团活动及志愿者服务，我的大学生活始终是紧凑的，甚至很多时候，我难以安排自己的活动时间，很多活动时间都是冲突的。这时，时间的合理分配就显得尤为重要，这里面的"屠龙宝术"就是明确事情的轻重缓急，什么事情对我来说最重要，那么我就先去做什么，活动的取舍让我明白了自己真正想要的是什么。取舍的过程就是对自己未来方向一次次修正的过程。大学给了我那么多的选择，我要做的，就是去筛选出最适合自己的选择。

大学生活中遇到的问题总是层出不穷的，但当你坦然去面对而不是去回避的时候，你会发现这些困难都像是一粒粒糖果，拨开外面的"糖衣"才能得到自己需要的收获。

不忘初心，方得始终

在大学里，我常常会为自己将来的方向感到苦恼，曾经我的梦想是当一名建筑师，但事与愿违，因为种种原因，我最后选择了土木工程专业。怀着忐忑的心情，进入校园，慢慢对专业和校园有了了解后，在繁重的学习压力下，我反而开始有点不知所措了，是继续学习这个专业，在这个专业上努力有所建树，还是转而学习其他的专业。

大学不同于高中初中，需要对自己的将来有一个大致的规划，我常常问自己到底喜欢的是什么，我喜欢的东西有很多，但真正执着的东西我并不是十分的了解。当听到很多不同专业的同学对于自己专业的见解之后，我发现其实所有的专业都有自己的一份辛酸苦辣，没有轻松的专业，只有自己感兴趣的专业，既然当初自己选择了，就说明自己并没有厌恶它，既然没有厌恶，就要去努力做好它，不忘初心，方得始终。我想一个人成长时的每个突破都是自己从一个状态向另一状态转变之际产生的，无论这种转变是主动的，还是被动的，无论喜欢与否，积极的心态、及时的行动往往是摆脱困境最有效的方式。怀着这样的思想，我发现自己再在学业中拼搏的时候，面对困惑多了一份坦然，面对困难多了一份动力。停留于消极的想法，成天怨天尤人，缺乏行动只会让情况越来越糟糕。所以困难本身并不可怕，可怕的是毫无作为。就这样，我的坚持和执着得到了回报，我获得了很多别人羡慕的荣誉和成绩，得到了老师和同学的认可，这一切的一切，都是因为我对自己当初选择的决绝和不悔，既已上路，就别犹豫。

我的经历，没有太多能为人称道的地方，也没有太多奇迹发生，一路漫漫，只有坦然。

车帅——人生在于体验

车帅，核科学与技术学院2014级本科生，现担任读者协会办公室副部长。曾获校一等奖学金三次、国家奖学金一次、校“三好学生”、全国大学生数学建模竞赛黑龙江赛区二等奖、国际大学生雪雕大赛优秀志愿者等奖励和荣誉称号。

妈妈曾经告诉我，人生的意义就在于体验，体验不同的生活。对于我来说，人生的前二十年对学生的体验是最丰富且最深刻的。

从小学开始，体验真正成为一名学生的感觉。但那时仅仅是接受老师所讲的知识，从来不去想我学这些东西有什么用。但那时的我十分尊崇教师这个职业，渴望体验那种站在讲台上做老师的感觉。

进入初中，接触的学科更多。通过学习我渐渐发现，许多物理规律都是通过对日常生活体验的深度挖掘和研究得到的，至此我开始爱上了物理这门学科，并且开始注意观察我们身边的生活。每到周末，我都喜欢上图书馆去借一本自己喜欢的书，静静地看上一下午。通过大量的课外阅读，让自己真正体验到属于作者的经历。这也让我对我所未知的体验产生了强大的好奇心，后来这种好奇心成为支撑我走完艰苦的高中三年的力量。

高一暑假，我拥有了一次北京的圆梦之旅。当漫步在清华大学校园中时，非常羡慕那些学长学姐，可以通过自己的努力，来到中国的顶尖学府。我也像许许多多学生一样，曾经暗下决心，大学非清华不上。后来才发现不是我不努力，而是我逐渐认清了自己，有了一些自知之明。我开始给自己制定一些近期的详细计划以及可实现的长期目标，最后在心中埋下一颗梦的种子。当高考结束铃声响起的那一刻，我发现这一年的努力，就是我前二十年人生中最重要的体验，没有之一。站在现在的角度回望过去，我会发现我认认真真地付出过、努力过，尽管过程起起伏伏。但努力过，就不后悔。填报志愿的时候，我还是不顾家人的反对毅然决然地选择了与物理相关的专业。

高三暑假为了体验不同的生活，我在两个月的时间里，分别做了三份兼职：发传单，做家教，当服务生。经历过才知道工作有多苦，同时还圆了儿时的教师梦，此后我对每一位通过自己双手劳动获得报酬的人，多了一份尊敬。

进入大学，不忘初心。大学，为学习而来，学习必然成为第一要务。大一上学期，心眼比较死，只知道在图书馆参考各种辅导书和专业书，扩展我的专业知识面。但也是这一学期自己养成了良好的自学习惯，为未来的大学生活打下坚实的基础。图书馆渐渐成为我每天都会驻足的地方，有时是为了查阅某些信息，有时是为了完成勤工俭学的工作，也有时会作为志愿者参与策划和实施图书馆的阅读推广活动。

经过一个学期的适应期，我发现可以学习的渠道还有很多，不仅仅只是书本。在与不同人交流的过程中学习，体验别人的生活也是一种很重要的学习。大一下学期，参与了许多不同种类的活动，认识了很多朋友。其中科创活动的体验，至今记忆犹新。由于需要一个团队参赛，作为队长的我，主要承担起了解决团队成员间的团结协作问题，这种能力的养成，还要感谢初高中担任四年班长的经历。一个简单的循迹小车，整个程序却有超过二百行，真是麻雀虽小五脏俱全。编写程序加上现场调试，真的一样都不能少，由于当时没有预见到室外和室内环境的巨大差别，最后的结果不那么尽如人意。但我觉得这次的体验教会了我做任何事都需要全方位的考虑，漏掉任何一环，都可能酿成大错。大二上学期，很充实的一个学期。突然发现我的学习成绩还挺好，大一学年的成绩排名院系第三，能有资格参加国家奖学金的竞选答辩，我很珍惜这次答辩机会，也为此准备了很久，写了将近一千五百字的演讲稿。最终我幸运地成为了那每年全国仅有的五万优秀学生中的一个。这学期也体验了一把生死时速，整整一夜未眠，赶写全国大学生数学建模竞赛的论文，最后在提交期限前半小时才完成，这篇论文也幸运地荣获黑龙江赛区的二等奖。这次参赛不仅仅只是获奖那么简单，而更让我高兴的是，我终于可以把自己学到的东西运用到实际中了。作为一个学生组织的副部长，我也曾带领部员完成了整个阅读推广活动策划书的撰写。同时,适当地给自己放假调整状态,也是必不可少的。去年的五一及十一长假,我分别踏上了去往天津和呼和浩特的旅程,分别体验了大都市的华丽和草原的辽阔。体验不同城市、不同地域的生活,了解不同的风土人情,开阔下眼界,有何不可呢?对于现在的我来说,走在找寻自己下一个十年最重要体验的路上,这才是最重要的。希望经过了“衣带渐宽终不悔,为伊消得人憔悴”的青灯黄卷后,能迎来“众里寻他千百度,蓦然回首,那人却在,灯火阑珊处”的跃然欣喜。

张博——勇于尝试，大步向前

张博，水声工程学院2014级本科生，曾担任校学生会学习部部员、系学习指导中心基础部副部长和基础学习部部长及班级学习委员的职务。曾获国家奖学金一次、校奖学金六次、水声特别奖学金三等奖、美国大学生数学建模竞赛二等奖、全国大学生数学建模竞赛国家二等奖、黑龙江省电子设计大赛一等奖、声学会议优秀志愿者、校“优秀学生干部”、校“优秀共青团干部”、校“三好学生”荣誉。

2016年对我来说是不平凡的一年，是我大学生涯中最值得纪念和回味的一年，在每一年的年末我都会对自己进行一个总结，回顾自己在这一年的经历，有哪些收获，有哪些遗憾。2016年，我对自己的年终总结是“勇于尝试，大步向前”。在上大学之前，我对自己是很有信心的，因为从小学到高中，我一直是班级里的佼佼者，上了大学，终于体会到了“人外有人，天外有天”这句话的深意，也是在这时，我感受到了自己的不足，无论是从学习能力上还是从实践能力上，都与很多同学存在着很大的差距。我很感谢我不是一个轻言放弃的人，既然我的基础与别人有差距，那我就多付出努力，这个信念一直支撑着我，直到现在。

动手能力一直是我的弱项，从大学的实验课中，我早已深有体会。学习之外，在同学们都积极地投身于科技创新比赛时，我显露出了不自信的一面。在大一下学期，曾经有想法想要参加一下科创比赛，但是总是觉得自己的能力还不够，理论知识还不够支撑自己完成比赛任务，这使得我错过了很多锻炼自己的机会，后来，自己仔细地想了想，还是当时有种畏惧失败的心理，害怕自己在参加比赛的过程中经历失败和挫折，想清楚了这件事，上了大二，我给自己定的信念就是“勇于尝试”。

2016 年真的就是我的转折点了。上半年，一年一度的电子设计大赛开始报名了，我做好了参加比赛的准备，比赛是在暑假期间，这使得我有一学期的时间进行准备。我很感激学校组织的各种测评会，是这些例会、测评一步一步帮助着我在比赛的路上坚持着。没有设计电路板的经历，那就从头开始学，每天的工作就是看视频、文档，到图书馆借阅相关的图书恶补相关的知识，然后就是尝试腐蚀一块自己设计的电路板。一切事情的开始总是很艰难，失败一次又一次地打击着我，很感谢队友的鼓励和帮助，在经历了多次的失败后，我人生的第一块电源模块诞生了，直到今天，我依旧保留着这块电路板，它承载着我对那段时光的记忆。三天的比赛让我记忆犹新，由于我的队友是两名女生，在比赛过程中，我义不容辞地多多承担工作。记得比赛第二天夜里，也就是最关键的时间，争分夺秒地设计电路、制作电路让我忘却了困意，一步一步地尝试、失败、再尝试，已经不记得反反复复调试多少次，终于在凌晨 4 点多将整机电路调试成功，我当时没有因为成功而欢呼雀跃。走到窗边，望着已经有点微微泛白的夏日天空，真的十分满足，我觉得我付出的努力得到了收获，心中非常满足。后续的工作就十分顺利了，软件调试、实验分析、论文撰写，顺利地完成了本次电赛，最终的比赛结果也让我十分满意，获得了省级一等奖的好成绩。

第一次参加比赛就获得了一等奖的好成绩让我信心倍增，深切地认识到了“勇于尝试”的重要性，2016 年的下半年，我又报名参加了数学建模竞赛。数学建模竞赛对数学知识、创新意识、论文撰写的能力要求很高，我觉得参加这次比赛能够在其中学到很多。比赛的过程就是一个集思广益、共同奋斗的过程，和队友一起为了一个问题激烈讨论的时光让我记忆犹新，熬夜撰写科技论文的经历毕生难忘，一遍一遍地修改论文的过程让我的论文撰写能力得到了很大的提升。我从没有想过自己第一次参加数学建模竞赛就能取得国家二等奖的好成绩，当查询到自己的成绩时，我记得我当时真的怀疑这是不是自己的成绩。

回忆自己在这一整年参加的科技创新比赛，我觉得收获最多的不是自己获得了什么奖项，而是自己在准备过程中和比赛过程中锻炼了自己的动手能力、科技创新能力，更宝贵的是自己的信心在比赛中不断地提升。由原来的不自信、不敢去尝试，到现在的勇于尝试、不畏失败，人都是在这一点一滴中不断地收获和进步的。我的转变使得我在后续的学习中更加从容、更加顺利，遇到问题，解决问题，每一天都比昨天进步一点，这就是最大的收获。

2016 年被视为我的转折点，这一年带给我的不仅是荣誉、成绩，收获的更是一份自信心，让我在以后的学习生活中更加地坚定。“勇于尝试，大步向前”，不要畏惧失败，只有不断地失败才能激发更好的自己；多给自己点信心，要相信自己有能力做到更好、更完美！

付安——态度决定高度

付安，航天与建筑工程学院2015级本科生，担任20150282班团支书，校青协爱心超市副部长。曾获国家奖学金、全国大学生数学竞赛省一等奖、校一等奖学金；曾获校“三好学生”、校青协“优秀副部”等荣誉称号。

坚持，就会有收获

2015年8月，我来到了哈尔滨工程大学，开始了为期三周的军训。八月的哈尔滨，像一个调皮的小姑娘，时而疾风骤雨，时而烈日高悬，风和日丽的日子也是有的。军训中有苦有甜，每天都拖着一个累得酸疼的身子无休止地进行训练。我在开学之前就十分期待军训，我想把自己在假期养成的坏习惯都改掉，所以我在军训中就按着教官的要求努力。不论是站军姿、喊口号、踢正步、走方队，还是被罚跑、罚俯卧撑、罚蹲，我都努力做好，就这样一天天坚持了下来。到了最后的军训汇报表演，我被选为了方队长，穿上了神圣的海军装，指挥着整个方队经过主席台的那一刻，我不知为何流下了泪水。

在大学里学业很重，老师每天讲的课我需要课下好长时间复习后才能灵活应用，这期间我需要找一个安静的地方去学习，需要找学习资料来看，而图书馆这两点都有，我开始爱上了这个地方。每天早早地起床去图书馆占一个靠窗户的好位置，中途可以临时离开去上课或者吃饭，然后再待到晚上十点图书馆闭馆。但是每天这样有的时候真的会觉得很烦、很累，每当我出现这样的情绪，我就会去图书馆的借阅区看书，我喜欢看关于历史的书，在这期间我看了中国的上下五千年、英国、美国、俄罗斯、法国、德国、荷兰、罗马、希腊、朝韩、日本、印度等国的历史。学习中不只有公式和定理，还有诗和远方，对繁重的学习进行适当地调剂是十分必要的。大一上学期期末的时候，我的微积分和线性代数考试都是满分，这让我觉得我的付出很值得。

为什么不尝试一下呢?

在人生的道路上，不免会有许多困难、挫折，甚至失败隐藏在你通往山峰的曲折小径中。你能不能战胜它，取决于你的态度。正所谓“你的态度决定你的高度”，在困难与挫折面前，倘若你勇敢地去面对、去挑战，荣光就会向你招手。如果你因胆怯而放弃、逃避，你就永远不会欣赏到山之巅的美景。

大一的时候我就加入了校青协的爱心超市，我积极参加日常的值班，一次都没有翘班，我记得只有一次，因为睡过了头而迟到。其他活动我也尽可能参加，例如“十月送书季”“四月送书季”“爱心理发”。到了大二，面临着换届，当时报名副部的人是所需要人数的三倍，我曾经纠结了很久，后来我还是勇敢地去面试，落落大方地回答面试官的问题，我最终拿到了其中一个名额。副部长比部员有更宽的视野，能更加好地锻炼自己的能力，能认识更多的“能力者”。我之前没有在班级里担任职务，后来班干部重新选举，我虽然内心忐忑但是我还是站了起来竞选团支书，我那时候虽然不知道团支书的工作内容，但是我想：管他呢，试一试呗！就这样我开始了我的第一次团活、第一次“优秀共青团员”评选会……并得到了辅导员和同学们的认可。在国家奖学金申报报名的时候，也是这样，报名的其他同学在我眼里都是一些“大佬”，我真的没有把握拿到国家奖学金，但是我还是报了名。我认真地准备，精彩地答辩，最终拿到了国家奖学金。所以，为什么不试一下呢？哪怕就一下，万一成了呢！

认真起来!

最终你相信什么就能成为什么，因为世界上最可怕的二个词：一个叫执着，一个叫认真。执着的人改变命运，认真的人改变自己。我这里说的认真有三个方面的意思。

第一个是认真仔细，做一件事情的时候，一定要全身心地投入，不论是大事还是小事。

先说小事，比如说，写作业这个事，我身边也有好多同学不以为然，到了快交作业的时候随便抄一抄。我觉得自己认真地写作业就是在对自己负责，自己能更好地掌握知识点，期末考试会经常出现作业题，认真地完成过作业就会有不一样的效果。还有自己寝室床铺的整洁情况，就说说这个叠被子，我自打初中军训完就每天叠豆腐被子，高中也是，现在要求没有那么严了，我的水平也有点下降了，但是我还是会每天叠一叠被子，好好整理一下自己的床铺。我能感觉到大家每个人对我的态度都很好，虽然我整理个人卫生为的不是这个，但是这也让我很欣慰。

第二个是认真理。“吾爱吾师，吾更爱真理。”大学里是一个充斥着各种思想和观点的地方，我们自己必须要有一个取舍的基本原则。在大学里，老师讲的，课本上写的未必都是正确的，我们应该心存质疑。在大学物理实验教材中就有很多的纰漏，我在预习实验的时候，总是读不懂，读了好几遍，我开始认为是书上的内容有误，到了做实验的时候，老师向我们说明了这一情况。

还有一个方面是要对自己认真，认清真正的自己，每个人都有自己的长短处，长处自然是没得说，要好好发扬，但是也要尽量弥补自己的短处，不能放任不管。我的英语从高中开始便很差，大学里，第一次期末考试英语我只得了 77 分，但是后来我不断地积累、锻炼，后来成为为数不多的第一批通过英语六级考试的人。我认真起来，连我自己都怕！

趁现在还来得及，端正自己的态度，来一场无悔的奋斗吧！

陈纬坤——学习提高能力，奉献助我成长

陈纬坤，核科学与技术学院2015级本科生，担任院系学生会学习部副部长职务。曾获校一等奖学金两次、二等奖学金一次，并曾获得“启航杯”大学生创新创意大赛二等奖，“核+X”比赛二等奖和“筑梦”支教活动优秀志愿者称号。

九月时，暑意未消，金秋已至。怀着对大学生活美好的憧憬，我告别家乡来到了千里之外的哈尔滨，并在哈工程这所历史悠久的学校里开始了我一生中最重要的时光。

在大一伊始的日子里，我时刻在思考一个问题：大学，对我而言究竟代表着什么？在此之前，我一直以为大学代表着一种自由自在的生活，是一种与初中高中完全不同的生活——在大学里，学习是次要的，我们可以体味十二年寒窗苦读播种最终收获的累累硕果；我们可

以远离老师家长重复的说教，真正依自己的意愿生活；我们可以随意支配自己的时间，哪怕大把挥霍；在大学里，我会享受“真正的”人生。然而当我真正融入大学生活，感受到之前这一切只是幻梦的时候，我却产生了动摇。我发现，大学其实是另一种样子的：大学意味着真正丰富的知识，给我一种前所未有的体验，当我站在图书馆书库的中央，我第一次认识到自己的渺小与无知；大学意味着各种各样的社团组织、丰富多彩的团体活动和充满挑战的各项比赛竞技；大学还意味着我已经走向社会，可以以亲身的视角去发现、思考遇到的事物和民生百态……大学生活并不代表学习上可以松懈，相反，作为我们国家新一代的建设者，我们大学生更应该努力学习，积累知识以为后用；同时大学生的身份也在鼓舞着我去寻找之前从未注意到的社会的角落，关注每一个人、每一件事，以参与者的身份理解和感受，并做出自己的选择。

于是在军训结束后的一周里，我重新规划了自己的大学目标，其中不仅包括努力学习，还有重要的一项，那就是在一个学期里参与至少一项社会实践活动，而正是这个目标，使我第一次清晰明确地认识到了当下最基层人民的生活状态。

就在我萌生了参与社会实践的想法之时，恰逢我校青年大学生协会（校青协）进行支教志愿者的招募工作。志愿行动方式有两种，一种是“星光”计划，是让青年志愿者们前往大学周边的学校，为那里的孩子讲授几节课程，持续时间不长；另一种是“筑梦”计划，是志愿者两人一组，一起对一个孩子进行辅导，讲授的课程根据孩子的需要而定，这个支教活动持续十周，每周末选择时间进行辅导，每次两个小时。由于不曾有过为很多人讲课的经验，我选择了后者。在经过一番严格的面试审查之后，我如愿成了“筑梦”计划志愿支教行动队的一员，也认识了和我搭档的一位大三的学姐。

第一次支教活动是由校青协的工作人员带领我们去的。在经过几个街区、穿过几条小路之后，我来到了一个距学校不算太远的居民区。那里给我的第一印象是居民楼与普通居民楼相差无二，基础设施也比较健全，但当我走进去的时候，我发现那里的居民以老年人为主，院内环境有些破败；楼道里灰尘堆积，管路陈旧，杂物也是堆放得到处都是。不知为何，我的心情沉重起来。虽然早先已经被告知我们志愿帮扶的对象都是比较贫困的人群，但这种生活环境还是有点超出我的想象。到了五楼一个非常矮的门口，敲门之后出来的是一个有些驼背的老太，然后在她的热情欢迎里，我在卧室里见到了他的孙子，一个正在上五年级的小男孩，长得比较胖，衣服却比较陈旧。我之前买了一点小礼物，当作第一次的见面礼，正好此时拿出来，小男孩有些惊喜，拘谨地缩在床脚，听着我们的交谈。男孩的父亲当过兵，在一次事故中落下了脚疾，很少在家；爷爷卧病在床，在另一间背阴的卧室；他的妈妈则从未被提及。而整个家庭的收入就是爷爷微薄的工资、低保和男孩父亲的抚恤金。

初步了解情况后我和学姐开始了第一次的辅导。我主要辅导数学，先帮助他复习课本上的内容，再为他解答一些作业中遇到的问题。五年级的孩子天性好动，不肯好好坐下听讲，他的奶奶总会大声训斥，但这也仅仅只能让他安静一会儿。为此我想了很多办法，比如教他一些简单便捷的算法计算简易的问题，或者结合一些实际生活中的案例吸引他的注意力，很多时候总能起到不错的效果。当学姐教语文时，我就会与男孩的奶奶交流一些生活中的事情。得知我来自青岛，老人有些激动，说自己曾经去青岛探望过亲戚，非常喜欢那座城市，但这也是很多年前的事情了，如今青岛变化很大，她却没有机会再去那么远的地方了。我给她讲了很多青岛最近的发展情况，同时暗自决定最起码要准备一些青岛的照片，下一次来的时候可以展示给老人看。

哈尔滨的冬天经常下雪，气候比较寒冷，虽然每一次支教都要走一段不长不短的路，我却一直坚持着从未迟到。我知道，这家人做出的选择正是出于对我的信任，而这份信任我将一直守护下去。

十次支教活动很快过半，我也第一次见到了小男孩的父亲。他的年龄不大，但在脚疾的影响下，他整个人都显得沧桑了很多。我甚至能清晰地看到他鬓间的白发。男孩的父亲更为热情，第一次见到我们，便马上叫男孩下去买水、买饮料，甚至还留我们晚上在这个并不富裕的家里吃饭。我突然想起了年纪相仿的父母，这样的情景历历在目，他们教会我感恩。我下定决心，一定要尽我最大的努力辅导男孩的学习，而且从长远考虑，要根据男孩的情况给他做一些未来的指导。有了这个想法，我在最后几次辅导课期间结合辅导的内容、观察男孩在各个方面的表现，总结了他的长处和短板，并最终在最后一次课上形成了自己的建议。

每每我们临走的时候，老人都会起身来送，学姐和我即使连连推脱，却还是会被送到门口。在回去的路上，我们总会交流这个小男孩的情况。我知道，这在哈尔滨乃至整个中国并不是个例，在城市光鲜亮丽的外表下，总会有一些比较灰暗的地方，就像这个即使位于城市中央，却还与外界保持一段距离的居民区。但值得庆幸的是，这里的居民即使老迈，却仍然积极向上，夕阳余晖洒在他们身上，闪着熠熠金光。他们的希望寄托在孩子们的身上，而我们当代大学生或许会成为这些孩子生命中的光。

张月亮——坚定目标，砥砺前行

张月亮，动力与能源工程学院2016级本科生，担任动力小火柴服务队队长、20180304班副班主任，曾连续两年获得国家奖学金、黑龙江省“三好学生”、校“自强标兵”，连续三年获得哈尔滨红十字优秀志愿者、哈尔滨国际马拉松优秀志愿者，主导两项国家级大学生创新创业训练计划，申请专利两篇，并于大三开始做本科生毕业设计。

大学在我看来，是人生中最重要的一个阶段，经过了小学、初中、高中十二年应试教育的学习，大部分同学都养成了被动学习的学习方法，进入大学后的我，改变自己的学习方式是我的第一目标，由被动转为主动虽然很难，但这在我看来是最为重要也是最先要做的。

学习当然是大学的第一要务，如何高效学习是我面临的一个大问题。进入大学以后面对越来越多的干扰因素。各种社团组织、各种科创比赛、多种多样的活动无时无刻不在吸引着大家的注意力，如何平衡学习和其他活动的时间是每个人必须做出的一个选择。我在大一刚入学时真的被大学丰富的生活给吸引了，感觉各种社团学生组织都非常有意思，于是在大学刚开始的时候一下子加入了八个学生组织和社团，整天忙于各种面试活动，于是我就有了一种大学过得比高中还累的感觉。除了学习，我还会被各种学生工作、社团活动缠绕着，没有了一丝的课余时间，甚至中午午休都显得十分难得，于是我去找了多个老师谈心，使我更加清楚地认识到学习的重要性。对于一般人而言，学习应该永远放在第一位，其他的事情都是锦上添花。当然我们的大学如果仅仅剩下了学习，那也将会成为失败的大学生涯。我们不是技术学院，我们不是高中，我们是本科大学，所以有些时候抓住大学这个机会丰富自己的阅历显得十分重要，但是一定要有选择性。在我经历过大学初期的迷茫后，我对自己想要的大学生活更有了倾向性，我退出了大部分的学生组织和社团，只剩下了我们学院的青年志愿者协会这一个学生组织，专注于一个事情，不再追求多而广。

在学习上虽然有时候考前的冲刺很有效果，但是当期末考试出完成绩以后，发现自己变得像泡沫，禁不起别人的提问，虽然成绩看着足够耀眼但是我相信这种成绩不能让我满意。平常的积累虽然痛苦而又漫长，但是对于每一个工科生来说显得尤为重要。虽然现在大家一直抱怨普通化学、大学物理、微积分等有什么用处，但我想说的是，等到用到这些知识的时候才发现自己学得太少，学得不够深。我们每一个同学都要相信我们学的每一个科目都是有用的，不用怀疑老师，不用怀疑自己，踏踏实实走好每一步才是最关键的。平时的作业尽量自己做，虽然到期末复习时发现自己全部都忘了，但平时做作业的同学复习一遍可能需要两天，不做作业的同学可能需要七天，并且效果没有平常积累的同学好。虽然有的同学靠着考前冲刺就已经考出了很高的分数，但我从来不会羡慕，甚至我都会有一些担心他们，基础不扎实是不会走远的。我也有考前冲刺的习惯，我也有平时不想做作业的习惯，但是深刻意识到自己的问题，迅速改正让我对未来更加充满了信心。学以致用，大家有时间一定要往前看，往长远看，不要拘泥于眼下。拓宽自己的视野，坚定自己的学习目标，一定会有所收获。

除了平时的学习，我最为喜欢做的事就是志愿者活动，参加志愿者活动是我们走出校园接触社会的一个好机会。在大一大二期间我基本每周都会参加各种各样的志愿活动，比如慰问老人、退伍老兵、老党员。在与他们的交谈中，我更加发现了他们生活的艰辛、美好生活的来之不易，很多时候大家或许有各种各样的烦恼，但当我深入社区和那些老人交谈时发现自己的烦恼完全是多余的，没有必要思考的问题占用了我们大量的时间。每次到了最后，老人们都会提到要好好学习，虽然话很简单，或许大部分同学根本没往心里记，但每次我听完他们说的这些话，接下来的一周我又会充满了动力。除了慰问这些老人，我还会参加其他的志愿活动，比如在假期去五一火车站引导游客，参加植树活动，为高考学子保驾护航等。每个人有每个人的追求，在我看来，参加志愿活动使我的生活变得更加有意义。我想这应该也是我们的责任和义务，回馈社会奉献社会，也许有人会抱怨我国的志愿服务制度与发达国家相比还存在一定差距，但如果没有我们的努力，这差距肯定会越来越大。我还是希望大家在大学生涯里多参加志愿活动，接触社会，融入社会，自己的生活才会变得精彩。

还有对于我们本科生来说，科创也是生活的一部分，我感觉不要为了科创而科创，找准方向，做一个自己真正喜欢做的作品，有一个长期计划，比如我要在三年内做出来，或是有一个短期的计划,比如在一个学期内完成。当大家有了自己的想法之后,创新也就随之而来。

大学也算是一个大熔炉,来自祖国各地的同学都有,大家有不同的文化背景,有不同的宗教信仰,甚至有不同的语言,我还是希望大家可以敞开心扉接受每一位同学,摘下自己的有色眼镜,平等对待每一位同学。当然我们不能被动地等待被别人接受,主动改正自己存在的问题也非常重要。比如有的同学不喜欢开着窗子睡觉,但夏天非常热,如果不开窗的话就会影响大家的睡眠质量,但是如果此时大家能够坐下来交流的话,问题将会变得更好解决。在寝室、在班级没有谈话解决不了的问题,所以大家要多交流。一个良好的寝室环境将会给大家带来良好的学习氛围,心情也会愉悦很多。

最后希望大家在大学里坚定自己的目标,在保证自己学习成绩良好的前提之下,更多地发展开拓其他方面。一定要多读书,多读课外书,使自己的内心得到满足。

袁剑楠——止于至善，臻于完美

袁剑楠，经济管理学院2016级金融学专业本科生，现任20160931班学习委员。参与校青协“班助一·汇流”活动、83级校友返校、大学生创业联盟等活动的组织工作。曾获国家奖学金两次、校一等奖学金四次，黑龙江省“三好学生”两次、校“优秀共青团员”、黑龙江省青少年发展基金会优秀志愿者等荣誉称号。

从很小的时候开始，我就有自己的梦想。然而随着年龄的增长以及社会阅历的增加，梦想也逐渐变得现实。不再抱有不切实际的幻想，而是一步一个脚印勤勤恳恳、兢兢业业、脚踏实地，最终品尝成功的甘甜。

上大学以前，总是通过电视剧幻想我的大学会是怎么样的，也因此而更有努力的动力。

在无数个日夜埋头苦学，现在回想确实失去了一些东西，但是皇天不负有心人，我踏入了哈尔滨工程大学的大门，从此开始书写我的大学篇章。

转眼间，已入大学近三年，从一开始的好奇、向往、充满激情地参与每一件大大小小的事、对每一件事都努力追求完美。慢慢地，总会有一些事情不尽如人意，似乎有些东西和以前的憧憬相背离。然而，即使是出现这种情况，我也从来没有颓废或放弃。凭借着极强的适应能力，我开始改变，改变态度，真正地开始大学的寻梦之旅。

我为自己制订合理的学习计划，并且把上课提前半小时到教室作为最基本的要求。由于一直以来养成的好习惯，我总能认真对待每一科的学习。在大学的每课考试都尽我所能去一次次超越自己。每天晚自习都要复习当天的知识，并预习第二天的学科内容。然而，仅仅是课堂上的知识并不能真正地让我在大学的学习中感到快乐，为了让自己成为学习的主动者，我积极参加各种学科竞赛，包括全国大学生英语竞赛、全国大学生数学竞赛、数学建模大赛等。印象最为深刻的是数学建模比赛，长达一个月的自学时间里，我不仅仅学会使用数学软件，更多的是学会了分析问题解决问题的方法。随之而来的三天三夜的比赛中，在一个接一个的难题中，自己的心理素质和解决问题的能力得到质的飞跃。或许，我不聪明，但是我很勤奋。在坚持不懈的努力之下，我在过去的学期中取得了优异的成绩，曾获得国家奖学金、校一等奖学金、黑龙江省“三好学生”、校“三好学生”等荣誉。这些优异的成绩和荣誉称号渐渐让我对自己有了更加明确的定位。

在我的大学生活中，要做两件事，一是必须要做的事，二是我喜欢做的事。我要拼命坚持的事情有两件，第一件就是要好好学习，完备自己的专业知识体系，能够在将来的工作岗位上独当一面；第二件事是要积极参加志愿活动，做一个对社会有益的人。在我能力小的时候，就对社会做小贡献；在我能力大时，就对社会做大贡献。总而言之，就是要尽我所能，做自己喜欢的志愿工作。在大学期间，我陆续参加了很多志愿服务，包括校青协“班助一·汇流”活动、83 级校友返校、东北五校双选会等大型活动，被评为黑龙江省青少年基金会优秀志愿者、校级优秀志愿者等荣誉称号。在志愿活动中，可以接触不同层次的人，处理很多突发状况，不仅拓展了我的视野和人脉，而且培养了我的随机应变等能力。在这个过程中我也很快乐。在大学生活中，我一直渴望往外走，去扩大自己的圈子，志愿活动给了我很好的机会。此外，我还觉得志愿活动是联结校园和社会的一个很好的桥梁。志愿活动没有校园的轻松悠闲，也没有社会的激烈竞争，它是一群有共同志愿爱好的有志之士聚集在一起，为美好社会发展做贡献的有趣的事。

在当代社会中，能力是一个人成长的凭证。良好的个人能力不仅仅是个人发展的需要，更是一个团体、一个组织成功的必备条件。在短暂的大学四年中，我迫切地希望自己的能力能得到很大提升。一方面我不仅仅希望自己学习成绩优异，我更加希望自己能全面发展，成为一名新时代的合格大学生。我积极竞选班干部，为了和大家更好地沟通，我总是积极地把各种有益的消息发送给每一位同学。在平时的学习中，我认真了解大家的学习情况，积极帮助遇到问题的同学。另一方面，为了锻炼自己的口才和反应能力，我加入院系的辩论队，在历次比赛活动中，我时刻把握每一次锻炼自己的机会。在自己的努力下，练就了表达能力和团队协作能力。

或许每个人对自己的要求不一样，但是“止于至善，臻于完美”是我一直以来的信念，无论做什么事情，只要我决定要做，那我就下定决心做到最好。当然，自己也要付出应有的努力，每一次的付出都不会白费，所获证书和同学的认可就是对我最好的肯定。然而，这种种荣誉代表的仅仅是我在学校里的收获，作为新时代的大学生我不希望自己做温室里的花朵，我渴望接受更多的磨砺。从高中开始我便经常在寒暑假做各种兼职，以增加自己的社会阅历。尤其记得大一的国庆节，当同学们沉浸在旅游热和回家的欣喜中时，我开始了假期的兼职，每天十个小时的工作量和长时间的站立以及不间断地与顾客沟通，让我每天都筋疲力尽。然而，当拿到辛苦赚来的钱时，想到可以为家里减轻负担，能锻炼自己的能力，我感到既充实又开心。

在人才济济的大学校园，我始终信守“止于至善，臻于完美”的青春箴言。我始终提醒自己学习要努力一点、再努力一点。在平时的工作和学习中我注重细节，认真对人对事，勤奋学习，善于发现，善于创新。希望伴随着大学里的点点滴滴，我会不断进步、不断成长、不断超越自我，成为名副其实的新时代优秀大学生。希望在自己成长的道路上能够以梦为马，扬帆远航！

陈露——做合格的社会主义新人

陈露,水声工程学院2016级本科生,担任团支书,院学习指导中心基础学习部副部长。曾获国家奖学金一次、校一等奖学金三次、水声基金一等奖学金、校"三好学生"、校"优秀学生干部"等奖励和荣誉。

我热心公益,拥有爱心和无私奉献的精神,不图报酬,真心地对待公益活动,从公益中得到快乐,服务大众为社会做贡献,同时也锻炼了自己各方面的能力。上了大学,有很多机会参加各种各样的活动,而我认为公益活动是最有意义的。首先在精神层面,要有崇高的理想和坚定的信念。具有热爱祖国、拥护中国共产党领导的思想觉悟,具有投身改革、乐于奉献的时代精神,具有社会主义的社会公德、职业道德和家庭美德,具有高度的社会责任感,具有自强不息、求实创造的优良品质。

在这一年中,我参加了"善行一百"公益、育红小学支教、"班助一·汇流"帮助贫困学生以及"守护星星"等志愿活动。

"善行一百"由中国扶贫基金会发起,呼吁社会各界通过捐赠购买爱心包裹的形式一对一关爱贫困地区小学生,圆孩子们的梦想。

育红小学支教是为小学生普及科创方面的知识,提高青少年对科学探究的乐趣,培养青少年的科技创新素养。活动中,我们探索出了青少年科技创新活动的新策略:构筑快乐高效的创新式课堂,让科技创新无处不在,给科技创新插上腾飞翅膀。科技创新活动以学生的活动为主体,针对青少年的身心特点组织活动。心理学研究表明,学生只有在需求得到满足时,在愉快的心境中,才能较好地激发学生的内在动力,最大限度地发挥、发展学生自身各种智力因素,从而让学生走出课堂,让青少年在做中学、学中做,在交流中种下创新的种子,在合作中共进。让丰富多彩的科技创新活动充满生机和活力,将科技创新活动融入学科教学中,融入生活中,使学生在创新中成长,在科技创新的追梦中自信一生。

"班助一·汇流"支教是让我体会最深的,去农民工子女家里进行多对一辅导,孩子对我们完全没有陌生的感觉。我们都给孩子送了物品,虽然不多,但却饱含了深情和祝福。那些困苦的孩子比我们明显多了一份沉重,他们没有其他小朋友那么多姿多彩的生活,小小的年纪已经体味到了生活的艰辛。以后的道路还很长,接受完义务教育后能否继续上学,能否通过知识改变命运还未可知,然而,他们在贫困面前,选择了自强自立,而不是妄自菲薄。每个人都渴望被爱与尊重,处于成长期的孩子更是如此,老师、同学和社会其他成员的关爱是贫困孩子健康成长必不可少的支持。所以,我们的公益活动要继续,这种继续不仅仅是捐款捐物,还有精神支持和帮助。孩子纯真的笑容让我倍感欣慰,贫苦的生活并没有改变孩子乐观向上的心态;孩子纯真的笑容又让我心酸,真希望贫困家庭的孩子能和其他小朋友一样享受无忧无虑的童年。帮助贫困家庭青少年圆成长梦想的同时,让孩子以大学生为榜样,树立勤学理想。同时,我们在参与"班助一·汇流"活动中凝聚了班级集体力量,在帮助贫困生的过程中更加懂得珍惜自身生活条件,从而对社会责任以及奉献意识有了更深层的理解。

校青协举办的"守护星星"活动。自闭症儿童,通常被称为星星的孩子,他们就像天上的星星,在遥远而漆黑的夜空中独自闪烁着。他们有困难以与人沟通交往而带来的孤独。自闭症的孩子一般来说本身社交能力都不好,需要大人帮助他们"交朋友"。在这样的活动中,孩子们见到的所有人,没有歧视他的、没有嫌弃他的、没有可怜他的,大家都是一样的,他不会觉得自卑。活动的内容并不会让他们觉得"我做不到",所以他也不太会闹情绪。就算他不愿意做,也不会强迫他。另外,这样的活动对于孩子来说也是开阔视野的一个机会。为了帮助自闭症孩子们走向更好的未来,我相信,多一点呵护与温暖,孩子们就更有可能找到与地球联系的合适"信号",感受更多的幸福和快乐。

最后,公益活动给我的启示是我们无论做什么事情,都必须持之以恒,不达目的誓不罢休。公益活动如此、学习如此、工作也如此,只有认定目标,脚踏实地,才能"绳锯木断,水滴石穿"。我会在以后的人生道路上,发扬吃苦耐劳的优秀品质,正视一切挫折,不屈不挠,勇往直前。公益活动培养了我的社会实践能力,它使我认识到:仅仅学习课本知识是不够的,应积极投身于社会实践,经风雨,见世面,丰富人生阅历,为以后的工作打下坚实的基础,为社会主义建设添砖加瓦。公益活动还培养了我的责任心,使我树立了要回报社会、回报人民的人生观。它使我认识到,职业没有高低贵贱之分。我要在自己的岗位上,兢兢业业,尽职尽责,鞠躬尽瘁,吃苦在前,享受在后,努力做一个合格的社会主义新人。

赵斌韬——奋斗的人生才是幸福的人生

赵斌韬，自动化学院2016级本科生，担任校青协副部长。曾获得校一等奖学金两次，校团委领袖计划二等奖，校青协“优秀干事”，校“三好学生”，东北三省数学建模竞赛二等奖，美国大学生数学建模竞赛H奖，国际大学生雪雕大赛优秀志愿者的荣誉。

时至大二，回首一年多的大学时光，有过欢笑，有过苦恼，更有坚持。清楚地记得刚进入校园时候的目标，到现在这种执着于科研的信念依然没有动摇，仍然一步一个脚印地成长，一步一步走向奉献祖国的未来。

时光荏苒，梦想启航

作为一个农村来的学生，从小到大我的父母就一直教育我要刻苦努力，要珍惜眼前的学习机会，要努力为家族争光，出人头地。作为家中长子，父母从小就教育我要负责任，有担当，从小开始我便承担了很多的家务，等到长大一点，偶尔还要去地里干农活，在这样的生活环境下我学会了吃苦耐劳，艰苦朴素，立志好好学习，我在2016年成功考入哈尔滨工程大学。

自从进入学校以来我就一直有一个信念，那就是要好好学习科学知识，为家乡贡献一分力量。现在的山西已然不是过去那样了，山西依靠向全国输送煤炭资源获得了丰厚的收入，但是由于严重缺乏高新技术产业的支持，导致经济发展日益倒退。年轻人个个都出去上学然后留在了外地，家乡的人才是越来越少了。我一直希望学成之后能够回到家乡，尽量利用自己所学为家乡建设添砖加瓦。

努力学习，注重实践

我始终知道学生的本职工作就是学习，只有本科学好扎实的基础的科学文化知识，才能为未来的科研工作打下坚实的基础，所以，我大一的闲暇时间就是在图书馆学习，那些在图书馆的时光总是让人感到充实和满足，到了周日，更是迎着朝阳进入图书馆，披着星辰回到宿舍，那些日子我在图书馆认真学习了大一的许多重要的数学基础课，比如微积分、线性代数、复变函数与积分变换等，因此考试也取得了令人满意的结果，获得了两次校一等奖学金。

随着课程的深入，我开始接触到了与我们专业相关的一些课程，我逐渐认识到光有书本上的知识是远远不够的，系统的理论知识固然重要，但实验技术也是必不可少的，一定要从不同的课程中发现有助于科研的知识，开阔思维，不然自己的道路会越走越窄。于是，我选择接触一些科创和比赛，我惊奇地发现科创其实与课程有很大的不同，必修课程注重理解与理论，科创比赛注重实践和应用，在接触到一些单片机的知识以后，我发现自己在这些方面有很多的不足，但我深知生活中永远没有一劳永逸，只有一份耕耘，一份收获。于是我在兼顾学习的同时，开始学习科创知识，第一次焊电路板时发抖的双手，第一次程序运行成功的喜悦，与同学一起讨论模块的使用方法，这每一幕的背后都是一段努力的日子，深深地烙印在我大学的生活中，有时候为了一个比赛熬夜学习，但也是苦中有乐，乐在其中。

不忘初心，脚踏实地

因为从小受到父母的谆谆教导，因此我养成了艰苦朴素的良好品格。在生活中，我一直坚持朴素简单的原则，绝对不浪费一分钱，不和他人攀比，告诫自己生活之艰辛，告诫自己学习机会来之不易，珍惜学习时光，努力养成了良好的生活习惯和正派的作风。要经常和父母通电话，积极乐观，始终以饱满的热情迎接生活中每一天的挑战。我认为当代大学生的使命就是需从身边做起，尽自己最大努力带动身边的人，让每个人都意识到自己的力量，培养大家乐于助人的精神。

我深深知道不能总是待在大学这座象牙塔中，要尽可能联系社会，于是我在大一时加入了青年志愿者协会，我的目的就是为了能够接触到更多的志愿服务，能够做更多的公益活动，更好地回馈社会，还记得参加雪雕大赛的那些日子，外面零下二十多度，我和其他的志愿者顾不得外面的天气有多么的寒冷，每天早上和晚上都要巡逻。为了防止行人拍照损坏雪雕，还要在雪里定桩。为雪雕比赛者架灯时，好几次在晚上冻得手通红，但是看到其他志愿者奋斗的面容和比赛队员得到帮助后的喜悦我就充满了动力。从大一下学期开始，我还参加了学校的“筑梦”志愿活动，每周到一个贫困家庭给孩子们辅导作业，那些孩子们家庭条件不太好，但学习积极性都特别高，在这一方面他们也一直激励着我的学习和生活，上学期期末，我辅导的学生和我说他考了全班第五，看着孩子喜悦的表情，我感觉我苦点儿、累点儿也值了。我希望我能尽我所能帮助别人，助人为乐，弘扬社会正能量。

印象最深刻的是我的班主任在我们入学第一次班会课上讲了一句话：永远不要挂科。我也一直以这一句话作为目标，努力做到更好，很荣幸我能获得国家奖学金。但行好事，莫问前程，我们需要努力，更需要坚持。

房国振——让优秀成为一种习惯

房国振，船舶工程学院2017级本科生，担任20170119班班长职务。勤奋好学、能力突出，在校期间取得“优秀学员”、校“优秀共青团员”、校“优秀共青团干部”等称号；获得校一等奖学金两次、全国大学生数学竞赛二等奖、国家奖学金、校“三好学生”、黑龙江省“三好学生”。德、智、体、美、劳得到了全面发展。

还记得刚入学的时候，看见优秀的学长学姐在讲述着他们事迹，一个个荣誉，就像霁光，在他们身上裹上了一圈淡淡的光辉，缤纷且令人神往，从那时起，我就下定了决心，四年之后我一定要成为学校里最耀眼的那颗星。我不知道这条路有多远，但心有多大，舞台便有多大。一直记得高中班主任说的一句话：让优秀成为一种习惯。所以从大学初始，我就给自己做好了规划，并且要为之努力奋斗，每件事都尽自己的全力做到最好。心中一直秉承：万事争最强。这两年一路走来，风雨兼程，历练出的是成长，磨砺出的是品行，始终坚守的是信念，永不放弃的是追求。

从大一军训开始，我便作为代理班长，为同学们服务，不管是按照寝室分发听力耳机，还是为同学们分发军训照片，都是对自己能力的一种极大锻炼，更是辅导员老师对我能力的一种肯定。军训结束后，我以全票当选班长，自此更勤勤恳恳工作、踏踏实实办事。作为班长，关注班级同学身心健康，积极帮助班级后进生。在 20170119 班全体同学的共同努力下，班级成绩从开学时的第八名，到大一下学期的第二名，再到大二上学期的第一名。这巨大的进步使我深刻认识到，所有的努力都不是白来的，唯有奋斗，方能体现自身的价值。此外，我还关心同学的思想问题，积极举办优质团活，所在班级团支部获得“五四红旗团支部”的称号。我还积极组织同学们进行公益活动，在大一元旦期间，为了增强班级同学的凝聚力，自行购买肉、虾、韭菜、饺子皮……组织班级同学在食堂包饺子，并把饺子送给宿管大爷、学校工作人员，获得了大家的一致好评。在中秋节期间，组织了班级同学去敬老院探望孤寡老人，还组织了关爱自闭症儿童等集体活动，获得了“优秀志愿班级”等称号。作为学生十二公寓 435 的寝室长，我积极带领寝室成员进行寝室文化建设，寝室在军训期间就被作为优秀寝室点名表扬，并在大一学年结束时获得 2017 级唯一的“优秀寝室”称号，这其中都有我的辛勤与汗水，尽管很累，但我无悔。这些学生工作经历让我体会到工作学习兼顾的不易，但也收获着认真工作学习的成就，也感谢有 20170119 班和 435 寝室能让我服务着、奉献着。

心中一直秉承这样一个信念：“让优秀成为一种习惯。”因为追求优秀，做什么都必须有“争创一流”的意识。在大学中，我获得全优成绩，这不仅仅是一种努力的常态，更是一种日常的习惯，习惯使然，便不再觉得辛苦。因为定位于优秀，别人可以敷衍的责任自己不能推，别人可以视而不见的工作自己不能躲，别人可以心安理得的生活自己不能忍。正是由于这股“心劲”，才促使我走向更优秀的自己。

优秀是一种酵母，把它用到生活中会产生一种奇特的效果。套用一句诗人的话：优秀是优秀人的通行证，平庸是平庸者的墓志铭。

5　实践领航

齐志鑫——幸运要靠热情和努力来交换

齐志鑫，国家保密学院信息安全（保密技术）专业2012级本科生。曾荣获国家奖学金一次，校一等奖学金五次，哲学社会科学类立项结题一项，获校"优秀学生干部"、校"三好学生"、校"优秀共青团员"荣誉称号；获六十周年校庆"优秀志愿者"、校志愿服务先进个人、暑期三下乡社会实践活动先进个人、暑期三下乡社会实践活动优秀摄影作品三等奖。

在大学伊始，我热衷于参加社会实践活动和各项文体活动。凭着对志愿服务活动的热爱，我加入了校青年志愿者协会，在此期间，我多次去敬老院慰问老人，为老人送去温暖。在2013年暑期三下乡活动中，我跟随院系阳光行动志愿者服务队前往齐齐哈尔市泰来县进行了为期一周的社会实践调研活动,通过每一天的调研与实际考察,我受益匪浅,也正是在此期间,我熟悉了写新闻这一项工作。在创建文明城市活动期间,我带领我们班团支部下社区服务,为“创文”做出了一定的贡献。在2014年四进社区活动中,我带领院系志愿者们,前往文化家园社区做宣讲,服务老人,赢得了广泛好评。在六十周年校庆活动中,我加入了机场要客接待组,为校庆工作的顺利开展贡献出了自己的一份绵薄之力。在文体活动方面,我一直以积极饱满的热情参与到每一次的活动中。在学校纪念“一二·九”学生运动晚会中,参演舞蹈《女兵舞》;校青协迎新晚会中,在话剧《三借芭蕉扇》里饰演红孩儿一角;曾代表院系参加校团体操比赛,两次代表院系参加校跳绳比赛;在院系迎新晚会中表演舞蹈。通过自己的热情和努力,我在社会实践方面和文体方面均取得了一定的荣誉,也收获了更好的自己。

丰富的实践活动和多彩的文体活动并没有让我忘记自己作为一名学生的职责。作为20122121班学习委员,我一直以严格的标准要求着自己,学习成绩优异,高分通过英语四、六级考试,同时,我也为同学和老师之间的交流建立了很好的桥梁。在平日里,热心友善对待每一位同学。大二下学期,凭着自己对学习的热情,我担任起微积分助教一职,帮助学弟学妹们答疑解惑,在这个过程中自己也积累了很多的知识和经验。

除却在课堂上的用心学习,在课下,我也尽我所能地增长知识技能。在实验室中,跟着研究生完成一些项目也成为我课余生活中的一部分。在基于JAVA的教务系统安卓平台开发的项目中,我完成了修整前端和实现页面与服务器相连的部分;在论文审批分配系统开发的项目中,我完成了设计前端及连接后台数据库的部分。在积累这些项目经验的过程中,也让我对自己有了更好的定位,收获了更多的技术知识。

此外,我也独立完成了以“大学生从高中到大学过渡期研究”为题的哲学社会科学立项一项,锻炼了自己的调研能力,让自己对生活中的问题有了更敏锐的观察力。同时,在课余期间,我做家教兼职工作,让自己的大学生活更加丰富起来。

在思想政治方面,我积极要求进步。平日里热爱阅读史书的我对共产党有着一腔热忱。在大一上学期,我成了一名入党积极分子;在大二上学期,很荣幸地通过答辩和考察成了一名光荣的预备党员。如今,已经成为一名正式共产党员的我依旧严格要求自己,平日里关注时事,热心助人,努力做一名全方位优秀的共产党员。

我一直相信,幸运是要靠热情和努力来交换的。有热情,方有做事之心;有努力,方有做成事的可能。在未来的日子里,我会更加热爱生活,努力学习和工作,成为一名更加优秀的大学生!

纪明——舞文弄墨的工科女

纪明，材料科学与化学工程学院2012级材料科学与工程专业本科生。曾获第八届全国大学生化工设计竞赛三等奖、黑龙江省第三届大学生化工设计竞赛一等奖、第二届全国高校大学生金相大赛一等奖、第二届中国大学生新材料创新设计大赛三等奖等奖项；曾获国家奖学金一次、校优秀学生奖学金五次；曾获校"优秀学生干部"、第六届黑龙江省"优秀青年志愿者"等荣誉称号。

好多人和我说，舞文弄墨的女生，都会文静而稍显内向。然而朋友们对我最深的印象，则是简洁有力，自信从容。后来她们说，或许这是现在我作为《青春校园》杂志社的执行主编所需的素质吧。

出于对文字的热爱，也为了保持自己对文字敏锐的感觉，在一个工作于《青春校园》杂志社的学长的带领下，大一我就加入了《青春校园》杂志社。俗话说，万事开头难，刚进入杂志社的我，便感受到了落差：对杂志社满怀希冀的我，在大一时写过许许多多的文稿，却没能在杂志上刊登过一篇文章。虽说知道这是《青春校园》杂志社的一个惯例，刚入社的新人都只能做见习编辑而无权在杂志上刊登文章，但心里仍然难免会感到有些失落。在那段日子里，很多大一的新成员都选择了离开，但我最终还是留了下来。这一留，便是三年。

现在作为《青春校园》杂志社的主编，我肩负着杂志社生存和发展的重任。和大一、大二时作为杂志社的部员不同，那时候的我只需完成好分派下来的任务就可以了，然而现在身为主编，必须要顾全大局，时常思考如何把杂志做新、做好，揪出杂志中出现的问题并加以改进。但是，理想和现实是存在差距的，分派下去的任务可能在任何环节掉链子，这就要求我必须时刻保持着充沛的精力投入到杂志社的工作之中。与此同时，学好每一门课也是我身为一名学生的重心所在。每天在各种角色之间切换，有苦也有甜。忙碌的日子太多，安逸的生活成了奢侈。想起来，距离上次安静地敲着键盘，已经久到可以忘记文字在指尖流淌的感觉了。但是我从未后悔为《青春校园》付出的心血，或许这是一种对杂志社的难以言说的爱，也或许是一种从一而终的性格吧。

在大三上学期时我参加了一个在北京举办的“社会主义核心价值观在冀北”的采访训练营。在老师的指导下，我与同行的小伙伴进行了为期五天的实地走访。因为不再是校内的采访，采访对象与之前的校内学生相比，特征更鲜明，却也更棘手。白天采访一天，晚上又赶稿熬夜到凌晨三点。令人高兴的是，文章最后如愿发表在《华北电力数字报》和《中国青年报》上。后来，我采访的学校 SAE 汽车俱乐部并撰写的《躺在动力实验楼 3224 的“钢铁怪物”》一文也成功在《中国青年报》上发表并被各网络媒体转载。这也更让我明白了，努力就一定会有回报。

在很多人的观念里，善于文字的人会不怎么喜欢理工。然而我却是个十足的工科女生，所以除文字外我还有一个爱好——科创。从大二进入学院实验室，到后来申报三次科研立项，并在各项比赛中屡获佳绩，做科创不仅仅是因为自己的兴趣，也是因为想更多地积累一些科创经验，以便于自己日后的发展。

当回想起这三年来在《青春校园》杂志社和各间实验室里的最大收获时，我想那当然是这三年来在这个大家庭里认识的老师和朋友们。在这里，和一群志同道合的朋友们一起工作，一起搞科研，一起玩耍，在我眼里就是大学生活中最精彩的一部分。和大家一起看着一期又一期的杂志在我们手中诞生，看着一项又一项成果在我们手中创造，还有什么比这个更有成就感呢？

对于剩下的一年半的大学生活，我目前的重心是改进自己以前在工作中、学习中出现的问题，在新的一年里努力做更好的自己，争取在各个方面都有所提高，同时也要结交更多的朋友，不给大学生活留下遗憾。三月的哈尔滨冰雪已渐消融，崭新的一年就此拉开序幕。希望自己作为一名“舞文弄墨的工科女”，接下来的大学生活会更加缤纷多彩。

武睿——永远向前

武睿，机电工程学院机械设计制造及其自动化专业2012级本科生。曾获第十三届全国大学生机器人大赛国家三等奖及全国大学生数学建模竞赛黑龙江赛区二等奖。

丰富的童年

我是来自河北一个普通家庭的孩子，我的父母都是教师，所以我从小就对读书很感兴趣。我并非天才，但我对自己喜欢的事有着自己的一份坚持，我会放弃和小伙伴玩耍的时间，独自一人在房间里读百科全书；小时候中午不午休，看着床边的大书柜，自然会有从上边拿一本书下来读的冲动。我读书，并不是为了写读后感，也不是为了完成任务，而是喜欢畅游在这本书的世界里。每到亲戚家做客，最喜欢的也是表哥表姐的书柜。

读书带给了我很多收获，它使我的想象力很丰富、情感也更加成熟，对一些事的理解也更深刻，所以我要感谢读书带给我的一切，最重要的是读书带给我对科学、对自然的热爱，让我对理工科产生了很大的兴趣，这也是我能坚持学习到现在的原因，我爱科学，感叹科学给人类带来的变革和方便;我更爱自然,无时无刻不被自然界所有伟大的奇迹感动。

一个人的童年往往对一个人的一生有着非常巨大的影响,我非常感谢我的父母,他们给了我足够的学习资源、自由的探索空间,让我广泛地接触一切,自由地选择兴趣,让我拥有一个丰富的童年。

小学初中是我最自由发展的一段时间,现在回想,那段时间真是宝贵而又丰富,它奠定了我人生的基础。而高中的竞争是激烈的、是残酷的,河北的升学压力很大,它是遴选人才的一个过程,是对大学学习的初步适应,我们更系统地学习了各个科目的知识,对自己的文理倾向做出了选择,对自己的未来也有了一个初步的规划,可惜的是人人都有过年少轻狂,我忽视了高中最后冲刺阶段的学习,成绩一落千丈。经历了一次高考失败后,我遇到了人生的第一个重大选择,复读或者将就着上一个二本,那段时间父母没有给我施加压力,他们只是有些失望,但他们充分尊重我的选择,让我自己评估自己的潜力。我非常明白这一切并不会就这样结束,我也很明白自己的能力到底在什么程度,但是面对着将近一年的复读生活,谁的内心不会起一点波澜呢?但波澜过后,我平静地审视了自己,我明白自己的目标、自己的能力和自己现在的实际情况,我果断地选择了复读,那是多么迅速度过的一年,却又是怎样漫长的一年,每天都惊人的重复、惊人的一致,我进入到一种最佳的学习状态中。一年过去了,我的成绩有了质的飞跃,虽然最后高考因为生病发挥得不好,但是我对自己一年的付出感到满意。

就这样,我来到了哈尔滨工程大学,我的第一所大学。

前进的现在

还记得大一开学,父母把我送到学校,我们一起在校园中走着,他们对我整洁、美丽的大学很喜欢、也很满意,同时也鼓励我要好好利用大学时光,做些有意义的事情,因为考上大学并不意味着一切的结束,人生的路还有很长,而且学习并非人生的一切,我还有很多想做的事情没有做,这四年,我不会让它白白从指间流过。上大学以来我一直努力学习,不断提升自身综合能力,学习成绩一直保持全年级前列并稳步上升。具体排名为大一学年 37/292(12.7%),大二学年 13/261(4.98%),大三上学期 1/254,并且通过了英语四、六级考试,我还被评选为校“三好学生”、校“优秀共青团员”。

我除了完成学校教学大纲所规定的课程外,还喜欢参加科创及实践活动,注重培养自己的动手能力和研究能力。我从大一开始就参加了一些校内科创社团和科创比赛并取得良好成绩;大二进入本校一位副教授的实验室,课余时间一直在该副教授建立的创新公司——创客工厂担任结构设计工作,并在老师、学长的指导下学习三维建模、数控编程等软件,设计加工一些电机控制的小型机械手、机械臂,后参加了亚太机器人大赛,担任结构组成员,获得国家三等奖;大二末的暑假参加了全国大学生工程能力竞赛校内初选,学习建模仿真,并获得 S 型弯无碳小车校内第一名的成绩;大三上学期参加全国数学建模竞赛黑龙江赛区二等奖。

在参加的这些比赛中,我学习到了很多实用的软件使用技巧和数控加工经验,使我能熟练且有技巧地使用CAD、PROE、UG这三款软件进行二维制图、三维建模、工程图转化以及三维运动仿真，能够熟练使用Mastercam软件将二维零件图转化成立式数控铣床的数控Nc程序，并操纵数控立式铣床进行零件加工。更重要的是，我在这些学习、设计、制造的过程中，更加直观且深刻地领会到了机械设计制造中的一些原理，比如加工精度、加工余量对整机装配的巨大影响，零件加工时夹具设计对加工件几何形状精度的影响，以及一些结构如关节轴承、曲柄摇杆机构、万向轮在机械系统中能起到的运动转化功能等等，这些从实践中得到的经验和认识与我后来学习到的专业课知识融为一体，让我对机械这门学科有了更加深刻、更加直观的理解。

每个人都有过去，每个人都有遗憾，每个人也都有过挫折、有过成功，但人生总是要继续下去，放弃对过去的执念，放弃对过去的留恋，放弃对过去的懊悔，或者放弃对过去的骄傲，努力催促自己前进、继续前进，就像电影《阿甘正传》中，阿甘每次跑到海边时那样告诉自己："既然我已经跑了这么远，为什么不转过身来，继续跑呢？"

人生就是一场长跑，永远向前就是我的人生箴言。

王雪婷——以梦为马 葳蕤人生

王雪婷，航天与建筑工程学院2013级本科生，曾任航建学院新闻中心副部长、哈工程航天二院校企俱乐部办公室副部长。曾获国家奖学金一次、校一等奖学金五次、校二等奖学金一次；"海尔中央空调杯"第十届中国制冷空调行业大学生科技竞赛(东北赛区)本科生组三等奖；曾获黑龙江省"三好学生"、"爱在明天"支教团"优秀志愿者"等称号，保研天津大学。

时光荏苒，白驹过隙，四年时光倏然而过，让我在感慨时间如松花江水滚滚而去之余，也开始思考我在大学的这些日子。适逢其会，我想对我的大学做一个回顾和总结。

高考的迷人之处，不是在于如愿以偿，而是阴差阳错。2013年盛夏，带着录取通知书和一颗憧憬又迷茫的心，我来到坐落于松花江畔的哈尔滨工程大学。还没等我从暑假与父母的依依惜别中抽身，号称全国时间最长的哈工程军训开始了。然而军训期间令我印象最深刻的却是素质教育基地举办的迎新晚会，我有幸参与了其中的小品表演，自此打开了我大学丰富多彩生活的大门。

军训结束后，应接不暇、令人眼花缭乱的大学生活开始了：和中学时大相径庭的学习模式、随意支配的课余生活、琳琅满目的社团和活动，个个都让我大开眼界。在学习上，要说大学四年我对哪一个科目最上心，莫过于大一上学期时候的微积分了。因为我对数学并没有什么天赋，基本只能靠后天努力来弥补先天不足，所以我对微积分除了上课认真听讲做好笔记，下课认真复习做题之外，期末考试之前我还花了整整一个月的时间来准备这次微积分考试，但最后却只得到了一个中等的成绩。查到成绩的那一刻我有点怀疑人生了，付出了努力却没有相应的收获，我感到迷茫，我开始我生命中第一次思考人生：我为什么要上大学？

我不甘心普通又迷茫地度过四年，所以我参加了很多活动来找存在感。在大一的时候，我同时加入了航建学院的文艺部和宣传部。在文艺部的时候组织合唱、集体舞和心理剧表演，身体力行地做好工作；在宣传部的时候，我被副部选去画海报，偶尔写学院新闻、拍活动照片。我还参加了定向越野、疾风31、乒乓球比赛等体育活动。通过启航网上发布的各种招募通知，我参加了许多比赛活动的志愿服务工作，例如第八届全国大学生节能减排社会实践与科技竞赛、第八届国际大学生雪雕大赛等。我还参加了“启航杯”大学生创新创意大赛、“航建杯”结构设计竞赛、“海尔中央空调杯”第十届中国制冷空调行业大学生科技竞赛等科创比赛。校园生活相当充实。

与此同时，我也没有耽误我作为学生的本职工作——学习。

朱自清在《荷塘月色》中说道：“热闹是他们的，我什么也没有。”对我而言，在考试前复习的时候，“热闹”是他们的，我有我的世界。

在大学最迷茫最难过的那段日子里，我正好选上了热门选修课——野外生存，在野外负重徒步行军一整天后，我们在一个简陋的乡村小学安营扎寨，我被那天晚上满天闪烁的星星震撼了，那是我在城市中许久未见过的璀璨，我第一次体会到“寄蜉蝣于天地，渺沧海之一粟”的内涵，在浩瀚的宇宙面前我们是多么渺小的存在，我们应该活在当下啊。

后来，日子就过得痛快起来。是因为我学会了给自己制定目标，“取其上者得其中，取其中者得其下”，活在当下，在努力完成这个目标的过程中，我发现我不仅做到了我的目标，我还达成了许多之前没有想到的成就，追求卓越，成功就会追求你；是因为我遇到一群好朋友、好室友，我们互相理解、互相尊重，除了在学习上互帮互助，最让我心动的是我们可以一起读书一起聊天一起玩耍，我们有共同的兴趣却又个性迥异，一起为梦想马不停蹄，我们见证彼此成为更好的人；是因为我充分利用了图书馆的资源，在闲暇时间借阅了不下几十册书籍，在书籍中，我有我的世界；是因为我参加一个个志愿服务活动，无论是“爱在明天”支教团，还是国际大学生雪雕大赛，还是各种科创比赛，在做志愿者的过程中我收获了许多感动；是因为不管参加多少活动多少比赛有多辛苦，每学期最后的成绩排名我还是保持名列前茅，以专业排名第一、复试成绩第一保研天津大学；是因为我参加许多校园内外的活动并用心去感受，我觉得什么也比不过我的这些经历带给我的收获。

悟已往之不谏，知来者之可追。经历了这么多，前面我提出的问题也就迎刃而解了。大学真的教给我很多东西，我想我不虚此行。

回想四年，我感谢父母对我的完全理解和支持，感谢每一个老师对我毫无保留的谆谆教诲，感谢好朋友对我的无私帮助和陪伴。

四年的时间，不长也不短，但足够完全改变一个人。

大学留给我的不只是一张毕业证书，我收获的是砥砺前行的不竭动力。

衡家兴——我的大学成长录

衡家兴,理学院2013级本科生,担任理学院社会实践部部长。曾获国家奖学金,国家励志奖学金,校优秀学生奖学金五次;校"优秀共青团员",校"三好学生",校志愿服务先进个人,院公益之星,校支教团优秀志愿者等奖项。

有人说,大学不过是高中的延伸,在这里还得继续高中的那种拼命苦学;又有人说,跨进大学校门,前途和事业便有了保障,可以痛痛快快玩四年了。我认为,大学是一幅空白画卷,等着你用智慧和双手描绘属于自己的七彩青春。

对于一个从农村来到大城市求学的孩子来说,刚上大学时,恐惧、自卑恐怕会多于对未来的憧憬、对理想的追求,我就是这样的。2013年8月,对于刚入学的我来说充满了挑战。

一个从落后农村第一次一个人到陌生大城市的内向男生,大学第一晚是躲在自己床上的蚊帐里一声不吭度过的。看着室友在用着 QQ、微信、邮箱等各种对于我来说甚是陌生的工具忙着各种社交,彼此之间热闹地探讨着体育、电影、游戏等各种我不曾听闻的话题。我想我的大学生活不应该是做一个角落的观望者,我也应该用智慧和双手描绘属于自己的七彩青春。

渐渐地,我克服自己的恐惧和自卑,决定尝试参与班委的竞选,但意料之中我失败了。但这次失败带给我的并不仅仅是沉重的打击和失落,相反它带给我更多的是对自己大学生活的反思和规划。我开始计划着怎样才能让自己的大学生活过得更有意义,让自己在大学生活中成长和改变。我在一个晚上,一个人在自习室的一个角落,认真思索和规划着自己的大学生活。

学习,成了我计划当中最核心的任务。我认真制订了自己的学习计划,上课认真听讲、做笔记,下课努力做作业和练习题,如高中一般的生活。然而,第一学期结束,似乎我的计划并没有如我想象中一样,给自己带来优异的成绩。我认真反思着自己一个学期的生活。我一度觉得,是否自己拼尽全力成绩也会不如别人的随心所欲?是否自己就应该做那个安静的观望者?我到底是应该继续去追求自己渴望的七彩大学生活还是庸庸碌碌地走完四年。然而,在大学时光中,若没有经过艰苦的奋斗,没有经过辛勤的付出,我们的人生将有何意义?我不希望自己以后会因为自己的无为而后悔。我想就算最后的结局不是那么尽如人意,我也要尽自己最大的努力去坚持自己最初的梦想。所以,我重新反思自己的学习方法,摒弃学习效率低的题海战术,从课本出发,及时总结。我参与学院组织的学习交流互助组,在帮助他人复习知识的同时发现自己遗漏的知识点并加以巩固。热情为班级同学进行期末总结复习与答疑,提高自己的学习效率。最终在大学走过两年多之后,取得了年级第一的成绩。青春就要敢闯敢拼,要相信苦心人天不负。我还年轻,或许会一不小心撞上人生的悲喜,摔倒受伤,现在的我感谢曾经的自己在艰难的路上没有选择放弃。在大学这一幅空白画卷上用智慧和双手描绘了属于自己的七彩青春。

曾几何时,来自农村一度让我有一种自卑感。但现在蓦然回首,我感谢自己在农村生活的这二十余年。我是通过"绿色通道"生源地贷款入学的,在学校期间受到了国家助学金的资助。我深深知道,得到这些资助很幸运,我也会尽自己最大的努力去回馈社会。我理解那些父母不在身边的留守儿童的孤独和迷惘;我了解那些处于困难中的同学的心情。所以,参加志愿服务活动成了我钟爱的业余活动。从入学以来加入院社会实践部,成为手拉手志愿服务队的一员,到现在已经将近三年。从一开始在学长学姐的带领下参与各种志愿服务活动到现在成为实践部部长,带领更多的学弟学妹组织参与活动。三年来,去敬老院看望照顾老人,去社区慰问残疾老人,到留守儿童家中进行义务家教,去小学进行义务科普支教,去残障儿童学校看望儿童等活动占据了我大部分课余生活。参与组织了省级志愿服务项目"科创快递"活动。参与这些活动确实很累,但我从中体会到了"赠人玫瑰手有余香"的幸福,在三年的志愿活动中我一直累并快乐着。因为我的坚持,也获得了志愿服务先进个人、优秀志愿者、公益之星等荣誉，但这些荣誉带给我的远不及活动本身的意义。我想，在以后的路上，我会一直坚持自己钟爱的志愿服务活动，帮助更多需要帮助的人，这也是在实现自己的社会价值。

大学时光匆匆，我也即将面临读研的压力。为了提高自己的科研实践能力，我大二选择进入老师的实验室进行电路的编程设计等方面的学习。在此期间，我锻炼了自己动手操作的能力，拓宽了自己的知识范围。在老师的帮助下提高了自己解决实践问题的能力。后来又加入非线性光学老师的课题组学习量子物理相关知识，并在课题组承担一些基础的任务。在老师的带领下培养自己的科研意识及能力，为以后读研做了一定的准备。从一开始进入实验室时的手足无措，到现在可以独立思考完成指导老师交给的任务，我在这条路上也渐渐成长，开始有自己未来学习方向的思考和规划。

两年多的大学生活让我从一个自卑内向的男生逐渐成长为一个积极乐观的男人。感谢一路上遇到的所有老师和同学给予的鼓励和帮助。大学生活还有一年多，这一年多对我来说亦长亦短。虽然这两年多我通过自己的努力用成绩和荣誉增强了自己的存在感，让自己从中得到了些许的自信。但所有的过去都已经成为历史，接下来还要用更大的努力和坚持去面对更加艰难的挑战。人生本来就是充满挑战的旅程，值得感谢的是之前的大学生活让我学会了坚持，这是在成长过程中最大的收获。我将带着这份坚持，去继续为我的大学生活这幅画卷描绘不同的色彩和图景。

回首这一路的成长，有收获，也有挫折。但在我看来，大学本来就不应该是轻松而慵懒的，而是应该为自己的梦想而努力奋斗的。我是个比较执着的人，一旦认定了的就一定要坚持实现。成功也好，挫折也罢，都是人生必须经历的，我要做的就是在这个过程中不断成长。

王东——强健体魄，为了目标而努力

王东，自动化学院2013级本科生，现任学生六公寓627寝室长。曾获国家奖学金、校一等奖学金四次、校“优秀共青团员”、优秀图书管理员、校园定向越野比赛个人第八名、“启航杯”大学生创新创意大赛二等奖、全国“TRIZ杯”大学生创新方法大赛三等奖等荣誉和奖励。

首先论健康。俗话说“身体是革命的本钱”，这充分说明了身体的重要性。

虽然生活在社会主义新时代，不需要去“闹革命”，但对于学习这项艰巨的任务来说，身体也是很重要的。我一贯信奉“身体是革命的本钱”这一原则。不管学习有多紧张，每周都会拿出时间来锻炼身体，例如跑步、做俯卧撑和引体向上等。以前每天都去跑步，但后来随着跑步距离的增加，身体恢复需要的时间也越来越长，就改为每隔两三天去跑一次；当然俯卧撑、引体向上能在寝室里完成就在寝室里做了。合理的休息、早睡早起（当然早睡有点不太现实——熄灯太晚），尽量不熬夜（熬夜对身体损伤太大，并且影响第二天的效率）。合理的饮食也必不可少，坚持吃早饭。食堂的饭菜还行，虽说比不上家里做的，但比外卖吃起来放心。不可能每个人都拥有运动员那样强健的体魄，但我相信合理的作息时间、健康的饮食及适当的锻炼，会让我有一个远离疾病的身体。

其次说学习。作为一个学生，我认为首要任务还是学习，学习理论知识，学习为人处世之道。对于前者，自己还可以谈一谈经验；但对于后者，自己只是一个小学生，还有许多东西要学。“书山有路勤为径，学海无涯苦作舟”，流传千年的诗句，自然是颠扑不破的真理。而我想说的是一个“勤”字。从高中到现在，自己充分认识到脑子反应快与脑子反应慢的差距究竟有多大，不得不承认脑子快的人学习能力确实强。拿自己的亲身体验来说，暂且不说高中，只说现在。有些人平时不听课，考前看两周就能取得非常不错的成绩（甚至比听课的还要好），自己打心眼里佩服他们，他们的脑子确实快。自己属于脑子较慢的，往往要花费比别人多得多的时间才能掌握老师教授的知识。虽说高考考得不理想，但若不是高中三年，每天从早六点到晚十点不间断地学习，自己可能连一本也考不上，更不要说贵为首批入选国家“211 工程”重点建设高校的“哈工程”了。大学以来，我基本上保持高中的作息时间（当然睡觉时间向后延迟了，熄灯太晚），每天早上六点左右离开寝室，晚上十点多回寝室。如果自己不努力，不要说获得奖学金了，能够不挂科就不错了。脑子快的人毕竟是少数，大多数人的脑子反应能力差不到哪里去，所以大家的水平都差不多。勤能补拙，他人一小时能搞懂而自己却弄不懂的，就多花点时间，相信自己一定可以弄明白，毕竟大家差距不大。不可能每个人都是爱因斯坦，也不可能每个人都会成为社会的栋梁，但相信：只要肯努力，一切都有可能。坚信付出了、努力了不一定有回报，但不付出必将一事无成。

作为一个从农村出来的人，的确与在城市里长大的同学有许多不同的地方，表达能力、组织能力等都有差距，但没有必要自卑，如今大家在同一起跑线上，我有些方面差点儿，但说明这些方面提升空间很大。事实证明，通过不断地与人交流，农村出来的孩子也能表现得很出色。“对于一个农村人来说，读书是出人头地的捷径”，这是父母经常对我说的一句话，“知识改变命运”的观念在我心里根深蒂固，既然选择了上学这条路，那就好好走下去。现在自己唯有取得好的成绩才能报答家中翘首以待的父母。

现在看来科创、社团非常有必要参与。总怕耽误学习而没参与科创，总怕耽误学习而退出社团。科创不单单是科创，更能将理论知识与实践相结合。等确定保研后一定恶补科创。社团是个非常锻炼人际交往能力的地方（大学里几个要好的朋友都是在大一的社团里认识的）。

在大学中，有的人学习特别牛，成为大学霸；有的人交际特别好，当选某社团或学生会的主席；有的人爱旅游，足迹遍布天南海北；有的人爱打游戏，成为游戏高手；也有的人平平庸庸地度过大学四年……还有一年就要毕业了，要做的事情还有许多，踏踏实实地一件件去做。不必嫉妒他人的成绩，因为他人在荣耀的背后有别人体会不到的辛酸与汗水……

正如跑步一样，做某些事时难免会在中途有非常难受坚持不下去的时候，但只要坚持过这个阶段后，一定能够将事情做完。

大学不是享乐的地方，而是应当努力的地方。

心中有自己的目标，努力去实现它。

徐德康——做一个敢于尝试的人

徐德康，船舶工程学院2014级本科生。以学院第二的成绩保送至上海交通大学直博。曾获国家奖学金、天津深之蓝奖学金、中国船级社(CCS)奖学金，校一等奖学金六次；校"优秀毕业生"、黑龙江省"三好学生"；美国大学生数学建模竞赛一等奖；校青协"筑梦"支教团"优秀志愿者"、校青协"优秀志愿者"等称号。

机会需要自己寻找

在大二上学期，有一门4学分的课程叫作理论力学，期末考试的时候我只考了63分。在经过一个寒假的反思之后，我认为自己的学习方法存在严重的缺陷，囿于理论，爱纠结，过于关注细节，喜欢抠字眼；没有和老师同学讨论，孤军奋战，缺乏效率。新学期开始，我吸取了失败的教训，做到上课认真做好笔记，有没听懂的地方下课之后马上问老师，不把课上任务留到课后，因为我知道课后自己看书效率低下，而且容易走弯路，陷入死胡同，但经过老师点拨一下会好很多；期末复习时和三五同学一起，大家相互讨论，查漏补缺，相互提升，而且提高了效率；通过做题的方式来理解书上的知识，做题与理解相结合，不单纯看书也不单纯做题，避免了单纯看书的乏味，同时进一步提高了效率。在这种学习方法的指导下，在大二下学期，我的综合成绩排名由大二上学期的全院50多名跃居全院第1名。同时，我在大三下学期参加了理论力学自主考试，我首先弄清复习重点范围，有针对性地去复习，避免大量无用无效率的工作，而后我结合历年考题与课后题去理解书中的知识点，有不会的地方就去找老师询问，得到了老师的耐心解答；同时报名周培源力学竞赛，参与理论力学讲座培训，最终以94分的成绩成功刷分，一雪前耻。

在大三下学期，学院开设的课程较少，学习任务相对比较轻松，一些同学选择了在课余的时间里打游戏、看小说，但我想去进一步提升自己。一方面，我选修了多门专业课，比如CFD在船舶推进中的应用、有限元分析技术等，在这两门课上学习了计算流体力学常用软件Fluent以及结构分析常用软件Nastran，加快了毕业设计的进度；另一方面，我和另一名同学主动联系结构力学研究所的李老师，请求参与实际工程项目来锻炼自己，这个想法得到了李老师的支持，最终，在许老师和李老师的指导下，我完成了深圳LNG项目全厂设施风载荷校核的部分工作。研究生复试时，我在参与工程项目这一项得到了许多老师的肯定，这也为我最终的复试成绩加3分。

大四上学期，我成功保研，但我并没有松懈，除了按时上课之外，我选择结合自己以后的研究方向去蹭研究生的课，比如流体力学研究所段老师的理想流体力学、丁老师的船舶与海洋结构物流体动力及运动分析以及理学院凌老师的数值计算，虽然有一些课最终没能坚持下来，也有些内容完全听不懂，但是我认为自己的收获大于付出，如果不上这些课可能自己就是在寝室里打游戏了，还不如多上课长知识。

此外，我还联系流体力学研究所的马老师，希望能提前做毕业设计，得到了马老师的支持。在这一学期中，我解决了毕业设计中AQWA软件的使用问题，同时也学习了相关的理论知识，比如三维二阶水动力分析方法等，能够帮助我更快地进入状态，进行研究内容的计算分析。

获取足够的信息

在刚进入大学的时候，听完入学教育讲座，我就下定决心要努力争取保送研究生，因为考研实在是太辛苦了。光说不做假把式，有了目标也不能埋头瞎干，需要了解保研的规则，为此，我通过学院章程、辅导员、任课老师、学长学姐、同学了解到，保研途径分为学优和个性化两种，学优保研按综合成绩从高到低划分名额，综合成绩等于纯学习成绩加上获奖加分，纯成绩是必修课加上四门专业选修课的成绩取加权平均，获奖加分有三种，一种是参加各类比赛获奖加分，一种是黑龙江省“三好学生”加0.5分，一种是文体特长有加分，获奖加分最多不超过3分。了解了规则之后，就要有针对性地制订计划，首先纯成绩必须得够高才行，因为加分最多不超过3分，而且我了解到通过自主考试可以刷分，也就是说如果哪门课考得不好，学校还会给我们第二次机会来提高自己的成绩，保研成绩按期末考试和自主考试中最高成绩计入。其次，在保证纯成绩够高的情况下，尽可能多地去加分，为此，我在学院网站上下载了往届保研加分情况统计，知道了参加哪些比赛，得几等奖可以加多少分这些重要信息。最后，在大三上学期我参加了第八届全国大学生数学竞赛并获得省一等奖，在大三上学期寒假我参加了 2017 届美国大学生数学建模竞赛并获得一等奖，这些比赛为我的保研加分贡献了 1.2 分。

科研不同于教育

通过在大三下学期参与结构力学研究所的项目的经历，以及一些科研经历，我深刻地体会到科研生活完全不同于学习生活。本科阶段学习的都是现有的、已经很成熟的较为简单的理论，问题的答案是已知的，不存在模糊不清的概念和定义。而科研则是去探索更为复杂的现象，问题的答案是未知的，正确与否只能在实践中去检验。为了找到答案，需要检索文献，了解国内外关于这个问题的研究现状，找到问题的突破点与创新点，同时还要兼顾实用性；需要进行无数次的实验和尝试，不断地进行对比、修正、对比；需要顶着压力，经历一次又一次的失望，只为离真理更近一步。之前提过，在上专业课时，我有一个习惯，就是在课堂上有没听明白或者不清楚的问题，下课之后会直接拿着书去问老师，因为我不想把这些事情留到课后去完成，那样的话效率太低。当我接触科研生活的时候，开始的时候一有问题也是马上跑去找老师，试图像以前那样走捷径，但是慢慢地我发现这套办法行不通了，老师们不再直接告诉我问题的答案，而是建议可以尝试采用哪些方法，行不行得通只能靠试以及去研究。开始我感到很不适应，但随着时间的推移，我逐渐取得了一些小的突破，加上老师在方向上的指导，我慢慢地适应了并爱上了科研的生活，期间也会失落，也会怀疑自己的能力，直到算出正确结果，那一瞬间的成就感是无法用言语来表达的，会感觉自己的付出都是值得的。我认为在进入大学以后，如果时间充裕，应该尽早接触科研生活，完成思维方式的转换，早日进入状态。

丰富的课余生活

我认为自己是一个完美主义者，总是想象着自己一天从早上八点到晚上九点五十能够始终保持高效率地去学习，但在现实情况中这是不可能的，人不是机器，人需要休息，至少我自己做不到时刻都在学习，为此，课余生活怎么来过是一个问题。首先，最常见的娱乐方式就是游戏，无论是手游还是网游，我认为只要不过分沉迷，不是成天四五个小时甚至更多的时间去打游戏，不往里面大把投钱，游戏还是有很多正面效应的，可以增进同学之间的感情，可以得到放松，等等。在周末，我会选择去支教，去帮助家庭有困难的孩子，其中大部分是小学生，帮助辅导他们的功课，这一干就是两年半。我觉得通过支教，一是可以帮助别人，二是在讲课的过程中锻炼自己的表达能力，把一个问题给孩子讲清楚也是一种能力，三是老师和学生的角色互换，也算是增加了一种体验。除了支教，我还喜欢去爬山，哈尔滨周围的帽儿山、二龙山、香炉山，我或独自一人去爬，或叫上好友一起去爬，去感受大自然，回归大自然，虽然爬山归来身体上是累的，但心情是放松的，回忆是美好的。

石晓磊——越努力，越幸运

石晓磊，动力与能源工程学院 2014 级本科生，担任 20140311 班班长，院系党建中心部长。曾获得国家奖学金、黑龙江省“三好学生”、校“优秀共青团干部”、校“三好学生”、校一等奖学金、院系“优秀学生干部”、院系“优秀共产党员”、“工程学子中学行”寒假社会实践三等奖、第八届全国节能减排大赛优秀志愿者等荣誉称号。

曾看过一句话，“别人对你的看法取决于你自己的实力。”我理解的真正实力是指：低调谦逊，平和务实，真诚友善，对于别人的嘲讽和歧视能泰然处之，靠着自己的努力成就一番事业并且不张扬。因为你的努力终究不是为了别人，别人的评价也未必是你真实的自己。只要找到了目标，并且相信自己行，你就一定行！

幸运女神只眷顾持续努力的人！

2014 年 8 月，天真懵懂的我踏入了大学的校门，来到这里也是对我高中三年努力的最好回报。和大多数新生一样，初入大学的我也是踌躇满志，心想：“我要在哈工程创造一番属于我自己的辉煌。”但又和大多数新生不一样，来大学之前，我就已经对大学生活做了初步的规划：好好表现，竞选班长；搞好学习，拿奖学金。当然，说这个规划主要针对我的大一，现在看来正合适。因为知道自己想要的是什么，从军训开始我就奔着目标努力，站军姿，踢正步，喊口号，走方队，每一次训练、每一个动作我都以十足的热情努力做到最好。然而生活总是不按套路出牌，我刚刚以对待训练的认真态度获得了教官的初步认可，就因为晚上熄灯后打着手电写日记被辅导员老师抓个正着，结果从小到大从没写过检讨的我写了我人生中第一次检讨……第二天，当着全连同学的面，我被罚做俯卧撑，一直到我筋疲力尽，累得趴在地上……当时内心就感觉自己被全世界都抛弃了……我是想让同学和辅导员老师快点认识我，这下好了，成功引起了大家的注意，却是以一种我之前说什么也没有想到的、这么快速的方式。

不敢接受挫折的人往往是那些过于追求完美的人，生活就是这样，沮丧和惊喜你从来就不知道哪个会先来。如果所有的事情都按自己预期的轨迹，按部就班，那该多无趣。这点小挫折岂能阻止我前进的脚步。昨天既成往事，就努力过好今天！塞翁失马，焉知非福。也正是因为这件事，我才有机会在检讨中向辅导员老师表露我的想法。之后的训练我依旧认真对待，并更加努力做好平时的每一件事。我叠的方块被，作为标准被全连的同学参观学习。作为寝室长的我，在和宿舍其他五名室友的共同努力下，使我们宿舍荣获军训期间“模范寝室”荣誉称号。所有的努力都不会白费，军训结束时，我凭借出色的表现，荣获“优秀学员”荣誉称号。也正是因为当初的那次检讨，让辅导员老师和同学们提早认识了我，我之后的所有努力及各方面出色的表现也因为那次的检讨显得更加突出。

是的，军训之后我成功担任了 20140311 班班长一职，这也是我大学第一个阶段性目标的实现。

幸运女神只眷顾持续努力的人。

做了班长之后，我时刻提醒自己应该努力做得更好。

班长，不仅仅是个职位，更是对 20140311 班 28 名同学的一种承诺，是一份沉甸甸的责任。要想更好地承担起这份责任，前提是必须先把自己变得更加优秀，同时影响大家，带动整个集体都变得优秀。

在一次学习经验交流会上，我深受上一届学生会主席刘睿学长的影响，下定决心要以学长为榜样冲刺国家奖学金。当时初生牛犊，根本不知道要想获得国家奖学金需要付出多少努力。也许正是因为这种傻劲儿，才会在大一刚入学时就重新回到了高中的那种状态，整天上课、吃饭、自习、睡觉……如此循环，只为了能取得好成绩，有资格冲刺国家奖学金。然而在通往成功的道路上注定是孤独的，唯有忍受住寂寞，不断努力，才能破茧成蝶！为了使自己维持持久的动力，我经常暗示自己，为了父母，为了自己的未来，一定要努力！所有的努力都不会白费，一个人的行为会感染身边的人，除了学习，我也经常参加一些社会志愿活动，也会带领班级同学做一些公益活动，丰富大家的课余生活。在我和班级同学的共同努力下，我最终以年级第二的综合成绩顺利评上了国家奖学金，20140311班也以优异的成绩荣获校三好班级标兵荣誉称号。

越努力，越幸运！当优秀和努力成为一种习惯，幸运对你来说也会变得习以为常。因为我在大一一年在学习工作等方面的努力，除了自己定的目标实现了以外，其他的一些惊喜也不期而至。学院优秀学生干部、学院优秀共产党员、校一等奖学金、校“优秀共青团干部”等荣誉以及刚被评上的黑龙江省“三好学生”都有些出乎意料但又在情理之中。只因为：越努力，越幸运！

冯文慧——不忘初心，继续前进

冯文慧，马克思主义学院思想政治教育专业 2014 级本科生，现担任 20142211 班文体小组组长，人文学院马克思主义学院党建中心组织部部长。曾获国家奖学金一次、校优秀学生奖学金五次、校“三好学生”、校“优秀共青团员”称号、第五届中国大学生公共关系策划大赛优秀奖、2015 年阅读达人微书评二等奖、第九届国际大学生雪雕大赛优秀志愿者等奖项。

不忘初心

回想当初看着印有“思想政治教育专业”的高考录取通知书时的迷茫心情，到决心从事马克思主义理论相关研究，这其中可谓五味杂陈。我其间一度想转专业，然而俗话说干一行爱一行，经历思想转变之后，我决心好好学习此专业，不辜负大学四年的美好时光。在大学里，我找到属于自己的一片天地并且坚持走下去，保持独立之人格、自由之精神，用平静的心态和严谨的态度，努力充实自己。面带微笑，云淡风轻，宠辱不惊，这就是我的初心。我自知，在这样一所理工科院校中，作为一名文科生，在学习和生活上需要更强的定力、耐力和自觉性，抑或需要通过各种各样的途径丰富思想，明确精神追求，养成良好习惯，形成自己的处事风格。

继续前进

开学伊始，通过几个月的时间，我将自己从高中生的成长方式中转变过来，逐渐摸索大学的生活和学习方式。在学习上，我始终保持着严谨的学习态度，在课前预习，提前熟悉下一节内容；在课堂上，经过老师的讲授，着重解决自己存在的疑问；在课后复习时，把课程内容用框架图的方式整理一遍，使得自己形成清晰的知识框架，以便于日后复习时区分重难点。

从大一下学期开始，得益于小班授课模式，在许多课程上老师都设计了学生自主讲授课堂内容的环节，例如西方哲学史需要讲解西塞罗的折中主义，西方政治思想史讲解亚里士多德的《政治学》，思想政治教育原理需要根据习近平总书记系列讲话讲解思想政治教育功能，马克思主义经典原著选读需要讲解《1844 年经济学哲学手稿》《路德维希·费尔巴哈和德国古典哲学的终结》等著作。一次次"讲课"使我从最开始的一头雾水、思路混乱、紧张慌乱的状态，到现在从容不迫充满自信，在这过程中我的临时应变能力、语言组织能力和思维逻辑能力不断提升。除了课堂有限的学习时间之外，我将更多的自由时间放在读书上，我深知了解、掌握人文社科领域的知识内容是一个日渐积累的过程，需要将碎片式的时间整合起来，为我所用。目前，我在图书馆的借阅量位居 99% 人之前，2015 年度借阅量 155 册，位居马克思主义学院第二，在 2016 年参加了阅读达人微书评活动。我读书的思路是前期培养自己良好的阅读习惯和阅读惯性，因此阅读书目十分繁杂，从小说、诗歌到散文，从社会学、心理学、政治学领域到与音乐、绘画相关的内容。之后根据自己阶段性的困惑着重关注某领域的内容，例如之前对死亡观十分感兴趣，于是我将图书馆中能借到的所有关于死亡观的书全看了一遍，逐渐消除了心中的疑虑和忧思。目前为了充实自己的知识体系，我正关注马克思主义经典著作以及马克思主义理论等内容。

在学习专业课内容的过程中，我开始逐渐积累自己的科创经验，实际上，我的科创起步晚，因此不得不更加努力。在大一下学期，我参加了第五届中国大学生公共关系策划大赛，从毫无头绪、怀疑自我到不断打破重建、一点点积累，策划案在改了无数版本之后，最终提交上去，虽然略有遗憾，没能进入决赛，但优秀奖对于我来说已是莫大的鼓励和肯定。从大二开始逐渐接触学校的"五四杯"大学生课外学术科技创新作品竞赛、"启航杯"大学生创新创意大赛、哲学社会科学立项等科创活动，从中学习如何进行规范的学术写作以及进行学术研究的一般思路和方法，并争取在规范的基础上发现创新点，提高创新能力。除此之外，我密切关注社会事件以及热点问题，帮助自己提高思考的深度和广度，近期我所写的一篇题为《坚定文化自信的路径思考》的论文灵感，来源于寒假时观看《见字如面》《中国诗词大会》和《朗读者》节目的感悟。生活舞台充满意想不到的惊喜，保持思维活跃性和对事物的好奇心与热情，豁然开朗就在一瞬间。

作为一名文科生，必备的核心能力除了书面表达能力、思维逻辑能力之外，还有语言表达能力和组织能力。由于自身热爱音乐和美术，我在大一时成为文体小组组长，随后成为院系文艺部副部长。现担任院系党建中心组织部部长、思政双创协会读书会负责人。三年的学生工作，使我清晰认识到自己的长处和不足，体会到在这个堪比小社会的大学中为人处世的人生哲学。

只有学习的大学生活未免过于单调，在志愿者、文艺演出等各项活动中，我发挥兴趣特长，展现自我，释放压力，愉悦身心。不论是高招咨询会、国际大学生雪雕大赛志愿者，还是成为发放爱心车票、爱心义卖活动的志愿者，对我来说都是美好的体验。每年跟随管弦乐团参加新年音乐会、艺苑芳菲汇报、专场演出等，使我认识到团队之间密切配合的重要性，享受古典与现代交汇、通俗与高雅融合的音乐体验带给他人的美好。我跟随美术老师学习绘画理论与创作，参加2016年启航画展，在短暂的课余时间里，画山画水画天地，写人写景写真情，感念生命的跌宕起伏，表达情感追求，观照内心精神向度。

生命中一切美好的事物都不该被遗忘，保持记录的好习惯，日记、随笔、诗歌这些形式都是我记录生活点滴的方式。处于迷茫中，要时常内省；在满怀胜利的喜悦时，要戒骄戒躁。借用习近平总书记在“七一”重要讲话中曾多次提到的八个字——不忘初心，继续前进。以此激励自己，在以后的生活和学习中更应正视自我，明确方向，平静内心，努力前行。

刘文彬——追寻梦的脚步

刘文彬，船舶工程学院船舶与海洋工程专业2015级本科生，中共党员，现任20150112班学习委员、船舶工程学院112党支部支部书记、哈尔滨工程大学橄榄球队队长。曾获国家奖学金两次、校一等奖学金五次，先后被评选为校“三好学生”、黑龙江省“三好学生”，分别获得2016年、2017年中国大学生七人制橄榄球锦标赛男子甲组第一名，2016年、2017年黑龙江省大学生Try Rugby橄榄球锦标赛第二名、第一名；并一次性通过英语四、六级考试。

求学千里,自强不息

“活到老,学到老”,这句家喻户晓的话是最直白却也是最有价值的箴言。2015 年 6 月 24 日,看到高考成绩的我有些失落,曾经选好的高校化为虚影,人生经历了第一次挫败。然而“祸兮福所倚”,虽然这也不能称作是“祸”,“福”确实到来了。在我重新选择高校的过程中,我发现了这所“隐匿”于北国的入选国家“211 工程”的重点建设高校,于是,我的千里求学之路正式开始。

时光匆匆流逝,大学生活已过去一半。回首大学校园生活和社会实践生活,有渴望、有追求、有成功也有失败,我孜孜不倦,不断地挑战自我,充实自己,为实现人生的价值打下坚实的基础。我也坚信“天生我材必有用,千金散尽还复来”。

自进入大学以来,我一直把学习放在首位,坚信“大工至善,大学至真”的校训,勤奋刻苦,品学兼优,无论是学业成绩还是综合成绩一直名列班级和专业前茅。如果想做一个有思想的人,想要真正把知识吸纳成自己的东西,请对知识负责。负责的体现不在于多花多少的时间和精力,而在于,如何用心和专注,效率这种东西从来不是以时间为计算点,也从来不以时间长短论英雄,能在最短的时间里学到最多的知识,并能够举一反三、触类旁通,才是真正的强者。所以在学习中,学会正确的“方法”是很重要的,我也是在不断地调整自己的学习方法,正如古话所说“授人以鱼不如授人以渔”。我懂得运用学习方法同时还要注重独立思考,所以我一直坚持“尝试与悟”的学习原则。

然而,人生不会是一帆风顺的,总会有起起落落。在第三学期中,我对学习有些松懈了,正因此,在期末考试中,有些科目并没有考到理想的成绩。但是,我是一个非常好强的、从不放弃的人,在这小小的挫折面前,我没有丝毫灰心,而是重整旗鼓,再接再厉。终于在第四学期重新找回了自己的节奏,弥补了前一个学期的小小劣势,再次获得了国家奖学金。

学无止境,但却不仅仅止步于学习和学到,而更要用到。学习知识不能是从书本到书本的过程,知识的学习应该是用来解决问题的。因此,在大学期间,我曾多次参加学校举办的各类科创比赛。在比赛过程中我深刻体会到了从设计到制作,再从试验到不断改进的过程,这些过程都是难忘的,一步步攻坚克难,一步步接近目标,从中收获到的有很多很多,也让我真正领会到科技的魅力和应用性。

生活,因追求而精彩

大学,学习固然重要,但是,大学生活应该是充满激情的。

我爱运动,从小就爱,从小学到初中再到高中,我尝试过各类运动,乒乓球、羽毛球、篮球……到了大学,我又接触到了一项全新的运动——英式橄榄球。这项看似“暴力”的运动却在全世界被公认为是“绅士的运动”,而这正是因为橄榄球中的五大核心精神:正直、热情、团结、纪律、尊重。在学习这项运动的过程中,我深受它的影响,我变得更加坚强,更加自信,遇到困难和挫折总是会想尽办法去解决,从不会认输,因为我相信,对手总是可以被打败，困难也总是能够解决的。

2015年11月，我加入了学校橄榄球队，开始我的橄榄球生涯。2016年11月，在训练了一年之后，我首次作为比赛队伍的一员代表学校参加中国大学生七人制橄榄球锦标赛，并取得了第一名的成绩。2017年6月，我被任命为球队队长，我的身上又多了一份责任；11月，我再次代表学校参加中国大学生七人制橄榄球锦标赛，卫冕冠军。能多次代表学校出战，于我是无比的光荣；能为学校争光，于我是至高的荣誉。

我的大学生活很充实，学习、工作、运动使我的生活更加精彩。我的生活能如此丰富多彩就是因为我从来没有停下追梦的脚步，我总在为理想而奋斗。所以，请追随你的梦想，前进吧！

李承天——诗和远方的田野

李承天，机电工程学院工业设计专业2015级本科生。在校期间努力学习并积极参与各项活动，获国家奖学金两次，校一等奖学金五次，校“三好学生”一次，黑龙江省“三好学生”一次，全国大学生工业设计大赛（黑龙江赛区）二等奖两次。军训期间获得优秀学员。

在刚踏进大学校门的时候，相信每个人的心情都是极为复杂的，既有迎来缤纷多彩大学生活的兴奋，也有远离家乡，来到陌生环境的不安。但是紧张的军训很快把这些思绪冲跑了，在这期间，学校的光荣历史激起了我强烈的自豪感。身着军训服的那一刻，我就暗暗下了决心，要做一个勤勉自律的军工人。我想同那些曾经或者现在依旧奋斗在祖国建设事业上的前辈们一样,在这片热土无悔地度过这四年大学时光。

现在我可以堂堂正正,大声对所有人说,我无愧我自己的期许与承诺,我勤勉地度过了大学三年的每一天,看着两张国家奖学金的证书,眼圈有些泛红,我知道一切付出都是值得的。

我一直以来都相信勤奋和坚持会浇灌出最美的花,在正式开始大学学习生活后依然如此,虽然我渐渐发现学业上不可知的变数愈发增多,尤其我学习的工业设计专业区别于其他的工科专业,这门独特的学科在要求我们夯实数理基础的同时,还要训练出很强的手绘能力、造型能力和设计能力。但是我仍旧坚信着一分耕耘一分收获。

起初,工业设计所需的软实力对我而言难度极大,因为我从未接触过相关的内容,同时,由于刚开始的对于不熟悉事务的抵触情绪,我开始产生有力无处使的感觉。但是这些困难并没有吓倒我,相反地,这让我坚定了攻坚克难的决心,我开始渐渐熟悉了解自己的专业,也对自己将来的学习有了一个逐渐清晰的规划。对于全新的领域,我开始持有一种更加开放的心态来接触这些完全不同的信息和技能,而不是一味地守旧和抵触。

在这个过程中,我的进步是极为显著的,我的手绘能力不断地提升,从最初的惨不忍睹到逐渐得到老师的认可和表扬,在这样的情况下,我的学习热情又进一步被激发了。这些心态上的转变与我遇到的老师有很大的关系,他们热情地投入课堂,对我们每个学生都进行专业细致的辅导,并且永远亲切地鼓励我们。这对于我们这些门外汉的帮助是极大的,至少在这样的环境中我们都怀着提升自我的信心,所以如今我取得这一点成绩与我有幸遇到的尽责老师有很大关系,在这里我由衷地表示感谢,希望未来的我不会愧对这些殷切的期望。

在努力提高专业能力的同时,我并没有放松基础课的学习,在完成繁重的专业课作业的同时,我尽量在课堂上提高效率,认真听讲,弄懂例题,及时地与老师进行沟通,以减少课后反复自学耽误的时间。这对于我期末复习多有益处,现在看来这样的学习方法是有效果的,至少这对我很有帮助。在一年刻苦勤奋的学习之后,我终于得到了我自己极为期望的国家奖学金,在领奖台上面对整个启航大剧院的人的时候,我心里洋溢着苦尽甘来的幸福感,这种努力可以为自己带来切实改变的感觉,真的很好。

当然,苦尽甘来并不意味着奋斗到此为止了,学习是一个极为漫长且艰辛的过程。在课后,我的大部分时间都被团委的活动和工作占据了,有时候会觉得挺辛苦,但是更多时候这些工作能带给我极大的收获,这无疑是一笔难得的财富。首先,是对自身能力的提高,不论是沟通能力、对时间的规划能力,还是工作上的执行能力,都在日常的这些活动里慢慢地提高着。同时,团委学生会为我提供了一个平台,在这里我结识了许多志同道合的同届伙伴和无私给予我们帮助的学长学姐,这些友谊让我的大学生活变得丰富多彩。学长学姐们在学习上和生活上对我们的建议让我受益匪浅,他们通过自身努力获得的美好未来时刻鞭策着我。而同届同学们让我意识到与他们在各个方面的差距,相互的学习让我们成就了更好的自己。

在团委学生会近两年的工作中,我从小小的部员成长为组织部的副部长,这个工作岗位在一定程度上代表了对我的肯定，也意味着更大的责任，我对自己工作也有了更高的要求。与自己的学弟学妹有了交流，也让我知道了如何能做好表率。

除此之外，我积极地参与本专业相关的比赛，有两项作品均了获得全国大学生工业设计大赛（黑龙江赛区）的二等奖，参与了“包豪斯奖”国际设计大赛，获得两项二等奖，并且负责了一项大学生创新计划，因为学业繁多，在准备作品和科创竞赛的过程中无疑是匆忙的，但是经过整个比赛，充实了自己的专业技能，也在不知不觉之中提高了自己的创新能力以及语言表达能力。即便上了大学，我也不敢对英语掉以轻心，我深知学好一门外语将会成为我以后赖以生存的技能，更何况是对于一个工业设计专业的学生来说，学好英语就意味着拥有更广阔的知识面。所以我在大一时就均以五百分以上的成绩通过了英语四、六级考试，并在大三时获得了雅思 7 分的成绩。

回顾我这不到两年的大学时光，我感触良多，学校和学院为我们搭建了一个公平公开又无比平等的展现舞台，不论是我们的专业还是特长，我们都能凭借自己的努力，赢得属于自己的掌声。对于在我前进途中遇到的所有帮助，我想真诚地道一声感谢，不论是亲切热情的任课老师、可爱的同学们，还是真诚无私的学妹，你们是我这一路最美的风景。

柴梦秋——永不言败，拼搏成就未来

柴梦秋，信息与通信工程学院2015级本科生，担任20150805团支部书记职务。曾获得国家奖学金一次、黑龙江省“三好学生”一次、校一等奖学金三次、哈尔滨工程大学第十九届数学竞赛一等奖、全国第八届大学生数学竞赛一等奖、校“五四杯”大学生课外学术科技创新作品竞赛二等奖、军训优秀学员、校“优秀学生干部”、校“优秀共青团干部”。

与哈尔滨工程大学的邂逅，是我十八岁那年最美妙的事情。我的信心曾在这里被击碎，却又在同样的际遇中得以重建。经历难忘的高考，以为进入大学的生活真的会如传说中那样的轻松，直到看到自己微积分期中考试57分的成绩时，我才因震惊而清醒，认识到大学远远不是轻轻松松就能做到优秀。57 分的成绩没有把我吓倒，从小坚韧不服输的性格让我将对自己全部的不满意化作努力的动力，晨出晚归见证了我的付出，积极讨论问题、解决疑惑的态度见证了我的蜕变，最终我以两学期微积分满分的成绩证明：只要努力，没有什么不可能！没有一成不变的神话，只有面对失败不轻言放弃，面对畏惧与挑战坚毅拼搏到底，面对成功不暗自窃喜，面对梦想做好今天的态度才能让我在每一次经历失败、受到挫折的时候，努力咬紧牙关，心中坚守着自己“永不言败”信念，用拼搏与汗水成就了那个更好的自己。

在科创方面，我深知作为通信工程专业的一名工科生，不能仅仅停留在书本的学习上，应该将理论与实践结合，书本与仪器结合，从生活中发现问题解决问题。我受湿润寝室空气启发于大二上学期“五四杯”大学生课外学术科技创新作品竞赛中以“低功耗节能便携空气加湿器”的作品，取得了二等奖的优异名次。深知数学对本专业的重要性，我在哈尔滨工程大学第十九届数学竞赛和全国第八届大学生数学竞赛中均获得一等奖的优异成绩。成绩的背后更多的是无数的困难与挑战、无数的失败和坚持，在科创过程中一个小小的难题，却可能困扰我一周甚至一个月，然而，不言败、不言弃的精神，最终让我成功克服了困难，取得了成功。

在新生军训期间，我就意识到自己身处在一个怎样优秀的集体，平凡如我，也想为这个集体做些事情，让它因我而更加不同。从军训“优秀学员”到成长为一名新生团支书，是我永不后悔的决定。在过去一年多的时间里，我的 20150805 团支部建设成果出色。从大一入学至今，我组织策划的“班级新朋友在哪里”“智力大比拼”“旅行感受分享会”等团日活动在娱乐的同时，更增加了班级凝聚力。每学期组织举办的“探访老年公寓”“学雷锋之扫雪与清除小广告”等团聚爱心活动，在志愿劳动的同时，也提升了班级中每位同学的社会责任感。我们为 805 支部倾注的爱和心血，使它日渐温馨和谐，成为每位同学温暖骄傲的归属。

自从进入大学以来，我也努力提升自己的思想水平，作为大学入学后首批提交入党申请书的一名积极分子，我取得了优秀的党课结业成绩，并在 2016 年 11 月份正式成为一名中共预备党员。其间，我负责 2016 级学生的党务相关事宜的经历，让我在忙碌的工作中收获了过硬的政治素质和思想素质，用科学的理论武装了自己的头脑，用一丝不苟的工作态度赢得了同学的认可。

郭沫若曾说：“读活书，活读书，读书活。”我也一直以此作为自己的座右铭。图书馆海量的资源让我与书为伴，在文字中追求内心的宁静与平和，成为更加思辨的自己。因为喜欢读书而加入读者协会，因为喜欢跑步利用暑假参加“哈尔滨国际马拉松”比赛，因为热爱公益活动连续两个假期都在邯郸市图书馆担任志愿工作者。紧张而忙碌的生活因为这些爱好变得更有趣味和意义，更让我在大学阶段更加积极地拥抱生活，活出多姿多彩的大学生活。

优异的学习成绩、花开四面的综合达标、红专并行的特色发展，回顾在大一入学时自己仰望的目标，通过自己一天一天切实的努力、永不言败的精神、拼搏到底的信念，收获来得那么突然却又自然。这令我备受鼓舞，更满怀感恩，让我在大学未来的道路上更加勇敢与坚定。

王洁——念念不忘，必有回响

王洁，船舶工程学院2016级本科生，现担任20160122班级学习委员，院系学习指导中心主任。曾获国家奖学金一次、校一等奖学金五次、黑龙江省“三好学生”一次、校“三好学生”两次；以第一作者完成国家型立项一项、省级重大型立项一项；多次获得优秀志愿者称号。

也许大学对于每一个人来说，都是惊喜的、向往的，而我也不例外。高中时的我，胆小、自卑，甚至对未来都没有什么追求，只觉着完成高考是我的责任，是我必须经历的一段旅程。直到高考失利，看着身边的朋友们都走进了心仪或是不心仪的大学，秀着自己自由而张扬的丰富生活，我开始觉察到了心底的渴望，那时虽说还没有“柠檬精”这个词，但一定是“柠檬”围绕着我，让我低下头努力挣扎完成了又一年的高三。

后来，我就来到了这里——哈尔滨工程大学。初入大学的我，甚至对军训都抱有一种莫名的期待，烈日炎炎下的军工精神一次又一次让我想要融入这个学校，去体会它经过历史沉淀而珍藏下来的美好。这里给了我一个很好的开端，让我能够清醒地认识到生活不应该过得苟且，而是要去追求一些更高更好的东西，那时朦胧的梦想好像还遥不可及，微积分概率论的繁杂常常令我暴躁不堪，学业与生活常常成为矛盾双方占据我生活的主流，一番挣扎后我克服着早起带来的困倦，坚持上好每一堂课，我热爱着图书馆开馆时门锁的咔嗒声，喜欢和门卫大叔说一声早上好；我热爱着图书馆闭馆时的悠扬音乐，回家路上叽叽喳喳聊天的满足感，久而久之便习惯了这种生活，坚持了三年，不仅有一种莫名的成就感，也感叹着自己不曾放弃的勇气。两年前我看着学长学姐们站在启航剧场充满自豪地拿着自己赢得的荣誉，接受着别人的赞扬，两年后，我不仅成功协助举办了表彰大会，还成为登台领奖的一个渺小的存在，窃喜而又激动，是梦想来敲门的叮咚声呀。

三年来，我不断成长，从曾经的胆小怯懦变成现在的独当一面，所有的成绩都来之不易，也是我向梦想不断靠近的印记。在学习之余，我努力尝试了许多新的身份，并且将每一个任务都做到问心无愧。

作为班级的学习委员，我也是全学院唯一一个连任三年的班委，三年里我与同学们相处愉快，互帮互助，形成了一个像家一样的温馨氛围。每逢考试，我的笔记就会成为大家必备的复习资料，这样的付出与信任让我倍感安心。作为学院学习指导中心主任，我感谢学院领导的信任，给我锻炼自己的机会。我兼顾四个部门的任务，为大一的同学组织考前小测及英语四、六级考试模拟。与此同时，我也尽己所能丰富同学们的课余生活，举办船舶讲解大赛、道博斯运动会等活动来彰显学院特色与风采，并与讲解团合作，充分利用自己的能力拓展学院学生的课外活动。在这段时间里，我与我的辅导员王超老师一起开创了视频版“学指微课堂”，涉及专业课程及考研交流，得到了学院学生与家长的一致好评。作为校讲解团讲解员，我是目前团内唯一一个可以进行三馆双语讲解的讲解员，接待过来自各地区各高校的参观人员及国外友人，并连续两年被评为十佳讲解员。与此同时，我协同讲解团的老师一起筹划海洋文化馆的建设，从初稿到成形，海洋文化馆也像我的一个孩子一样，一点一点成长为现在的样子。

念念不忘，必有回响，之于梦想，之于为梦想奋斗的每一个人。《人民日报》写给青年人的信中有一句话令我印象深刻：“这是一个大有可为的时代。”国家在发展，社会在进步，我们也在享受着社会主义现代化带来的成就。曾经我想碌碌无为过一生，没有压力，自由自在，不曾想梦想的伟大让我振奋起尘封已久的精神去过积极向上的日子，去为了自己看似渺小的追求而努力。也许我们常听到的大学生活，是轻松自在的，那是没错的，在这里，学术是自由的，交流是自由的，使用手机是自由的，可是生活，是紧凑而充满忙碌的。也许也曾有过抱怨，也想过放弃，可如今可以慢慢罗列的成就，足以抵消过去所经历的一切不愿意，不愿意早起，不愿意做设计，不愿意学习，不愿意背书……而成为实实在在拥有的资本。

也许有些人有显赫的家世，父母可以给你安排好生活，可大多数人同我一样，都是这个世界上普通得不能再普通的人，我们所想要的一切，都要靠自己的努力去争取。到达梦想前的每一段路都不会太平坦，但也不能失去跨过黑夜的勇气，因为，再坚持一下，就会有梦想到达的机车声，满足你过去所付出的一切努力。

刘恒——德才兼备，以德为先

刘恒，动力与能源工程学院 2016 级本科生，现担任学校党风廉政建设特邀监察员，20160311 班生活委员。曾获国家奖学金、奇石乐奖学金，多次校一等奖学金，全国节能减排大赛国家二等奖，黑龙江省“三好学生”等荣誉。

很多人在填报高考时志愿，对自己选择的专业了解并不深。我同样如此，当初看到能源与动力工程这个学院时，我认为能源肯定是未来的热门研究方向，毫不犹豫，我便填报了这个专业，上大学之前我一直认为我将来要研究新能源。然而大一时第一次年级大会，有幸邀请到了我院时任院长马修真教授，马院长讲了很多，印象很深的是，老师说道：“我们专业是搞内燃机的，是国民经济和国家安全的重要支柱之一。”那时，我才和很多同学一样恍然大悟，对要从事的专业有了初步的了解。很庆幸，随着对专业的不断深入了解，我对这个方向的热爱也日益深厚，逐渐变得干一行、爱一行、迷一行。

初出茅庐，不断进步

入学时青春懵懂，对自己想要什么，未来想成为什么样的人完全没有概念。人性化的是，学校给每个寝室配备了新生导航员，很快这些优秀的学长学姐成了我的榜样。在军训时，我便严格要求自己，主动递交了入党申请书。我始终牢记：学习是学生的天职。整个大一学年，我没有逃过一次晚自习，我希望能充分掌握自己所学的专业知识，不敢懈怠。同时，学校也给初识科创的大一新生们提供了“启航杯”大学生创新创意大赛、校级学生创新训练项目（引导型）立项这样的舞台，我和好朋友组成了一个团队，其中一个有想法，一个愿意动手操作，另外一个善于表达，通过不断阅读相关文献，寻求指导教师和学长学姐的帮助，很快我们便开始实施。虽然现在回头看当时的想法很是幼稚，甚至有些异想天开，但是系统的流程和团队协作的精神为我以后慢慢成长，参加省赛、国赛等打下基础。在不断提高自身素养的同时，我也被党组织接纳，现已成为一名中共正式党员。去年，我也有幸参加了“哈工程”船海学科“西柏坡”党员红色教育之旅，不断提高自己的党性修养。曾听老师讲授过“马太效应”，即强者愈强、弱者愈弱的现象。我通过积极向上，不断努力，也逐渐向着自己的梦想前进。

热心科研，开拓进取

在学长学姐的耳濡目染下我在大一大二时对本专业的情况了解了不少，也通过参加“五四杯”大学生课外学术科技创新作品竞赛、校级学生创新训练项目（普通型）立项等积累了一定的经验，去年暑假在老师的指导下，我以主要负责人的身份完成作品“船用柴油机废气一体化处理系统”，并获得全国大学生节能减排比赛国家二等奖。

得益于学校给每个学生配备的学业导师，我逐渐从科创过渡为科研。值得一提的是，刚刚结束的42天寒假生活中，初识科研的我，整日埋头于实验室，向老师讨论与请教。针对内燃机新型燃烧方式（HCCI）存在的着火时刻和燃烧反应速度控制困难等问题，我每天都盯着电脑分析数据，整理文献。功夫不负有心人，我终于提出了一种有助于减少燃烧循环变动的放热规律曲线，为合理选择适合于HCCI的燃料特性提供了参考。在不断参与科研的过程中，我发现了学术的美妙之处，在外人看来很无聊的工作，却让我能沉淀下来，冷静地进行每一步的操作和分析，每一张图表都那么美丽，每次分析的步骤都那么严格，每个小小的进步都让人惊喜。

致知于行，实践得知

我始终坚信“实践是检验真理的唯一标准”。在院系团委老师的带领下，我与学校几位同学参加了大学生暑期三下乡活动，结束后我们整理的调研报告引起了广泛的关注。在不断提高自身素养的同时，我也积极参加各种志愿活动。国际大学生雪雕大赛志愿者、“班助一·汇流”活动总闪现着我的身影，其间我感受到了积极向上的力量，一群具有正能量的人聚集在一起做件真正有意义的事情。

我始终觉得，不论何时何地，每个人都应该抛却过去，开始全新的生活，每时每刻都应该要遇见更好的自己。如今，回首过去的生活，有太多帮助我、支持我的老师、同学、朋友，有太多学校提供给我的平台与机会，有太多感谢想说，也有太多想回报。榜样是激励我前行的力量，梦想是支撑我远航的帆船，而未来，我会成为一个更好的自己！

曹晟——守得云开见月明

曹晟，自动化学院2016级本科生，现担任20160411班学习委员，于大一时加入院系学习部。曾获国家奖学金一次，校一等奖学金四次，校二等奖学金一次；校“三好学生”及校级奖项若干次。参加省级及以上比赛数次并获奖八次。英语四级考试得了530分，六级考试得了544分。

在学习上，我前五学期平均学习成绩91.69分，专业排名13/339。大一上学期学习成绩为92.78分；大一下学期学习成绩为92.43分；大二上学期学习成绩为92.44分；大二下学期学习成绩为92.5分；大三上学期成绩86.9分。我有较好的数学和专业基础，线性代数93分（满分100分），复变函数98分（满分100分），自动控制元件91分（满分100分），电路基础95分（满分100分），模拟电子技术89分（满分100分），数字电子技术86分（满分100分），也获得了国家奖学金一次，校一等奖学金四次，校二等奖学金一次，并且多次获得校“三好学生”、校“优秀共青团员”，且获得校“启航杯”大学生创新创意大赛一等奖、二等奖、三等奖，并完成两次校级学生创新训练项目（引导型）立项。

我具有较好的英语能力，在紧张的学习期间，我报名参加2017年全国大学生英语竞赛，在赛前进行了充分的准备，最后在确保成绩的前提下，获得了英语竞赛校三等奖，C类校排名37。在美国大学生数学建模竞赛中，我负责了英文论文部分的编写，这也锻炼了我的英语能力。本身我对英语也有极浓厚的兴趣，大一没有加入英语社团的遗憾，我通过其他方面的英语经历弥补了，可以说，我因为英语收获了很多，利用大学时间，我也进一步强化了我的口语表达能力，增加了我的词汇量。

我专注于基础知识与专业知识的学习，所有工科基础科目都是90分以上，大部分专业科目都在90分以上，在课程学习的同时，我也专注于动手能力的培养，自动控制相关的实验我全部取得了优秀的成绩，电路相关的实验仅有一门数字电路基础为良好，其他都是优秀。在今年3月我运用数电和模电知识设计并焊接了基于PS2接口的音乐发生器电路并调试成功，主要依靠NE555和cd4051芯片构成可改变的频率发生模块，经过滤波、功率放大然后驱动扬声器，PS2接口连上三块74194组成的移位寄存器模块，输出选择信号相当于频率发生模块的输入，连接有PS2接口的键盘，按下指定按键就驱动7个音阶。在实验电路板的焊接过程中，我熟悉了各类器件并且对数字电路和模拟电路有了更深的理解，焊接和查错的过程十分辛苦，但是按下按键得到相应音阶的喜悦也是平常所得不到的。这个较难的选题，不仅锻炼了我的焊接技术，也锻炼了我的精神韧性，是非常有益的。而且我也熟悉了很多软件和相关技能，至今为止，我学习了Altium Disigner、Quartus、Multisim、Matlab、Iar、TIA Portal V14、Wincc、SIMATIC Manager等软件，这些软件分为仿真软件与工程软件，它们加深了我对所学相关科目的理解，使我收获很大。每次实验前的准备总是很费时间，但也是对我基础知识的考验，实验和专业知识是息息相关的，在知识不到位的情况下完成实验也是相当难的，每次实验也是对我相关专业知识的检测。

在科创方面，作为团队负责人，我参加了全国大学生电子设计大赛，进行无线充电小车的硬件搭建和程序调试，获得省一等奖；参加美国大学生数学建模竞赛，用数学思维提出思路，用matlab软件进行数据分析，多元拟合，进行《冰与火之歌》中龙这个种群的生态模型及其评估机制的建立，最后也获得了美国大学生数学建模竞赛H奖；参加全国大学生数学建模竞赛三次，分别获得黑龙江赛区一、二、三等奖；参加西门子杯逻辑控制赛项，利用PLC语言梯形图控制六梯十层的电梯，满足电梯工作要求。在去鞍山进行西门子比赛的过程中，我们在辽宁科技大学旁边住下，我们选择去辽宁科技大学进行比赛前的准备，在其相关教室调试程序的过程中，我们感受到辽宁科技大学志愿者学生饱满的精神状态，也认识了很多新朋友，这趟旅程带给了我美好的回忆。

在班级内部，我担任20160411班级的学习委员，我在力所能及的学习方面献出自己的一份力，我总会提前在班级群中公布考试时间以提醒同学考试将近，并且我还会总结自己的学习方法与同学们交流，共同进步，在重大考试前我会组织同学一起交流学习、互相帮助。我也热衷于志愿者活动与团聚爱心活动，愿意抽出时间来做些有意义的事情，这样既是出了作为大学生的一份力，也丰富了自己的生活见闻。我也热衷于球类运动，尤其是篮球与乒乓球，其中，我每年都作为班级一员参加院系内举办的篮球对抗赛，在赛场上拼尽全力，彰显新时代大学生的精神。通过这些班级活动,我也拓展了自己的社交圈子,锻炼了自己与队友的交流能力,这些都成了我大学生活中难忘的经历。

守得云开见月明,我想作为一个大学生只要肯下功夫,就能有所收获。作为一个大三学生,大学生涯在走向结束,但我的热情却在逐渐上升,我也将勉励自己与同学一同进步,让未来的自己不会后悔。

朱子健——青春无悔

朱子健，自动化学院2016级本科生，曾获校一等奖学金、校二等奖学金以及国家奖学金，校“三好学生”、黑龙江省“三好学生”，全国数学竞赛黑龙江赛区二等奖两次、黑龙江省电子设计大赛三等奖、美国大学生数学建模竞赛二等奖。

身为哈尔滨工程大学自动化学院的学生，我感到无比的骄傲与自豪！身处在这所百年老校之中，秉承着“大学至真，大工至善”的校训，我始终相信“没有最好，只有更好”这一名言。努力学习，励志拼搏，争取做一个在各方面都更加完美的自己，能收获不一样的明天，让青春无悔。

"书山有路勤为径,学海无涯苦作舟",学习是学生的天职。只有在学校里学好知识,将来才能更好地为社会主义现代化建设增砖添瓦。大学生活的丰富多彩没有让我迷失方向,我坚信,要想获得的比别人多,就要付出的比别人多。所以我放弃了很多游玩、逛街的时间,钻进图书馆、自习室,从专业课本到课外读物,努力吸收那些以后能用得上的知识和信息。

在大一时,我做出了我大学中一个最重要的决定,我要转入自动化系,我想进入一个更加有竞争力更加优秀的地方深造自己。如今,事实证明了,我的选择是对的,这里有更加适合自己的老师,更加优秀的学生,有志同道合的朋友,在各种竞争中自己变得更加优秀,更加全面地发展了自己。

还记得在大二下学期的学习中,我由于学业压力过大而没有调节好作息时间与生活心态,导致了一段时间的失眠与焦虑,第一次失眠的我陷入了迷茫之中。但是,我渐渐意识到了自己的问题所在,并下定决心一定要调整心态。于是,我每天规划好作息时间,早睡早起,在学习之余,去跑跑步,锻炼锻炼身体,做到劳逸结合。两个月过后,我的生活也终于步入了正轨。最终,大二下学期也取得了好的成绩。

为了丰富青春,我也在学习之余,做做自己喜欢的事儿。在科研方面,我有着浓厚的兴趣,同时也具备较强的创新能力,最擅长的就是将一个又一个具体的问题抽象成一个又一个的模型,探究这些模型之间的逻辑关系,并通过逻辑关系将其上升至一个新的维度。在黑龙江省电子设计大赛中,我与队友制作了一辆无线充电小车,运用互感原理给电容充电,通过msp430 单片机,运用红外传感器来控制舵机转动,拨打开关,使小车在电充满时自动前进。并选择合适的充电电容使小车性能更好。这个作品最终获得了三等奖的成绩。

同时在业余生活中,我对飞行器有着浓厚的兴趣,与同学一起搭建了一台四旋翼,并学会用单片机解锁电调,驱动无刷电机转动。在 2018 年的"大创"中,我们提出了一套基于编队的四旋翼水上救援装置的理论。虽然落选了,但我也初步掌握了如何用 6050 陀螺仪检测多旋翼姿态,并通过 UART 串口通信接收数据的方法。

在青春路上,学业与知识固然重要,但是为人处世的基本礼节同样也不能忽视。为了能够全面的发展,我时刻严格要求自己,从自己身边的小事做起,每日三省,见贤思齐,不断培养自己的浩然之气,通过知识学习,不断提高自己的职业素质和人文素质,实现自身的全面发展,努力成为行为举止优雅的当代大学生。

"家事国事天下事,事事关心",我还积极参加社会实践,积极参加文体活动,因为我相信"运动可以塑造人的精神",在文体活动中汲取精华,让自己收获精神财富。记得在担任"TRIZ 杯"大学生创新方法大赛志愿者时,我不仅做好了科技部组织安排的工作,还倾听了各种知识领域的答辩,开阔了视野。在大一时利用周末,与班级同学一起去敬老院帮助孤寡老人,与老人交流与问候,真切地感受到了他们对温暖的渴望。并且在班长的带领下,参加了社区扫雪活动,对于生长在南方的我来说,这是一次与众不同的体验。扫雪并没有我所想象中的那么容易,而是需要团队合作与每个人的共同努力。

总之,成绩属于过去,未来还在征程。已经走过的大学之路,对我来说真的很充实很有意义，虽然我取得了一定的进步，但争取更大的进步是我永远的目标。我在一次次经历中不断磨炼着自己，我相信，逆风的方向更适合飞翔，我不怕千万人阻挡，只怕自己投降。今后我会继续发扬自己勤奋认真、朴实无华的优点，更严格地要求自己，以百倍的信心和万分的努力去迎接更大的挑战，用辛勤的汗水谱写更美好的明天，用成绩见证青春无悔。

杨策——0与∞

杨策,航天与建筑工程学院2017级本科生,曾任院系实践部部员,院系足球队队员,获校一等奖学金两次、国家奖学金一次、校“优秀共青团员”称号,获美国大学生数学建模竞赛H奖等。

我早在大一期间便加入了我们学校的数学建模竞赛群,但由于自己对这类大型竞赛的胆怯,一直抱着自己什么都不会、时间还很多、以后还有很多参赛的机会等等想法,便成为一直潜在群里的一位“小透明”,成了一直在路边鼓掌的人,看着身边的人获得着各种大大小小的奖项,我不免开始反思,后来我想明白了,大学是一个靠自己奋斗的大环境,不再是初高中的学习方式所能驾驭的,不尝试就只能永远成为鼓掌的人。作为一位有“野心”的大学生，我经常会打听、收集到各种的学习机会，例如学校开展的各类双创公开课（我主要参加了复合材料、数学建模、Matlab、Solidworks 这四门）、各类竞赛的学习（大一的寒假曾留校进行复合材料桥梁的实验，目前大二的我假期主要待在实验室学习，为今年的电子设计大赛做准备）。终于我在去年决定尝试独自参加美国大学生数学建模竞赛，在“美赛”的开题前我还是有些茫然，感觉无从下手，各类的资料存在电脑中但却显得格外无助，又有那么一瞬间觉得自己什么都不会，甚至完成不了此次比赛。当题目公布后，我们将几道选题认真研读了好几遍，发现有的题目难度远超出我们现有的解决能力范围，在权衡下我们选择了连续型的题目，在题目确定后，第一天大家还是比较乱，并没有明确的分工，而我则主要在寻找相关的建模方法及模型，第二天由于前一天对此类型题目几种解法的了解，我大致为每一题的解法提供了 2~3 种的选择，而且此时的分工也渐渐明确了起来，通过之前在双创课的学习，我掌握了些 Matlab、Solidworks 的用法，因此我主要负责模型的确立、算法的实现以及图表的整理，而接下来的几天，由于第一天我对几种解法的学习理解，我对此题的解法有了大致的规划，因此我们做得相对比较轻松，除了最后一天通宵翻译查错审核，参赛的其他几天我们都没怎么熬夜。而当最终稿完成的时候，看着密密麻麻、有理有据的分析，我不免开始感到一丝的自豪，觉得自己成功地迈出了第一步。最后我获得了 H 奖，由于今年“美赛”获奖比例削减了一半多，今年 H 奖及以上才有 22%，如果在去年足够上了 M 奖，不过我仍感到十分满足，努力是自己的事，而遗憾就由下次补上，作为第一次我觉得我成功了！

除了建模，在大一下学期时通过创新创业选修课的学习，让我接触到了更多的竞赛，我就曾积极找过相关老师表明自己的意向，而老师也很热情，非常欢迎我，当即就想让我尝试参加电子设计大赛，可那时我觉得自己什么都不会，便不敢轻易尝试，而如今，美赛的经历让我明白了，没有迈出那勇敢的第一步，就永远不会有收获的那天，因此在大二下的这一学期，我积极参加相关电子设计大赛的培训，虽然培训总是在清明、五一等小长假中进行，但我也丝毫没有觉得辛苦，相反由于这类比赛都是三人一组，在与队员的磨合之中反而能体会到一种别样的乐趣，目前为止我已经通过了两轮校测，此外我还以第一作者的名义报名参加了今年的西门子挑战赛，两个比赛都将在暑假进行，因此在这个暑假中我将全程留校学习，为这两次比赛认真准备，全力以赴，不管结果如何，我都迈出了我勇敢的一步，我相信，一步两步的积累，终究有收获的那天！

0 与 ∞ 之间的距离或许仅仅只有 1 那么远。因此我们要敢于迈出第一步，大学多的是自我奋斗，不要将我们的大学时光变成一段碌碌无为的时期，大学四年是给自己镀金的宝贵时期，只有努力拼搏才能在日后有所作为，为家庭、为社会、为国家贡献自己的力量！

武朝晖——在热爱中坚持

武朝晖，计算机科学与技术学院2017级本科生，担任ACM校队队长、算法学社负责人、计算机科学与技术学院科协科创部副部长。曾获国家奖学金，黑龙江省“三好学生”，第十三届黑龙江省大学生程序设计竞赛二等奖，第十四届黑龙江省大学生程序设计竞赛一等奖。

学习之余，我常常会问自己一个问题，相信也是很多同学会问自己的问题，“我到底，为什么要学习”，其实这个问题还可以拓展到很多方面，工作辛苦的时候，我会问为什么；为了打辩论赛忙碌的时候，我会问为什么……我曾经告诉过自己无数的答案，是因为可以提升自己的能力，是因为可以对以后的发展有帮助，可我始终无法说服自己，因为这些并不足以支撑我继续前进,所以我想,应该还是因为热爱吧。

在不同的时期,我们会为了不同的事情而努力。在大一的时候,我活跃在不同的组织和社团里,曾经为了练口语连续三个月四五点起床,也曾为了辩题和队友们争论到半夜,大一接近尾声的时候我加入ACM校队,在codeforces上打比赛的时候熬到一两点都是常有的事。我不敢说自己有多辛苦,但是在日常的学习之外,我确实做了很多事。回到上面的问题,我是为了什么呢,开始的时候可能是为了口语能力、思辨能力、编程能力吧,但是,一天可以,一周,一个月,到底为了什么在坚持呢?因为喜欢,喜欢一大早虽然疲惫却仍聚在一起大声朗读的口语社,喜欢针锋相对互不相让的模辩,喜欢“Accept”之后的喜悦。更喜欢从什么都不会,一点点入门,再一点点地变得强大,这样的过程,给予了我很大的满足感和认同感。这些经历带给我的,或许不如学习、考试带给我的收获大,但是这些,能够使我感受到一种真真正正的愉悦。

可是,现实哪有那么称心如意,我们总会遇到不喜欢的事情、没有接触过的事情、困难的事情。我们常说,开心是一天,不开心也是一天,为什么不开心地过一天呢。同样的道理,既然有些事情我们躲不过,不管怎样还是要做的,为什么不设法让自己喜欢上它呢?调整好心态,把用在烦恼、生气、抱怨的时间用在做事上,才能更好地利用时间,才能坚持更长的时间吧。

记得大一下学期校队选拔赛的时候,我还只会一点简单的C语言,而到现在,能够坐在全省甚至全国的赛场上代表学校和无数的大佬们同台竞技,我很庆幸,我选择了这条路,并沿着它一直走到今天,不论我遭受过多大的失败抑或因为找不出bug有多么的抓狂,我都没有放弃。有人问过我,为什么会选择这条路,因为这条路不好走,我本身也不是OI出身,一开始起步就比很多人晚了。确实,一开始的时候很艰难,什么都不会,但是使我坚持下来的,还是因为喜欢,喜欢比赛带给我的那种专注,上了大学之后,没有高中时的约束,总是没有办法集中注意力,会被各种各样的事情牵扯,但是那一年的省赛,让我感受到了前所未有的专注:五个小时,没有游戏,没有音乐,有的只是全神贯注地解题。我很享受这样的感觉。

我很荣幸能够成为国家奖学金的获得者。我始终坚信,课业成绩只是一部分,重要的是方法,我的方法就是热爱与坚持:如果不能爱一行做一行,那就做一行爱一行,然后在热爱中坚持,持之以恒。接下来的日子,我也希望可以更加努力!

王奕淳——青春无悔

王奕淳，经济管理学院2017级本科生，担任阳光论坛主持部副部长，院系文艺部副部长，班级班长。曾获国家奖学金一次，校一等奖学金两次，黑龙江省“三好学生”，校“三好学生”，国际企业管理挑战赛(GMC)铜奖，军训“优秀学员”称号，校运动会800米比赛银奖，校合唱比赛二等奖，校集体舞比赛二等奖。

我叫王奕淳，是2017级经济管理学院的学生，现任班级班长，院系文艺部副部长，阳光论坛主持部副部长。在过去一年多的大学时光中，我用汗水辛勤浇灌成长之花，无论是失败还是成功，都使我一步步向前进。在忙碌而又充实的大学生活中，我不断成长，一路收获，在刻苦学习的同时，综合能力也得到了不断提升。

在初入大学的时候，其实心情并不轻松，原因是高考的发挥失常。我有彷徨，有失落，有迷茫，不知道大学阶段应该做什么，也不知道自己的未来在哪里。从初中开始，就总能听到有人说，现在努力学习，再坚持坚持，上了大学就轻松了。上了大学，脱离了父母的管束、老师的监督，看起来确实轻松，但短暂的放松之后我开始反思，未来在我自己的手中，我不该放纵下去，必须严格要求自己，用拼搏赢取美好的明天。

抱着这样的想法，进入大学以来，我在学习上从未松懈，始终坚持课上认真听讲，课后及时复习，在遇到问题时主动向老师和同学请教。平时没有课的时候，就去图书馆、自习室学习，经常学习到深夜才会回到寝室。通过不懈努力，我在每次考试中都名列前茅，多次获得学校各类奖学金。在大一时便顺利通过英语四、六级考试。同时，随着知识学习的深入，我越来越感受到了金融学的魅力，对个人的投资理财、金融市场资金的运作、国家政策的宏观调控等等充满了兴趣，发自内心地渴望日后成为一名优秀的金融工作从业者。除了认真扎实学习好各类专业课外，我还积极参加国际企业管理挑战赛（GMC）、校级大学生创新训练项目（引导型）立项、“互联网+”等比赛。还记得刚刚参加国际企业管理挑战赛（GMC）时，面对复杂的表格和数据，我想过退缩，但还是坚持了下来，最终不仅得到了不错的成绩，也对专业知识的应用有了更深刻的认识。在“互联网+”的比赛筹备过程中，我们团队遇到了诸多困难，时间紧任务重，一次一次地修改方案，商定公司市场规划和营销策略，从搜集资料到着手商业计划书再到不断修正，每一步都是考验，但在这过程中，我学会了团队合作，增强了解决困难的能力，掌握了课堂外更多的专业知识，拓宽了思维眼界，收获颇丰。

在刻苦学习的同时，我也特别注重思想道德方面的培养和建立，树立了正确的人生观、价值观和世界观。我热爱祖国，拥护中国共产党的领导，一直积极向党组织靠拢，通过努力获得组织认可，在2018年12月成为经济管理学院2017级第一批预备党员。从那以后，我便时时刻刻以党员的标准严格要求自己，生活中艰苦朴素，在同学中起到带头作用。

到了大学，学习课本的知识固然重要，但课内知识已不再是生活的全部，在我看来，承担学生工作是我们锻炼自己、拓展能力、自我发展的重要途径。上大学以来，我很荣幸地当选了班级班长，并加入了院系文艺部和阳光论坛主持部。工作之初，每一次接到老师安排的任务都十分紧张，组织活动的时候压力也会很大。在学生工作的进行过程中遇到过种种困难，也出现过失误，好在有老师、学长学姐的帮助和同学们的理解和支持，使我的工作能力不断提高，工作方法得以完善。其实，烦琐的工作偶尔也会让我感到疲惫，也会有怀疑自己的时候，但每当战胜困难、顺利完成任务，那种成就感是不言而喻的。更重要的是，一年多的学生工作磨炼了我的意志，让我更加勇于承担责任，更懂得如何与人沟通。

在进入大学以后，我也一直积极参加文娱活动。我从小热爱主持，两年来，我主持过经济管理学院迎新晚会、校纪念“一二·九”学生运动晚会、心理健康系列活动开幕式、“五四杯”大学生课外学术科技创新作品竞赛闭幕式，并在阳光论坛组织的多次讲座中担任主持人，在一次次的主持经历中，我不断提升自己的语言表达能力，越来越享受舞台。作为文艺部的一员，我积极参加院系组织的活动，组织并参与的合唱比赛两次获得校二等奖，啦啦操比赛获校二等奖。排练和组织的过程固然辛苦，但是在我看来，大学的生活应该是色彩斑斓的，正是这些文体活动在装点着我们的生活。此外，我还十分注重体育锻炼，强健的体魄是我们努力奋斗的基础，因此，我一直坚持锻炼身体，并在校运动会中获得800米比赛银奖。各种丰富多彩的活动让我从中受益颇多，在学习之余放松心情，从而有更多的激情和活力投入到学习中,达到事半功倍的效果。

记得专业课老师曾在上课的时候说,你的付出和你的回报是不一定成正比的,但你依然不应该放弃努力。这句话听起来是一句有些让人沮丧的话,但是细想一想却是蕴含着哲理的。记得老师当时说,付出确实不一定会有同等比例的回报,但是如果没有付出,就将一定不会得到收获;同时,收获与付出虽然不是正比,但是却一定是正相关的。我对这句话的另一种理解是:很多时候,我们的付出不仅仅是为了回报,更重要的是为了不虚度我们最美好的年华,在该学习的年纪学习,该努力的时候努力,是对我们自己的一种交代。进入大学以来,我过得并不轻松,但十分充实,现在,取得的成绩都已成为历史,前方还有很长的路要走。我很荣幸,在我成长的道路上,结识了敬爱的师长、亲爱的同学们,更重要的是明白了一个道理,要不断突破自己、追求卓越,不要给自己留下遗憾,别让未来的自己后悔。

我听过这样一句话,很多时候的后悔,不是"你做不到",而是"你本可以"。在今后的学习生活中,我会更加严格地要求自己,以百倍的努力去迎接更大的挑战,用辛勤的汗水谱写更美好的明天。

谭朕斯——携手并肩，化钝为利

谭朕斯，数学科学学院2017级本科生，担任理学院学生会公创交流部副部长、校教务助理中心宣传部副部长职务。曾获国家奖学金、校一等奖学金、校“优秀学生干部”、全国大学生数学建模竞赛黑龙江赛区一等奖等，并加入理学院垒球队取得“冰龙杯”校级慢速垒球赛第二届冠军、第四届季军等荣誉。

时光荏苒，用手机翻了一下过去的记录，距离我那时刚接触数学建模赛事竟然已经过去了一年，但我对于那时仍保留着非常深刻的记忆，从开始计划到完成比赛，再到最后得知获奖，一点一滴都很清晰。

计划参加数学建模的时候是大一下学期，那时候的我其实与刚进学校时也没有很大的区别，专业知识也没有掌握太多，作为一名数学系学生其实也没有比其他专业占有更大的优势，可以说仍然是一个很纯粹的新人。那天下课，在路上刚好看到高惠敏，就问她要不要一起参加数学建模，得到了肯定的答复后我们两个数学系学生便成了队友。

在确定组队后，因为为时尚早，我们也一直没有对建模有过多少讨论，直到大一下学期快要结束的时候，和我一起在公创交流部的万彤又加入了我们的队伍，至此我们的队伍就凑齐了三个人，大家偶尔会在网络上分享一些建模相关的资料，并确定了暑假一起留校几天听学校特地为我们准备的建模培训课。

到了暑假，我们是在逸夫楼上的培训课，当时我们仨对于老师们讲授的知识都接受得比较困难，只能将听不懂的原因归结为自己是大一的学生，但是现在回头发现其实建模讲授的知识能否消化与自己处于大几并没有什么关联，想要真正吸收到养分，除了听老师的讲课，在课下还应该查阅资料来帮助理解。得此结论的原因是我发现虽然我现在已经是大二下学期了，但对于当时老师讲的知识还是不太明白，由此看来知识真不能指望随着年级增高就积累越多，还是要踏实地靠学习积累。

度过暑假后已经是大二上学期了，终于将要迎来正式的比赛。虽然我们之前都没有参赛经验，第一次面对的又是相当有含金量的国赛，但是大家心态都很积极。在差不多三天的时间里，首先我们针对题目进行了大量分析讨论，做出了大量的假设并一个个删减修改。当时觉得我们建模的关键在于公式模型，但现在想想真正最重要的还是一开始要对题目的分析到位。

所谓南辕北辙就在于方向如果不确定好，便会与正确结果越来越远，何况对于国赛这种时间紧迫的项目，在开头做好分析是最能保证之后不浪费时间的关键。非常感谢的就是队友们能愿意和我一起冷静地讨论题目，而不是各顾各地提出自己的观点而对别人的意见置若罔闻，一个氛围融洽的队伍是有利于工作推进的，能沉下心来用一天半的时间做好题目的分析是我对我们队相当赞的一部分。

当然，在做完题目的分析后，我们在解题过程中确实是遇到了相当大的困难。数学建模不是只摆观点、通篇“我们认为”而没有理论依据就可以完成任务的，而当时我们对于如何给出公式解释确实摸不着头脑。从知网上下载的论文读起来十分艰涩，难度颇大，我们下了很多文章却仍然像无头苍蝇一样，甚至不知道到底哪篇文章适合我们。

而在我们心急如焚，下了很多论文却不能静下心来读几段的时候，其他组却突飞猛进，甚至代码都写了很多，据传闻拟合的效果还很好。这真的让我们产生了巨大的挫败感，怀疑自己的能力和水平。在启航待着的时候，还时不时会有其他参与建模的队伍来问问我们的进展如何了，而我们的回应就只有沉默或者自嘲一下，感觉那时我们队伍的压力很大，但也没有一个人置气埋怨，而是默默地回到自己的任务上，这点也真心让我感动。

经过了对自己能力的怀疑和思考后，我认为各组有各组的想法，不必在意其他组的进度，做好自己就好，在释然之后甚至还有了一种盲目的自信，认为自己一定能解决这次建模。于是没再管那些论文，而是读了一些有关传热学的教材，开始构建自己的思路。

那时候我还没怎么学常微分方程，对于常微分方程的理解更多反而是从大学物理里面学到的，于是我就根据自己的理解推了一个传热的微分方程，遗憾的是我发现我解不出这个方程，于是又想抛弃这个方程。但我感觉我微分方程的物理意义是完全没问题的，于是在理学楼我把我推出的方程写给高惠敏并和她讨论了一下，虽然仍解不出，但高惠敏很赞同我的方法，给了我蛮大的信心，也就没换方向了。

之后在十一号楼我和万彤两个人通宵准备比赛的时候，我转换了一下思路，想到了其实没必要把方程解出来，只要利用它估计出每时每刻的温度就好了。于是就写了一个能不断迭代求解近似值的算法流程图，万彤把程序改进了一下，我们就把这道题给硬解出来了，当时心里的情绪真的满溢出来，感动地快要流泪了，然后赶快把我们的模型公式给定了下来，把论文写好。

直到后来我进一步学习了常微分方程，才发现自己后面写的那个迭代体现了欧拉折线的思想，又感觉自己的心被数学击中了，莫名觉得自己和数学还挺有缘分。后来又是某天晚上自习的时候，万彤给我发了条消息说我们拿了省一等奖，真的感觉到了有种努力没有被辜负的美好和喜悦。虽然没有拿到国家级奖，但是作为我们队第一次参赛写出来的作品，真的感觉省一等奖已经是很不错的成绩了。

还是要再次感谢和我携手并肩的队友，没有高惠敏在理学楼肯定我写出来的微分方程，我可能就会放弃我自己推出的微分方程。没有万彤在一个个关键点上的不断提醒，我们的论文逻辑肯定会大打折扣。没有彼此的鼓励，我们也很难坚持到最后，有相当一部分队伍就是中途放弃了。当然，还有太多太多他们做出的贡献我没有提到。最后我的感想就是任何事只要携手并进就能化钝为利，真正的胜利永远属于共同努力的队伍。

6　知名校友

黄新建——这个梦想，叫作“军人”

黄新建，男，1960年出生，江苏如东人，我校1979级校友。中国共产党党员，中国人民解放军少将军衔，曾任中国人民解放军海军某驱逐舰支队支队长，中国海军现代级驱逐舰首舰136号“杭州”舰首任舰长，现任中国人民解放军海军东海舰队副参谋长。

少年立志，献身国防

作为我校“哈船院”时期19790231班学生，黄新建是在浓厚的军工精神传承过程中成长起来的，于1983年毕业后直接进入战斗舰艇部队工作（当时施行“依托地方院校，培养军队干部”的培养方案，也就是相当于后来的国防生）。对于黄新建来说，这一次的选择并不是一个偶然。作为一名热血青年，黄新建有志“献身国防、献身海军”，可以说，他一直怀揣着一个“军人梦想”并且为此不断努力着。

“定好一个人生目标是人发展最重要的一个前提。”黄新建恳切地说道，“没有一个清晰的人生目标，人容易随波逐流。现在的学生选择工作要考虑行业、地方、待遇、爱好等等，有人想去西部地区、有人想去沿海发达城市,有人想要献身国防,每个人都有不同的梦想,有自己的追求。如果没有一个目标作为指引,那么在追求的过程中就会迷失方向。”对于校友来说,自动控制专业毕业的他,正值改革开放大力发展国家工业建设的好时期,当时有机会选择去到大城市,有一份稳定的工作,享受优厚的待遇,但是他仍然坚持自己最初的梦想,毕业后毅然决然地投身到军队中去。

最初进入部队,黄新建一直作为基层一线的带兵人在国防事业中投注自己的热血和激情。1991 年,他当上导弹护卫舰的舰长,1996 年当上导弹驱逐舰舰长,在这整整十三年的时间,黄新建完成了“驱逐舰全训合格舰长”的培养。当问及“这十三年的付出是否觉得辛苦和值得”的时候,黄新建动情地说:“自己在这三十几年的海军基层工作始终保持着一颗炽热的心,以海军为荣。”黄新建自豪地看看自己身上穿着的蓝色迷彩服,告诉我,当他们穿着精神的海军军装时,心里感到的不仅仅是自豪,更多的是作为一名军人的荣耀,更多的是担在身上的责任,这身军装代表了海军,代表了国家。

这一点他在 1998 年走出国门以后感受更为深刻,身上军装代表国家,代表国家海军的发展。他相信,走出国门将会是爱国主义教育很好的素材。因为在外访或者执行出海任务时,他们在工作的同时既要学习先进的科学技术,又要学习当地人文、地理知识,更要向外界展现中国军人的形象、中国的发展,虽然中国在发展,别的国家也在发展,特别是东欧、美国等国家,但是与他们相比较,我们国家的发展之快和进步之大是世界有目共睹的。我们有义务也有责任把我们国家的发展展现给世界,哪怕自己只是沧海一粟,亦是极其重要的一部分。

石头都晒黑了,何况人呢

谈到黄新建作为索马里亚丁湾护航行动的舰队总指挥,在索马里的经历让黄新建对“军人”有了更加深刻的认识。军人是一个特殊的行业,由一大批优秀的人才组成,无论是对于老百姓还是我们的国家,这都是一个特殊的群体。

对于现在有志向要献身国防事业的年轻人,首先要有充足的准备,特别是思想上的,要真真正正地完成由学生转变成士兵,再由士兵变为军官,最后成为指挥员的过程。我想,这中间不是等号,不是名称的改变,而是无数逗号、顿号甚至是省略号组成的循序渐进的过程,更是一种质的变化。对于很多人来说,这都不是一个小的挑战。

同时,部队条件很艰苦,在索马里执行任务时期,部队靠岸的地方有不少是世界上最不发达国家,住的是铁皮棚,吃的是大锅饭,没有什么资源,只有充足的阳光。黄新建感慨:“石头都晒黑了,何况人呢。”

大海看似美丽,但是充满挑战。都说世上只有三件事,那就是“自己的事”“别人的事”还有“天的事”。对于陆地上而言,天气尚且处于可控可预测范围,但是放到海上来,对于多变的气压、随时卷起的风浪和不期而遇的风潮、暴风雨等等“天的事”,海上作战部队面临着更多的挑战。

如果过不了这一关,便无法成为一个合格的军官或者指挥员。

纵横之间,做对选择

“你选择了正确的事业,坚持梦想、不断努力,那么,无论成就多少,你的一生也是值得的,你的选择就是正确的。我可以肯定地告诉自己:我的选择是正确的。”回顾自己的半生,黄新建的态度特别坚定。

首先,作为一个有志青年,黄新建献身国防、献身海军的“军人梦想”实现了。一直以来为之奋斗努力的激情和热血还在,他仍然会在这条路上继续走下去,继续为国家建设和发展做出自己的贡献。

其次,作为过来人,他对青年人寄予了很多期望:

第一,年轻人一定要有梦想,在这个前提下,不断努力去追求目标的实现。天上不会有馅饼,没有现成的东西可以拿,也没有现成的知识可以直接学习,只能用自己的双手双脚去努力拼搏。

第二,做学生最重要的是能力积累,最大化地发挥自己的优势,比如在校学生干部一定要具备良好的组织协调能力。无论在生活中还是学习中,都要学会自己安排生活。黄新建对 1983 年毕业那年的两件事印象很深刻。第一件事是当时舰队舰长找到他,让他在“八一”的时候组织一个舰队运动会。对于当时很多刚毕业的学生而言,这可能是一个极大的挑战,而且是在军队这样特殊的环境中,但是黄新建很自信地接下了这个任务。一方面满腔热血的他希望能体现自己价值;另一方面自己喜欢运动,在学校的时候当了三年半的班级团支书,最后还担任了系里的团总支副书记,自己的能力得到了锻炼。因此,他好好地规划了整个运动会,一个人召集了有特长的志愿兵和军官成功地举办了这次运动会。第二件事是给部队写材料,一篇文章的三大块,刚毕业的他负责中间那部分的写作。对于他而言,写文章的经验是在学校中逐渐积累的。因为文章写得好,上级本来想调他去文职机关,但是黄新建更愿意并且更希望能继续从事军事工作,一路坚持奋斗,才有了今天的他。

第三,我们一定要纵横比较,找准自己的定位。同学、同事之间比较是横向比较,纵向比较则是自己进步多少,综合素质提升多少。在平时,人们往往在意别人进步了多少,而不是在意别人进步的原因是什么、他们的优点是什么,相反衍生出来嫉妒心理,嫉妒他们的进步和成功,自己却不为所动。黄新建说,比较是方方面面的,成熟与不成熟,在于自己能不能很好地定位自己。觉得自己能干什么,想干什么,而不是有了想法以后要去干什么,这就是一部分年轻人被外界说“眼高手低”“好高骛远”的最大原因所在。所以,对于我们,一定要多方面比较,特别是自己身上的缺点与不足只有在比较中看出来,并加以改正,才能以更加饱满的姿态和精神去追求自己的梦想。

李建刚——为了心中的“太阳”

李建刚，男，1961年出生，安徽合肥人，我校1978级校友。时任中国科学技术大学副校长，2015年当选中国工程院能源与矿业工程学部院士，现为中科院等离子体物理研究所研究员。长期从事等离子体物理研究，曾获国家科技进步一等奖两项、安徽省重大成就奖、安徽省科技进步一等奖两项、中科院科技进步二等奖一项及中科院“青年科学家奖”、全球华人物理学会亚洲成就奖、亥姆霍兹国际合作奖等多项奖励，并入选中科院“跨世纪杰出人才”、首批“万人计划”领军人才、四部委杰出专业技术人才。

把人类梦想、个人兴趣与国家需求紧密结合

1978年，李建刚考入我校船舶核动力工程专业。在大学期间，一个偶然的机会，他读到一本关于托卡马克（核聚变）的小册子，这本只有8页的小册子他一连读了三遍，竟百思不得其解。从此，李建刚对这个事关人类未来能源问题的聚变领域产生了浓厚兴趣。没想到，

这一次偶然的触碰竟成为李建刚30余年不懈求索的终身事业。

1982年,李建刚怀着对核聚变研究的执着追求,一毕业就投身到安徽合肥有名的“科学岛”——中科院等离子体物理研究所工作,在岛上一待就是33年。他始终坚守着自己的梦想——利用核聚变解决人类未来的终极能源问题。

“核裂变和核聚变都能产生巨大能量,太阳产生的能量便是聚变的产物,而原子弹和核裂变发电厂就是运用了核裂变的原理。但相比之下,核聚变所产生的能量更大,而且,由于使用的燃料不具有放射性,所以也不会产生带放射性的核废料。”在日本福岛核泄漏事件之后,很多人谈“核”色变,而聚变能作为真正安全绿色的理想能源越来越受到社会的广泛关注。

李建刚说:太阳能、水电站等可再生能源利用的规模是有限的,只能为人类提供大约20%的能源。维系聚变的燃料是氢的同位素——氘和氚,而氘在地球的海水中有无限丰富的蕴藏量。经测算,1升海水产生的聚变能相当于300公升汽油释放的能量。海水中氘的储量至少可为人类使用上百亿年。因此,大规模的能源产出只能依靠聚变,聚变能是无污染、无放射性、安全、清洁的理想能源,可以一劳永逸地解决人类的能源需求。“中国作为能源大国,我们没有更多的选择。”

如何利用科技力量把人类的能源梦想变成现实?“通过聚变反应堆在地球上建造‘人造太阳’可以帮助我们实现这一梦想。”换句话说,就是要“把太阳搬到地球上”。需要创造一个类似于太阳环境的装置,让氘和氚发生聚变反应。但实际操作的困难程度远远超出了预期。因为,氘和氚所处的环境温度必须达到1亿摄氏度以上才会发生聚变反应。在这样的高温下,我们要用什么样的容器把氘氚气体约束在一起呢?“任何材料都无法承受这样的高温,一旦某个环节出现问题,燃料温度下降,聚变反应就会自动中止。”

全世界几代科学家们为了“人造太阳”的能源终极梦想一直在奋斗,李建刚就是其中的一员。作为目前在中科院担任这项探索研究工作的学术带头人之一,他带领着团队在模拟太阳发生核聚变装置——超导托卡马克上进行着坚持不懈的研究工作,他们的研究正在朝着能够长时间实现聚变所需要的高温等离子体方向努力。“让世界第一个聚变反应堆率先在中国发电”是李建刚和他的团队不懈努力的目标。

“把人类的梦想、个人的兴趣与国家的需求紧密结合在一起。”李建刚用33年矢志不渝的追求诠释着自己的科研信仰。

从核电大国向核电强国迈进

核电既是大国技术,也是强国技术,更是战略性产业。按照国家《核电中长期发展规划(2011—2020年)》,到2020年,我国核电装机容量将达5800万千瓦,在建容量将达3000万千瓦以上,远超法国,接近美国,将成为世界第二核电大国。我们要如何从核电大国向核电强国迈进呢?

“创新驱动发展是从核电大国成长为核电强国的必由之路。”在“核科技工业发展与人才培养高端学术论坛”上,李建刚谈了自己的看法:成为核电强国需要有属于自己的原创技术,并将自身的核电发展理念应用于实际发展建设中。他领衔的“东方超环”完成了世界上第一个全超导非圆截面核聚变实验装置,集中了超高温、超低温、超大电流、超强磁场和超高真空等多项极限。每一个极限都是科研领域的高、精、尖难题,挑战极限就意味着开拓创新。“从设计到建设,都是我们自己做的,整个项目的国产化率达到 90% 以上,自研率在 70% 以上。”2013 年 1 月,在国家科学技术奖励大会上,李建刚所在的超导托卡马克创新团队荣获了国家科技进步奖框架下的创新团队奖,得到了业内的广泛认可,是对团队不断创新突破的充分肯定。

“在强化自主研发的同时还要注重国际交流。”李建刚介绍,自团队加入研制国际热核实验堆组织后,获得了 68 项高技术自研成果,在超导技术、超强磁体、控制、测量方法等方面均有涉猎,并与世界主要聚变研究机构保持着频繁交流,在得到国际上大量聚变研究设备支持的同时,也积极支持着其他国家的聚变研究。美、俄、日等国的聚变研究机构相继与团队开展了高层次的合作研究,赢得了广泛的国际信誉。可见,开放的国际化视野既为中国向核电强国迈进创造了契机,也不断为其注入着创新发展的动能。

谈到我校核学院 10 年的发展成绩时,李建刚对学院的国际化发展理念给予了充分肯定。他说:“以国际交流与合作促进发展建设,核学院做出了有益的探索与尝试。无论是国家的核电发展,还是我校核学院的发展建设,都要有独具特色的 idea。”

“法国电力 75% 来自核电,而我国只有 2%。”李建刚认为,中国未来的核电发展潜力无限,这也为我校核学科的发展创造了难得的机遇。他还指出,要寻找新的学科增长点不妨将目光聚焦在核医学、核技术应用环境等领域。“瞄准未来、科学定位、布局长远,才能产生由量变到质变的飞跃。”作为“哈船院”的毕业生、“哈工程”的一分子,李建刚对核学院的发展寄予了厚望:“希望学院以更开放的姿态主动融入国际交流与合作,主动参与国际竞争,在不断突破与跨越中与学校发展同行,与国家核电发展同步!”

在从核电大国向核电强国迈进的征程中,核聚变研究具有重要的意义与价值。它凝聚着几代人的梦想与目光,几代国家领导人都非常重视核电事业发展。“扛起核聚变发展传承的重任是每一位聚变人的责任与使命。”李建刚带领的超导托卡马克研究团队已经走在了国际的前沿。

supporting、helpful、tolerant、appreciative——令团队一往无前的力量

“一个天才解决很多问题的时代已经过去。”在李建刚看来,聚变研究这样的大科学工程必须依靠团队协同“作战”,“单打独斗”是行不通的。

在多年的攻坚克难中,李建刚团队克服了国际缺乏全超导托卡马克建设经验的困难,自主研制了世界上首台全超导非圆截面托卡马克核聚变实验装置和十多个国际领先或先进的实验系统;通过集成创新,成功实现了远超欧洲和日本最长为 60 秒的高参数偏滤器等离子体记录,使我国稳态托卡马克聚变研究走在世界前沿;自主建造的 EAST 平台已成为国际重要的核聚变研究基地,被美国能源部列为美国磁约束聚变合作的首选装置……一系列重大科研成果的取得与团队长期形成的协同“作战”能力密不可分。

“相互支持、相互帮助、相互理解、相互欣赏的团队文化是培养创新思维和创造能力的动力源泉。”李建刚认为,真正的优秀团队应具备 supporting、helpful、tolerant、appreciative 特征,才能催生出令团队无坚不摧、一往无前的力量。在李建刚的带领下,团队一步步发展壮大,逐步形成了完整而严谨的大科学工程管理模式,并跻身世界一流团队行列。

“人才问题是制约我国核聚变发展的瓶颈之一。”李建刚始终把培养优秀的核聚变人才,为国家核电发展蓄积后备力量作为团队发展的使命。他经常鼓励身边的青年人要夯实专业根基,练就过硬本领,为国家核聚变研究做出自己应有的贡献。“专业知识一辈子都学不完,没有持之以恒的毅力和勇气就看不到山顶最美丽的风景。”李建刚对当年参加军训的情景至今记忆犹新:“军训磨炼了一个人坚忍不拔的意志品质,使我在后来的科研道路上获益匪浅。”

饮水思源,乌鸟私情。33 年来,李建刚在忘我地“沉浸”于核聚变研究的同时,仍然心系母校核学科的发展建设,以自己的实际行动积极地支持母校、反哺母校。他多次回校参加学术交流,洽谈人才培养等合作事宜,并于 2008 年、2012 年两次为学校师生作题为《受控核聚变——人类未来能源的希望》和《磁约束聚变——人类未来能源的希望》的学术报告。“希望母校的师弟师妹们能够与我并肩作战,积极投身核聚变研究。”我校核学院毕业生陈晓曼在李建刚的引领下已成长为团队的青年中坚力量。

为了人类终极的能源梦想,李建刚带领着自己的团队向着心中的“太阳”一往无前!他坚信:在不久的将来,“把太阳搬到地球上”将不再是梦想。

李昕——大海作证:我与母校的一世情缘

李昕,男, 1958年出生,辽宁葫芦岛人,我校1985级校友。著名作曲家,空政文工团创作员,国家一级作曲。歌曲代表作:《好日子》《越来越好》《爱中华》《人民空军忠于党》等。大型原创音乐剧《嘎丽娅》、电视连续剧《大染坊》续集、《烽火双雄》等音乐。多次荣获中国音乐金钟奖、中宣部"五个一工程"奖。中宣部第十届"五个一工程"奖专家评委、全军高级技术职称(文艺类)专家评委。荣获中国电视文艺最高奖"星光奖"一等奖两次,荣获中国电视金鹰奖一次,任总导演。

你是我生命中的一首歌

“从辽宁重工业基地的一名工人，到成为一名‘船院人’，我的人生也是在‘哈船院’开始改变，母校深厚的文化底蕴、对待文化上兼容并蓄的胸怀给了我人生中的第二次生命。”

1985 年 9 月，李昕被葫芦岛造船厂选送到“哈船院”社科系的干部专修班进修学习，原本只有两年的学习计划，可李昕在“哈船院”一待就是十年。干部进修班的学生来自全国各地，年龄最大的 40 多岁，最小的只有 20 岁，虽然同学之间有年龄上、地域上的差距，但是大家一起学习、出操、吃饭……班级同学间很快便熟悉起来，并且建立了深厚的友谊。

当年，学校的纪念“一二·九”学生运动文艺汇演是重要的大型活动之一，每个系都要准备最为精彩的节目参加文艺汇演，而社科系是全校最小的一个系，教工与学生的数量较“大系”都少，如何为学校的纪念“一二·九”学生运动文艺汇演献节目愁坏了系领导。后来，系领导从同学的口中得知李昕曾是葫芦岛船厂的文艺骨干，就将编排社科系纪念“一二·九”学生运动文艺汇演节目的重任交给了李昕，李昕硬着头皮接下了任务。短短几天的时间，李昕发挥他的文艺特长，组织班级同学编排了 6 个节目，包括长笛独奏、吉他独奏、独唱、合唱等各种演出类型，会演之后社科系精彩的文艺节目，让李昕一夜间便成了学校的“名人”，那时人人都知道社科系有个小伙子吹、拉、弹、唱样样通。他个人的节目也入选学校精品节目会演的大舞台，就在那次演出之后，更多的人开始注意到了这个小伙子超凡的文艺天赋，在演出结束后，一位校领导对李昕说：“我知道你是葫芦岛船厂来的，如果有机会希望你毕业后能够留在船院继续发挥你的文艺特长。”

李昕说：“就是这样一次误打误撞的机会，我从一名船院的学生变成了一名船院的教工，也不曾想到在母校学习、工作的 10 年里，我能有机会开启了我的艺术人生。”

会演之后，李昕便一边学习，一边在校团委兼职工作，主要负责学校各类社团活动的策划、组织、实施等。两年之后，学习期满，李昕送走了天南海北的同学，自己独自回到了船院，他说：“两年的学习、工作、生活，我在母校学到的文化知识，增长了见识，与老师同事积蓄了深厚的情感，我早已将自己融入“哈船院”这个集体中。”

由于“哈船院”工科院校的背景，学校的文化活动在省高校中成绩并不突出，无法与黑大、哈师大这类综合类院校齐肩，那个时候李昕作为团委宣传部部长，经常深入到学生中间，为他们指导社团活动，遇到大型文艺演出，他经常手把手指导学生。在当时校领导的支持下，经过李昕与同事们的努力，有一段时间，“哈船院”变成了黑龙江省高校文化中心。有一年，黑龙江省电视台要办“五四”青年节晚会，省台的导演到学校挑选节目，李昕对舞台表演的理解能力、对艺术的把握能力、对工作精益求精的态度都给省台领导留下了深刻的印象。1996 年，在学校领导的推荐下李昕正式调入黑龙江省电视台。在省台做大型文艺晚会的导演，李昕获得中国电视文艺星光奖一等奖两次，那段时间他创作了《好日子》《越来越好》《妻子辛苦了》《我爱歌唱》等一系列优秀的作品，不仅成为全国知名的导演，也成了优秀的作曲家。

李昕从小有两个愿望:一是参军入伍,二是想当作曲家。2001年的一次机缘巧合,李昕的才华得到了北京空政文工团领导的赏识,12月28日正式调入空政文工团,在李昕43岁的时候,他实现了人生中的两个愿望。李昕说:"无论是导演,还是作曲家,成绩的取得离不开我的母校,母校学习、工作的经历让我眼界开阔、思想解放,母校给了我发挥艺术的空间,送我到达通向艺术的大道,成就了我的今天。母校是我生命中的一首歌,它有时是叙述着同窗情、师生谊的温情之歌,有时是鼓励我不畏艰难、勇于前行的奋进之歌,母校更是用它深厚文化底蕴滋养着我的艺术之歌。"

有你相伴 一路高歌

"我'半路出家',又不是音乐院校毕业,没有高深的音乐理论基础,甚至没有老师,在行业内有点小成绩,我跟其他人相同的地方就是热爱音乐,不同的地方就是我的思维方式比他们多了一杆枪,多了一个认识世界的工具,这来源于我在母校学习的积淀,工科的理论基础解决了艺术创作中方法论的问题,我创作的作品就是有与众不同的地方。"

李昕入伍之后,有了更高的艺术创作平台,一段时期内他的作品无论从质量上,还是数量上都有很大的突破和飞越。词曲创作界的"大腕们"几乎都毕业于全国知名的艺术类院校,有着深厚的音乐理论和专业基础,而李昕却是一所从工科院校走出来的音乐天才,从未有过真正意义上的音乐老师,对于音乐方面的造诣可谓是无师自通,大家经常开玩笑地称他为:词曲创作界的"异类"。李昕说:"在母校学习的时候,我们开设了哲学、思政等20余门课程,虽是文科类的课程,但是老师却是将理工科理解问题、认识世界的思维方式融入其中,从那时起我便发现在认识问题时,我总是不经意地去探求其更深层次的东西。"就是利用这种不同于他人的思维方式,李昕在创作歌曲时,总能从小事上挖掘出闪光点。

与李昕接触的人,都会觉得这位艺术界的"大腕"一点架子都没有,与人交谈时的轻松自然,就像是位老朋友,而他的言语中广博的见闻与眼界,让人情不自禁地称他为李老师。李昕说:"当年在母校学习时,我的老师们是我一生的榜样,他们治学严谨的态度,对待学生平易近人的风格至今影响着我。"提起李昕的老师,杨玉洁、徐尔贤、罗金兰、陈坤……一位位老师的名字他随口而出,未显得有一丝陌生。20世纪80年代,学生们来自全国各地,遇到周末年节就特别想家,杨玉洁老师就经常在节假日请学生们到家里去改善伙食,甚至把家里的钥匙都留给了学生,学生们可以随时去自己起火做饭,就像在自己家一样。有一年入冬前夕,徐尔贤老师家挖菜窖,得知消息后,全班同学自发"组团"到徐老师家帮忙,徐老师把家里准备过节吃的饺子拿出来请全班同学吃。李昕说:"我们的老师,讲师也好、教授也好,在学生面前统统没有架子,他们的谦逊、亲和教会我为人处世的道理。但是,平日与老师的关系再好,考试时,老师也绝对不会有所照顾,他们治学严谨的工作态度让我终身受益。"

李昕始终坚信艺术是有生命的,音乐除了可以陶冶人的情操,也可以起到鼓舞人、启迪人的作用。李昕一直以社会需要为自己的创作目标,"只要是国家、社会需要的,我都会尽全力完成。"在诸多的创作题材中,李昕最为偏爱的便是军队题材的创作,他曾写过《人民空军忠于党》《为祖国远航》《弹无虚发》等一系列被广为传唱的军旅歌曲,李昕说:“在母校10余年的学习、生活中,深受母校军工历史背景的影响,‘哈军工’精神融入我的血脉中,在创作军队题材时‘以祖国需要为第一需要,以国防需求为第一使命,以人民满意为第一标准’的精神追求也深深融入我无数的作品中,我的作品在无形间也被打上‘军工魂’的烙印,这也是我报答母校培育之恩的一种方式。”

“在母校学习、工作10年,形成了我理工科思维方式、方法论,给了我全新的艺术创作视野和角度;老师们对待学问严谨的态度,对待学生平易近人的风格对我情商的培养、人格的养成有着潜移默化的影响;军工院校的历史背景、厚重的文化底蕴使我对军旅题材的艺术作品有着更深刻的理解。我的每一个脚印、每一点进步都与母校不可分割,有母校的陪伴,才让我今日一路高歌。”

同一个梦,同一首歌

“我是母校培养出来的‘异类’,但我却与无数校友一样有着对大海无尽的向往与追求,我一直在用我的方式与母校、与万千校友在共赴海洋强国梦的旅程中航行。”

生长在海边的李昕对大海情有独钟,无论是在葫芦岛船厂工作,还是在哈尔滨船舶工程学院读书,始终与船、大海在打交道,他的第一首处女作《海鸥迷恋的地方》更是表达了造船工人对大海的独有的情结。李昕对大海热爱,使他在创造与海相关的歌曲显得特别得心应手,《为祖国远航》是反映我国海军舰艇战队到索马里执行反盗护航任务的一首歌,由樊孝斌作词、李昕作曲、吕继宏演唱,整首歌曲调充满阳刚之气,表现出我国海军军队的威武,又体现出我国海军决心走向深蓝、走向远洋的宏大气魄。

李昕为母校写歌已经不止一首,早在20年前他就曾为学校创作过一首歌曲,名为《走向海洋》,当时作为学校宣传片的主题曲,也是船院时期新生入学都要学唱的一首歌曲。时隔20年,李昕再次为母校写歌《大海作证》,歌曲的风格不同、内容不同,李昕也由学生变成了著名的作曲家,但是对母校的感情却更加深切,对大海的热爱也愈加浓厚。谈到《大海作证》这首歌的创作,李昕说,母校经历了三个阶段,“哈军工”、“哈船院”、“哈工程”,要把这三个阶段串联起来,找到大家的共通点并不容易,这就要求作品必须有情怀,能让人发出内心的依恋,好听的歌都有真挚的感情。歌曲用最质朴的语言抒发了历届校友对母校最淳朴的情怀以及对青春的回忆,歌中的海不再是具象的海,而是哈工程人博大的心胸、格局和追求,也象征着母校的“三海一核”,体现了为海洋服务的宗旨,“海洋”是我们走向世界、影响世界的舞台。

李昕说:“我是母校培养出来的一名作曲家,我虽然没与母校毕业的万千学子奔赴在海洋强国的最前线,但是我一直在用我的方式表达着对母校的热爱,表达着对大海的深情。在海洋强国梦的航程中,我们同唱一首扬帆远航、复兴中华之歌。请大海作证,这就是我与母校的一世情缘。”

卢永锦——二十七年只为心中无悔舰船梦

卢永锦，男，1963年出生，江西人，我校1981级校友。1985年免试直推攻读硕士研究生，1988年进入中国船舶重工集团公司第704研究所工作，现任704所副所长、博士生导师。先后入选"国家百千万人才工程"、国务院政府特殊津贴、上海市领军人物、船舶科技英才；荣获国防科技进步一等奖一项、二等奖三项，省部级科技进步一等奖五项。荣获全国劳模、全国五一劳动奖章、上海市优秀共产党员；历任上海市党代会代表、上海市第十届和第十一届政协委员。

旧军装与舰船梦

曾经年少爱追梦。《啊！哈军工》这本小说对卢永锦人生的成长轨迹产生着深刻的影响。"在每一个有着报国梦、强国梦的年轻人心中，'哈军工'是神圣的。"1981年，年仅18岁的卢永锦怀着对"哈军工"的无限向往与崇敬，不顾家人的反对，毅然选择报考远离家乡、天气寒冷的北方大学，并以优异成绩进入我校机械工程专业。

入学时，学校给每位同学都发了一套抗美援朝时期志愿军穿过的旧军装。卢永锦将其视若珍宝，整整齐齐叠放在衣柜里。这套没有肩章的旧军装一直伴随着他走过7年的大学生活。毕业多年后,他依然清晰地记得这套洗得发白的军装的每一处细节。“每次穿上它,我都会腰板挺直,连脸上的神采都不一样。”卢永锦发现自己报效祖国最好的方式,就是用学到的专业知识在舰船领域里闯出一片天地。从此,卢永锦的人生与祖国的舰船事业紧密相连。

“中国什么时候能用自己的技术造自己的大船?”卢永锦在大学时经常与身边的同学讨论各国舰船事业的发展,憧憬着、向往着,眼圈都会不由自主地泛红。对于像卢永锦这样心怀报国之志的莘莘学子来说,在学校的每一天都像海绵吸水一样,拼命地学习各类科学文化知识。早上 6 点起床上自习,晚上教室关门才离开,寝室熄灯后还躲在被窝里打手电看书。为了实现心中无悔的舰船之梦,卢永锦努力拼搏着。

好老师是受用一生的财富

“好老师是受用一生的财富,很庆幸我的大学生涯中遇到那么多好老师。”在卢永锦的印象中,“哈船院”的老师讲课非常认真细致,对学生的要求也十分严格,课后总是主动到教室给学生解答问题,与学生交流讨论。

刚入学时,卢永锦的英语成绩不是很好,尽管专业课学得好还是被分配到中班学习。当时他的英语老师就主动利用课余时间给班上几名英语成绩不好的学生“开小灶”。“一名女老师每天都不辞辛苦地为我们辅导到深夜,真的很不容易。”功夫不负有心人,很快他的英语成绩就上来了,并转入快班学习。这段经历使卢永锦深刻地感悟到:在人才培养的道路上要有一颗认真负责、无私奉献的心,“要像爱自己的孩子一样爱学生”。

“这么优秀的学生我们必须留住。”1985 年,时任“哈船院”副院长的何水清老师主动找到已获得免试直推研究生资格的卢永锦,希望担任他的硕士研究生导师。“何老师对待教学与科研的态度一直对我影响至今。”当时,卢永锦对何老师是既怕又爱。因为,一旦考试成绩不好被何老师叫到家里训一顿是常有的事,而逢年过节叫学生回家吃饭,或者带学生到饭店“搓一顿”也是常有的事。“工作之后才明白,老师当时的严格是对学生负责,因为工程实践就是要求一丝不苟。”何水清老师用他的严格和严谨教会了卢永锦作为一名合格的科研工作者所应该具有的意志品质。

卢永锦在 703 教研室使用计算机编程作毕业论文时,总是会碰到系里一位叫张家泰的老师,两人经常一起工作到深夜。张老师喜欢自己给自己出题目,再认真琢磨解题思路,对科学研究充满着浓厚的兴趣。他教了卢永锦很多编程的诀窍,对卢永锦日后的科研工作帮助很大。张老师身上那种对科学知识孜孜以求的探索精神也深深触动了卢永锦。“从事科学研究,来不得半点浮躁,要守得住寂寞。”

在几位老师的言传身教下,卢永锦逐渐养成了踏实肯干、严谨扎实的科研精神和善于钻研、甘于平淡的科研态度。走上工作岗位后,作为博士生导师,他无论科研和行政工作有多忙,仍坚持每年带四到五名研究生。“学生既是接班人,又是超越者,是我国舰船事业未来的生力军。”如今在行业里唱主角的项目负责人和主管设计师有三分之二都是他的学生。

建设一流学科要有大视野

1988年,卢永锦硕士毕业后进入中国船舶重工集团公司第704研究所工作,很快成为所里国防重点预研项目的负责人,并且一干就是27年。

工作没多久发生的一件"小事"深深刺痛了卢永锦的心,也更坚定了他致力于舰船特种装置关键技术研究的决心。船用辅机的某个关键零部件,我国多年来都依照苏联图纸做。有一次,科研人员发现图纸上的一处改动很不自然,但又不敢自作主张,照着图纸加工出来的部件在使用后非常别扭,在询问对方专家改动的缘由时又招来嘲讽:"这是我们不小心画错后打的'补丁',你们也照搬啊?""没有自己的船舰技术,国家不会强大,只会一次次被嘲笑!"卢永锦开始铆着一股子劲,带领同事们一次次把"不可能"变为"可能"。他不辞辛苦地走访上海交大、浙大等高校,多方调研,请教专家,反复推敲,上万次地计算,历经300多个不眠之夜,终于取得舰船特种装置关键技术上的重大突破,令国外同行刮目相看。

"704所有30多个专业方向,涉及学科门类众多。作为一名项目总师,需要广泛涉猎各学科的相关知识,才能在关键核心技术的攻关中从容应对。"卢永锦时刻以发展的眼光和开阔的视野,在特种液压装置研究领域不断拓展着。他充分利用一切学习机会,向专业技术骨干请教,向工作在第一线的技术人员请教,向生产第一线的技术工人请教,向行业内的专家学者请教,向海外专家请教,不遗余力地提升着自身的学术视野和专业技术能力。在谈到学校的学科建设时卢永锦认为,"专业广而不精是不行的,建设一流学科要有大视野,不仅要瞄准行业需求和国际学术前沿,更要善于利用多学科的交叉与融合提高创新能力。"

视野决定飞翔的高度。卢永锦现在主要负责亿元以上的国家重点项目的研制工作,承担着重点关键设备的技术总抓工作。2012年,他主持的项目在海上适配性试验中取得圆满成功,获得各级领导与专家们的高度评价;2013年,由他带领团队研制的舰船特种装置,首次在电视上亮相,以蔚蓝海洋为背景,他和同行们在舰船上接受首长检阅。宽广的视野使卢永锦的舰船之路越走越宽。

不做"小绵羊",要当"领头羊"

"我们学校培养出来的学生都踏实肯干,专业技术能力得到用人单位的普遍认可,但在综合能力上则略为逊色。"卢永锦笑言,"所里面有些大学的学生是'官迷',一门心思地想进入管理层,而我们哈工程的学生则更愿意在一线打拼,成为科研主力军。"

作为一名博士生导师,卢永锦认为,学生要学会自觉地、创造性地学习。大学期间不仅要培养吃苦耐劳、坚忍不拔的意志品质,更要勇于创新,打破框框的限制。"不要拼命地想去实现导师的想法,而应该善于拓展思路、大胆创新,激发出导师思想的火花。"

"研究生的毕业论文如果能够与科研实践紧密结合,毕业生在工作后就会上手很快。"卢永锦经常会参加一些高校的学生论文答辩,他发现,一些研究生的论文就像他以前上本科时候的"大作业",缺乏"精雕细刻"和实践检验。"很多的研究生都是批量生产出来的,这也是一些研究生在毕业后到工作单位不适应的主要原因。”卢永锦认为，学校要实现与用人单位的无缝衔接，就要为学生尽可能地创造到科研院所或工厂实习的机会，在工程实践中锻造人才。

“走上工作岗位后，不能作‘小绵羊’，要努力在技术上争当团队中的领头羊。”伴随着我国舰船技术的进步，卢永锦从一名毛头小伙子变成所里的中坚力量。他坚忍不拔地埋头于关键技术的攻关中，充分发挥“领头羊”意识，勇挑重担，咬紧牙关，带领团队战胜了一次又一次的“艰难险阻”。

从表面上看，卢永锦所从事的工作不过就是在办公室里画画图纸、敲敲键盘而已。而其实内行的人都知道，这种“平淡”的背后却潜藏着危险。因为这一工作需要进行大量的野外试验，而试验一旦失败，结果将是毁灭性的。曾经有一个科室的几个年轻人就是因为害怕其中的危险而集体跳槽。作为项目总师，卢永锦不仅要主动承担责任，帮助下属释放压力，更要带领团队披荆斩棘、排除万难，保证任务顺利完成。正是卢永锦的身上的这种勇往直前、敢于担当的精神使他成为所里“特种液压装置”的学科带头人。他所承担的重点研究项目得到了军委领导和海军首长们的高度评价。

在卢永锦办公室的手边始终放着一只船模，凝聚着他心中无悔的舰船之梦。27年与舰船相伴，卢永锦从一位技术人员到一名科研管理者，乃至科研项目的掌舵人，卢永锦凭着永不言败、勇攀高峰的信心与决心，为我国海军从近海走向远洋不懈奋斗着。正如他在接受央视记者采访时所言：“舰船事业如生命般不可舍弃。”

马庆位——愿做母校的一块砖，哪里需要哪里搬

马庆位，男，1955年出生，我校1977级校友，英国伦敦城市大学终身教授，我校船舶学院兼职教授，长江学者讲座教授，国家“千人计划”特聘教授。主要研究方向为水动力学，非线性水波，海洋可再生能源。在其研究领域发表上百篇相关论文，具有较高的学术地位。现承担国家自然科学基金项目两项；参与工信部数值水池重大专项等，为相关学术领域的发展做出了不可磨灭的贡献。

军工大院 梦的始点

1977年，恢复高考第一年，马庆位经历了千军万马过独木桥的征战，以优异的成绩考取

哈尔滨船舶工程学院，成为 77111 班的一员。初见军工大院一道门，马庆位便被它的宏伟所震撼，心里那种敬畏与自豪的感觉油然而生。马庆位说："在当时，军工一道门与周围低矮房屋相比显得格外高大、宏伟，处处透出庄重、神秘的气氛，吸引着我要步步走近，探寻大院里的故事。"

77111 班，40 名同学来自祖国的天南海北，广东、广西、四川、上海、湖南、北京……几乎涵盖了全国各个省份，班里同学年龄参差不齐，年龄最大的与年龄最小的同学要差二十几岁，同样对知识那种强烈的渴求之心将每个人紧紧凝聚在一起，班级同学之间亲如兄弟姐妹。生活中，互相帮助；学习上，比学赶超，全班同学无一人掉队，77111 班的平均学习成绩在全校名列前茅。

那个年代，班上的同学英语是零基础，英语学习从字母 ABC 学起，你能看到校园里时时、处处都有人在背单词，走路、跑步、吃饭、睡前……背单词几乎占据了所有业余时间，马庆位说："恢复高考读大学，在这之前是不敢想象的，对知识强烈的渴求，使得大家格外珍惜难得的学习机会，几乎所有的人都是百分之百的时间用来学习、再学习，毫无他念。"

学校严谨的纪律性、积极向上的学风为马庆位的成长打下了坚实的基础，母校是他实现梦想的起点。

恩师难忘　情亦难忘

"戴遗山、贺五洲、朱典明、黄太舒、祝修本、马文彬、李凤来……"马庆位在回忆老师的时候，能够一口气说出好多个名字，丝毫不会因时间久远而产生陌生感，"老师们学识渊博、治学严谨、谦逊待人，他们以实际行动教会我如何做学问，如何为人师。是我一生的榜样，我会永远记在脑子里、念在心里"。

戴遗山老师那时讲授《概率论》《势流理论》两门课程，无论是课上一黑板一黑板的推导公式，还是讲义上那一排排密密麻麻的符号都给马庆位留下了深刻的印象，老师严谨治学、注重细节的态度对他今后学习、从教影响深刻。那个时候，学校有一台很大的计算机，体积比房间都大，但是比较落后，应用计算机演算之前要做大量的准备工作，程序需要在纸上预先写好，然后手动在纸带上打不同的孔，这些孔代表不同的数字或字母，每算一道题或者验证演算过程正确与否所耗费的时间和精力，在现在是无法想象的，而无论是学生，还是老师，都需要亲自去完整经历这一过程。由于计算机只有一台，为了满足师生的需要，当时的计算机房是 24 小时开放的，所以需要排队并且限制每次的使用时间，有的时候甚至要排到半夜一两点钟。马庆位经常在计算机机房遇到戴遗山老师，他就跟学生一样排在等待的队伍里，利用等待的时间一遍一遍地看着手中的演算纸。马庆位就站在离戴老师不远的队伍里，他能够感受到老师对待学术和科研的那种踏实与严谨，这一幕也永远记录在他的脑海里。

贺五洲老师为学生们讲授《三角几何》，课程内容抽象、难懂，但被贺老师"演绎"过的《三角几何》不仅易懂易学，还形象生动，让人难忘。每堂课听下来，同学们都意犹未尽，下课的时候经常将老师包围起来，请教问题、探讨算法，老师在课间几乎从未休息过。

手把手地指导马庆位的本科毕业设计的黄太舒老师,心无杂念,一心求学问;质朴无华的祝修本老师;还有帮助马庆位做"潮流能水轮机"实验时,连续近60个小时不眠不休的马文彬和李凤来老师……马庆位说:"老师们教会我知识,更身体力行地教会我做学问那种孜孜以求、不断求索、踏实严谨的治学态度,这份恩情我永生难忘。"

以梦为马 勇闯天涯

马庆位认为,科研成果能够在实际生活中得以应用,能够造福于民才是真正有意义的事,为此他一直在努力。

1984年7月,马庆位结束了在母校近7年的学习生活,学校能够为学习、科研提供最好的环境,为此马庆位决定留校任教。1985年,因为爱人的工作调整,马庆位调到山东海洋学院(现为中国海洋大学)任教,1992年8月,马庆位通过一个中英合作项目,到英国伦敦大学学院(UCL)进行为期一年的学习访问,在这一年的过程中,马庆位深切地感受到国内在海洋科学的研究距离西方发达国家还有差距,在学习访问结束后,马庆位决定留在英国继续深造博士学位,读博期间他接触到在海洋水动力学方向世界最前沿的技术,凭借着马庆位在大学期间良好的学习基础,他很快适应了学习节奏、科研节奏,他在海洋水动力学方向上的造诣愈加精深,读博、博士后、做研究助理、讲师等,经过在英国近10年的打拼,此时的马庆位在水动力学、非线性水波、海洋可再生能源方面已经有了自己独到的认识,理论水平、科研水平愈加接近世界最高水平。2002年,马庆位被英国伦敦城市大学聘用,无论是做科研,还是带学生,马庆位一直以母校老师们为榜样,在课堂教学时能够用浅显的语言和事例去解决艰涩难懂的问题,在科学研究时总是身先士卒地去攻克最难的课题,马庆位的教学方法学生们很受益,在英国伦敦城市大学土木工程系马庆位老师的课是学生们最喜欢上的课之一,2004年马庆位被评为高级讲师。2010年被评为教授,随后任水动力学研究部主任。

从1992年到2002年,远在异乡的10年间,马庆位无论身在何地,时刻以母校的老师们为榜样,在追求科学真理的道路上以梦为马,一路驰骋,一路奔腾。

投我以桃 报之以李

马庆位虽然身在异乡,但他无时无刻不挂念着祖国、思念着母校,为祖国效力、为母校做点事是他一直以来的愿望。

2006年,一个偶然的机会,马庆位听说学校被评为"111计划"引智基地,成立了深海工程技术研究中心,学校向马庆位发出邀请,邀请他回校做深海工程技术研究中心的海外兼职教授,马庆位说:"如果学校需要我回去,如果我能够为学校做点事情,我义不容辞。"2007年,马庆位离开学校后第一次重返母校,在深海工程科学这一新的学科方向上与一群热爱海洋事业的人并肩奋斗,有针对性地开展我国的深海工程技术研究,并在较短的时间内培养了一批站在国际前沿的我校中青年深海工程技术研究人才,使之成为我国第一个深海工程技术领域高层次人才培养的基地。

新的时代条件下，对学校的发展提出了新的要求，引进高层次领军人才代表学校的办学水平，在一定程度上决定着学校未来的发展，影响着学校发展的进程，2009年—2010年，是“十一五”计划收口的关键期，更是为“十二五”开局打下坚实基础的重要阶段，能否抢抓机遇在船舶领域上占有一席之地，高端领军人才的引领带动是学校各方面建设的重要突破口，也是增强核心竞争力的重要途径。2009年、2010年，韩端锋、段文洋代表学校邀请马庆位重返母校，代表学校分别参加长江学者讲座教授，国家“千人计划”的评选，马庆位毫不犹豫地表示：“只要学校需要，我愿意。”凭借着马庆位在海洋工程学术界的名气、科研实力，他先后入选长江学者讲座教授、国家“千人计划”，为学校在“十二五”开局之际，在学校全力进行研究型大学建设的新阶段，提供了核心竞争力，增加了新的动力，他所带领的水动力学团代表了非线性水波研究的世界水平，将引领和带动我校船舶与海洋工程相关学科专业人才队伍建设。

从参与深海工程技术研究中心项目，到参加长江学者讲座教授以及国家“千人计划”的评选，马庆位始终不忘回报母校的初心，“只要母校需要，我愿意。”“我没有什么本事，但我愿意在学校前进发展过程中发挥一块砖瓦的作用，哪里需要我，我义不容辞。”

从每年回校1个月到80天，从与老师、学生交流，到成立自己的团队，手把手地指导学生科研，从参与数值水池、高速气垫船项目，到作为第一台海上示范风机项目的主要负责人……从一片砖瓦到一块基石，马庆位的角色和身份不断发生着变化，只为了离母校越来越近。

孙铁利——创新创业正当时

孙铁利,男,我校1979级校友。1979年考入哈尔滨船舶工程学院舰艇核动力装置专业,1983年考入海军工程大学继续攻读舰船蒸汽动力装置专业硕士研究生,1986年开始在海军工程大学任教,1988年被授予海军上尉军衔,1989年7月转业分配到哈尔滨对外经济贸易委员会工作(现哈尔滨投资促进局外资处),1991年开始在哈尔滨经济技术开发区管理委员会任职,2011年起任副主任,负责投资促进工作。

更好地为母校“双创”事业加思想、加财富、加力量、加光彩

1979年,怀着一腔报国梦和对“哈军工”的无限仰慕,孙铁利考入我校舰艇核动力装置专业。“怀揣学员证,像军人一样神采飞扬地行走在校园中,别提多神气了!”在孙铁利心中,母校不仅给予他知识和力量,对他未来的人生道路也产生着影响。

经过“哈船院”四年的准军事化锻造,孙铁利积累了扎实的专业基础,更培养出坚韧顽强的意志品质。为了成为一名真正的军人,1983年,孙铁利本科毕业后考入中国人民解放军海军工程大学,改专业攻读舰船蒸汽动力装置专业的硕士研究生。1986年,他留在海军工程大学任教,并很快被授予海军上尉军衔,终于圆了他的军人梦。1989年7月,为照顾生病的家人,孙铁利只好脱下军装,转业到哈尔滨对外经济贸易委员会,从事招商引资工作。

在一方新的天地里,孙铁利一干就是27年整,积累了丰富的招商引资经验,也为自己开创出一片崭新的事业。“招商工作很具挑战性,也很有成就感。需要招商员具有丰富的知识与阅历,不仅要熟悉相关政策法规,更要能敏锐地捕捉到市场对技术资本的需求。”孙铁利告诉记者,受他的老师边信黔教授影响,他多年来一直坚持不断学习,丰富自己,扎实的工科专业基础使他对高精尖技术有敏锐的市场触觉,游刃有余地做好招商工作。“边老师讲课认真严谨、深入浅出,而且知识面很宽,能对学生产生潜移默化的影响,拓展了学生在专业和专业之外的视野。”孙铁利走上工作岗位后,边信黔教授依然关心着他的个人发展,鼓励他攻读博士学位,继续深造。“边教授对我的关心和教诲是受用终身的。”

虽已毕业30余年,并曾到武汉求学、工作。但孙铁利始终记挂着母校的发展建设,为母校日新月异的变化感到欣慰和自豪。“母校是我人生历程中的一个重要起点,无论走得多远、飞得多高,我的根永远扎在母校。”在孙铁利看来,母校的发展变化牵动着每一位校友的心,大家都会努力在各自的事业领域中为母校的发展建设贡献心力。“学校开创的良好环境,为师生的创新创业提供了无限可能。我希望通过自己的工作和努力,更好地为母校‘双创’事业加思想、加财富、加力量、加光彩。”

以产学研高端平台引领“智造”,创新创业才更具生命力

“教师应面向市场搞科研,努力在高新技术成果转化上做文章,实现创新要素与生产要素在产业层面的有机衔接。”有着27年招商工作经验的孙铁利做了一个形象的比喻:大厨手艺再高,也要先问问客人想吃什么?我们的教授手握核心技术,也得面向市场。所谓“春江水暖鸭先知”,企业对市场是敏感的、具有前瞻性的,可以通过与企业合作,建立研发团队,构筑产学研一体化平台。据孙铁利介绍:经济开发区很多发展较好的民营企业都与高校建立了产学研合作。

“把一项核心技术或专利成果变成产品,并最终变成商品不是一蹴而就的事,它需要一个孵化过程,而我们的专家、教授缺乏营销经验和资本运作能力。”在孙铁利看来,高校的创新创业普遍具有较高的科技含量,将自身的科研优势转化为高精尖技术产品,除了要有研发团队，还需要配套的生产加工团队、营销团队、管理团队、投融资团队等，因此，学校师生在创新创业过程中，应主动与企业、资本进行对接，形成合力，变“单打独斗”为“兵团作战”，才能更为集中、高效地进行创新创业。

“应进一步加强与政府及相关部门的联系，掌握市场动向，加大产业化力度。”在谈到如何将学校自身的科研优势转化为创新创业的能力时，孙铁利认为，学校应认真梳理科研成果、加速成立公司、推进企业孵化、积极对接资本市场，努力打造产学研高端平台。自2015年以来，学校先后成立的以哈船动力技术有限公司为代表的一批船海类高新技术公司及由13家科技型企业组成的哈船创业服务联盟都是学校在政府支持下探索高新技术产业化道路的重要成果。

“将学校船海核领域的优势、研究力量和科研成果及非船舶工业的高端共用技术和通用技术，与我省的区位优势、资源优势、装备制造业的能力优势密切结合，形成良性互动。”得知母校正全力推进“三海一核”办学特色体系化建设，孙铁利从创新创业的角度谈了自己的看法，利用“三海一核”主体学科的科研优势辐射带动其他学科的发展，既可以促进学科的交叉与融合，又能提升其他学科对创新创业的贡献力。“以产学研高端平台引领‘智造’，我们的创新创业才更具生命力。”孙铁利期待着母校的“双创”事业能够借着地方经济发展的“东风”进一步集合、壮大，蓄势前行。

助母校师生心无旁骛地投入到创新创业之中

“缺乏经验，缺少资源，师生创新创业的热情就会大打折扣。”利用自己多年积累的招商工作经验与人脉，孙铁利努力在自己的事业领域中为母校师生创新创业提供助力。通过直接投资或平台间接扶持，帮助师生创造低成本、便利化、全要素、开放式的“双创”环境，特别是平台的企业服务链，从财税、指导、包装到生产、策划、营销，提供一条龙服务，还积极协助寻找融资伙伴，对于尚属起步阶段的企业意义重大。

在“大众创业、万众创新”的时代，“千里马”与“伯乐”缺一不可。“好的项目需要有敏锐的眼光去发现它，不仅要发掘出来，还要‘扶上马、送一程’。”孙铁利积极帮助母校产业化项目，其中给哈船动力公司介绍投资人，于去年给哈船动力公司投资1300多万，为哈船智能推荐国外合作伙伴。 以我校自动化学院副院长赵玉新教授为负责人的哈船导航技术公司，在筹建初期就得到了孙铁利的大力支持，他积极引导科研团队成立公司，提供各类相关信息和咨询，并为团队介绍投资人，积极推动胚芽米产业化项目融资。孙铁利希望通过自己的工作和努力，“助母校师生心无旁骛地投入到创新创业之中。”

“资金来源以校友投资为主，项目来源以校友项目为主，运营管理也以校友为主。”多年来，孙铁利为母校师生创新创业累计投融资2个亿以上。目前，他正积极运作，在哈尔滨新区产业支持区成立一个以船舶和海洋工程装备为主的军民融合产业园，并配套设立一只基金，“哈经开区”已参股十多只创投类基金，并引进投资额为101亿的工业基金，进一步汇聚创新创业资源，助推创新创业成果转化。

“创新创业源于一种强烈的使命感，与金钱并没有太大的关系。不是每个项目都要‘在商言商’。”很多优秀的创新创业项目在最初研发的阶段，需要经历一个“烧钱”的过程，资本的支撑是必不可少的。孙铁利所在的哈尔滨经济开发区重点工作之一就是着力打造的中国云谷展鹏孵化器，为广大“创客”们提供了广阔的平台。“我们的孵化器当然希望通过项目的增值实现盈利，但并不是只有盈利的项目才是好的项目，我们更愿意多做一些能够体现出社会价值的事情。”孙铁利针对高校师生的创新创业谈了自己的看法：“当想要创新创业时，需要问自己，是不是因为自己的努力，这个社会有所不同？要将整个社会的进步作为持久前进的动力。”

创新创业正当时。“以国家海洋强国战略为契机、以‘大众创业、万众创新’为引擎，我校师生应抓住发展机遇，发挥科研与学科优势，积极投身到创新创业实践中。”孙铁利对母校的“双创”事业充满信心。

唐嘉陵——与“蛟龙号”共赴深海之约

唐嘉陵,男,1984年出生,四川遂宁人,我校2003级校友。党的十九大代表,信通学院电子信息工程专业学士,2017届电子科学技术专业硕士研究生。任职于国家海洋局国家深海基地管理中心,是我国首批公开选拔培训的潜航员,也是我国第一台自主设计研制的深海载人潜水器“蛟龙号”的主驾驶,参与深潜工作11年,累计驾驶“蛟龙号”安全执行深潜任务70余次,作为技术骨干参与深海装备研发,从2016年开始组织承担“蛟龙号”日常维护保养、备航和备潜工作,其间多次受到习近平总书记等党和国家领导人接见,并被党中央、国务院授予“载人深潜英雄”称号,荣获第十七届“中国青年五四奖章”“全国五一劳动奖章”“中央国家机关优秀共产党员”荣誉称号。

打铁还需自身硬

“打铁还需自身硬,在祖国召唤的时候,我们才能有迎难而上的能力,这归功于在母校学习到的本领,为日后我奔赴海疆打下基础。”唐嘉陵说。

2003年,唐嘉陵考入我校信通学院电子信息工程专业,迈出了走向海洋的第一步。开学之初,系里军训动员大会上,辅导员的一句话让唐嘉陵记忆犹新。“考入这所学校,同学们要有心理准备,在学校好好学习一门本领,在祖国需要的时候,时刻准备着为祖国出力。”自从那个时候,在唐嘉陵的心里便埋下了一颗为祖国需要而努力学好本领的种子。

入学第一课便是军训,学校延续了“哈军工”时期的历史传统,军训采用半军事化的管理,十分严格。站军姿、正步走、立正、稍息,这些看似简单的动作,都需要反复训练,包括每个细微的动作。近一个月的军训,帮助唐嘉陵养成了军工操场每日锻炼的习惯,无论酷暑、严寒,在军工操场总能在固定的时间看到唐嘉陵的身影。唐嘉陵说:“经过严苛的军训,感觉自己比同龄人在心智上要成熟了许多,正是得益于军训那段时间的磨炼,使我能够有强健的体魄、过硬的身体素质。”在国家深海中心来校选拔潜航员时,身体素质优秀的唐嘉陵在海选中脱颖而出,成为中国首批潜航员。

“蛟龙号”从1000米到7000米,从浅海走向深海的过程,也是唐嘉陵从潜航学员成长为“深潜英雄”的过程。用唐嘉陵的话说,能够与“蛟龙号”共同成长这得益于在母校打下深厚的、扎实的专业基础。唐嘉陵进行潜航员培训时,本科四年所学习的信号与系统、微波技术、雷达原理、图像处理等专业课程知识都不可或缺,比如“蛟龙号”的操作原理,水下深潜技术等都需要大量的专业理论知识积淀。唐嘉陵说,在母校我所学习到的不仅仅是实用、应用广泛的理论知识,良好的学习氛围、合理的课程体系设置、有规律有节奏的教与学,这些都培养了我很强的学习能力,使我在面对大量的培训工作、学习任务时能够得心应手,从容面对。在本科学习四年间,我亲眼看见了身边的老师在教学上的踏实质朴的作风,感受到他们在科研工作中那种刻苦钻研的精神,见证了哈工程人在“三海一核”办学特色的道路上孜孜不倦奋斗的身影。这些都坚定了我投身海洋事业,报效国家的信念。

良好的身体素质、过硬的专业技术技能以及优秀的心理素质,这些过硬的本领来源于母校的培养。“蛟龙号”7000米级海试成功,学习训练是他每天的必备功课,早上6点到8点,是雷打不动的体能训练。然后就是一整天紧张有序的专业知识和技术技能培训,晚上还要自学船舶、机械、液压等新领域专业基础知识。唐嘉陵说:“最喜欢的训练项目就是6公里以上长跑耐力训练,每次跑圈的时候,我总能回想起自己在哈军工操场锻炼的场景。在母校养成的有规律的学习、生活习惯,至今我仍在坚持。是母校将我从一块‘铁’铸就成对国家有益的一块‘钢’。”

做第一个敢于吃螃蟹的人

“军工传人,就是要做第一个敢于吃螃蟹的人,在祖国需要的时候,义无反顾,挺身而出,身先士卒。”唐嘉陵说,2006年深潜这个词对于我们还都很陌生,祖国的深潜事业才刚刚起步,我就是因为当时学校系书记陈万海的这句话,才参加了潜航员的选拔,那时的我很懵懂,只是觉得国家选拔,那就是书记所说的国家需要吧。

“为了国家需要，做第一个敢于吃螃蟹的人”这句话将唐嘉陵带入祖国的深潜事业，而在唐嘉陵与“蛟龙号”共赴深海50余次下潜的过程中，“为了国家需要”这刻骨铭心的六个字，让唐嘉陵经受了重重挑战，实现了一次次零的突破。

2007年，唐嘉陵通过海选，成为一名正式的潜航员。当时，我国深潜这项事业是从零开始，深潜装备、潜器、技术等还在研究与试验阶段，一切显得并不成熟。唐嘉陵说：“当时，我也很迷茫，成为一名潜航员未来的路该如何去走，我并不是特别清楚，但是心里总有一个信念支撑着我前行的脚步‘为了国家需要，做第一个敢吃螃蟹的人’。”唐嘉陵开玩笑说，想要吃到螃蟹，必须要具备三种本领：第一、目标明确，吃螃蟹的决心不能变。成为国内第一名载人潜航员，并下潜至7000米，是我的目标；第二、耐得住寂寞，冲破万难才能品尝蟹肉鲜美。成为一名潜航员的培训周期很长，在枯燥的培训过程中本着一颗平常心才能沉着应对，冲破万难；第三、脚踏实地，能够离螃蟹更近一些。目标的实现，不是敲锣打鼓吹出来的，需要潜下心、俯下身，在工作岗位上摸爬滚打10年，甚至20年才行。

唐嘉陵苦心磨炼三项本领，从1000米、3000米、5000米，直至7000米，他距离目标越来越近。在每次海试中，每当遭遇恶劣海况或需要潜水器长时间水面漂泊时，唐嘉陵都没有丝毫退缩，主动要求参加水面时间最长、最难受、最颠簸的试验任务。唐嘉陵说：“每一次下潜都是从零开始，做一名潜航员就要做好不断迎接新挑战的准备，因为总要尝试着去吃新的螃蟹，尽管前方危险重重。”下潜近底作业过程中，潜航员为了方便驾驶潜水器完成取样作业，每次都需要保持屈膝姿态达六七个小时，这是主驾驶遭遇的严峻考验。每次下潜回来，唐嘉陵腿部肌肉酸痛感要几天后才能消除，但他都是坚持连续执行深潜任务，这份坚持的背后是他对工作的热爱和责任。他将和“蛟龙”团队一起继续奋斗在中国深海事业最前线，为祖国早日实现“海洋强国梦”不懈奋斗。

当问到唐嘉陵当初为何会选择深潜这一职业时，唐嘉陵说：“投身于国家的海洋事业，这并非偶然，在选择就读于母校时便早已定下了我与深海的约会。”学校“三海一核”的办学特色，为唐嘉陵献身海洋事业打下了坚实的专业基础；邓三瑞、徐玉如、杨士莪……几代“哈军工”传人为国家的海洋事业孜孜以求的故事，是唐嘉陵奋斗前行的榜样；“以祖国需要为第一需要，以国防需求为第一使命”的大学精神对唐嘉陵产生了深远的影响。“学校对于海洋领域的探索和研究的意识超前，在国家海洋中心进行第一批潜航员选拔的时候，老师就鼓励我们报名参加，得知我的经济条件问题，我的班主任老师主动帮我向院系申请了参加选拔所需的往返路费、食宿费用，让我有机会与深海结缘，让我做了第一个敢吃螃蟹的人。”唐嘉陵说。

敢上九天揽月，敢下五洋捉鳖

作为“载人深潜英雄集体”代表，“中国青年五四奖章”“全国五一劳动奖章”获得者，唐嘉陵曾三次接受习近平总书记的接见，时隔多日，当时的场景、总书记的嘱托唐嘉陵仍历历在目。

2013年5月4日,习近平参加"实现中国梦、青春勇担当"主题团日活动,同各条战线的优秀青年代表一起交流,聆听大家抒发与祖国共奋进、与时代齐发展的青春感受。台上,总书记饱含深情地对青年一代予以嘱托;台下,唐嘉陵仔细聆听总书记的讲话,内心激动不已。"这是我第一次如此近距离地聆听总书记的讲话,'青年一代有理想、有担当,国家就有前途,民族就有希望''广大青年要勇敢肩负起时代赋予的重任,志存高远,脚踏实地,努力在实现中华民族伟大复兴的中国梦的生动实践中放飞青春梦想'。总书记关心青年、爱护青年,将国家的前途、民族的希望交付于青年一代,从那时起我更加明确了我的奋斗目标、前进的方向,只有将个人理想与祖国需要紧密结合起来,我的青春才更绚烂,我的人生才更有意义。"

同一天下午,习近平与27位"中国青年五四奖章"获得者在展厅里参观。看着一张张青春洋溢的脸庞,总书记十分高兴,同大家一一握手。听说唐嘉陵是"蛟龙号"潜航员,总书记问他:"潜了多少米?"唐嘉陵回答:"去过7062米。"习近平又问:"潜航员在身体上有特殊要求吗?舱里压力很大吧?""选拔的要求非常高,但舱里的环境跟陆地上是一样的。""像我这样能下去吗?"听到总书记风趣的话语,大家都笑了起来。在展厅里,气氛轻松愉快。唐嘉陵与总书记的这次对话让唐嘉陵既兴奋,又激动,还略显青涩与紧张,面对总书记的提问,唐嘉陵深知这是总书记对深海事业的关心,那一次唐嘉陵向总书记发出邀请,请他到"蛟龙号"里面去看一看。

四年间,唐嘉陵始终将总书记的话铭记于心,"上天入海,这就叫'敢上九天揽月,敢下五洋捉鳖'……"习总书记接见时的一席话一直鼓舞和激励着唐嘉陵不断向深海前行,带着全国人民对海洋美好的憧憬和向往,肩负祖国走向深海事业的重托,克服万难,不断探索,完成了我国载人潜器在深海7000米处的下潜,为祖国的走向深海事业迈出坚实的一步。

2017年9月25日,习近平总书记在参观"砥砺奋进的五年"大型成就展的"践行新发展理念引领经济发展新常态"展区时,在展览现场,唐嘉陵向总书记汇报了载人深潜工作开展情况:"'蛟龙号'是世界上最深的作业型载人潜水器,能够把7000米海底的声学照片通过声呐传到水面母船上;'蛟龙号'的精确定点作业是世界上最先进的,目前谱系化工作已取得重大突破;'蛟龙号'的关键设备零部件基本国产化,是世界上作业时间最长的大型潜水器,一次作业时间是12个小时。"这是唐嘉陵第三次受到习总书记的接见。这一次的汇报较四年前,唐嘉陵显得更加自信,因为作为最年轻的潜航员,唐嘉陵连续四年驾驶"蛟龙号"完成了几十次的有效下潜,并达到7062米的深度,开创世界同类型载人潜水器的世界纪录,唐嘉陵说:"从总书记的询问中,能够感受到他对国家海洋事业的关切,对国家深潜事业的重视,对青年一代的关心,能够代表海洋工作者向总书记汇报工作,我感到非常自豪、振奋。"

2017年10月18日,党的十九大胜利召开。唐嘉陵当选中共十九大代表,当天通过"党代表通道"接受采访时介绍说:"作为一名海洋工作者我感觉特别自豪,能够成为一名党代表,是国家和人民对我的信任和嘱托,我将与所有的海洋人为建设海洋强国继续奋进。"蛟龙号”目前下潜的最大深度是7062米,这也是世界同类型载人潜水器的世界纪录,未来“蛟龙号”世界级探索船将下潜,届时“蛟龙号”水上的作业效率以及探测时间将大幅度提高,系列化运行以及谱系化工作将取得重大突破,未来我们为海洋科学服务的技术保障能力将有重大提高。”这一刻,唐嘉陵永生难忘,作为党代表在全国人民面前汇报工作,责任重大,无上光荣。

深海蕴藏着无尽的奥秘,我国的深潜事业才刚起步,总书记的三次会见,让唐嘉陵感觉肩上的担子更重了。唐嘉陵表示:2018年,“蛟龙号”新的试验母船已下潜,未来的深潜之路将会迎接更多新的挑战,我一定牢记总书记嘱托,不忘母校期望,不负恩师教诲,与众多的海洋人一道探索深海的奥秘,与“蛟龙号”共赴深海之约。

邢继——因责任而坚守 为梦想而前行

邢继，男，我校1983级校友。中国核电工程有限公司副总经理、总工程师、“华龙一号”总设计师，致力于核电工程的设计研究及管理工作。担任岭澳二期核电工程总设计师，首次实现中国百万千瓦核电站的自主设计，为中国此后批量化自主建造百万千瓦级核电机组奠定了基础。

青春作伴国防梦

从小在四川长大的邢继，对于国防建设有着浓厚的兴趣和情结。在中学阶段，这样的兴趣逐渐明晰化，国防建设相关的书籍、报纸杂志成了他的最爱。邢继说，当时他会把自己平日里的零花钱省下来，去报摊上买回《兵器》《舰船》之类的杂志，一饱眼福。

对于未来的职业，中学时的邢继就有了坚定的方向性：将来一定要从事跟国防建设相关的职业。而这样的坚定也源于我国20世纪七八十年代的整体教育导向。中国要强大，国防要强大，一直是邢继脑中的时代最强音。

邢继就读的四川南充高中，属于全国示范性高中，有着悠久的历史传统。而邢继的学习成绩在学校也名列前茅。填报高考志愿时，通过综合分析，他锁定了哈尔滨船舶工程学院，因为是我国"三海一核"（船舶工业、海军装备、海洋开发、核能应用）领域重要的人才培养和科学研究基地，第一任政委兼院长是陈赓大将。在这儿，他相信能够学到国防知识，习得国防精神，找到自己今后的奋斗目标。

其实，邢继一开始并没有报考核专业，是服从分配被调剂而学核的。经过两年的学习，邢继对于核专业产生了浓厚的兴趣。在明晰专业方向的时候，他选择了核动力装置专业。

1987年毕业的邢继被分配到核工业第二研究设计院（中国核电工程有限公司的前身），从事火电工程设计。老二院创新、务实的工作氛围，让他逐渐学会如何去当一个合格的工程师。在这个一直领跑中国核技术研发的老院所，邢继实现着从一介书生到一个工程师的成长、蜕变。

邢继说，最初几年的工作经验，让他建立起了工程的概念。他说，做工程设计，要有想象力。工程设计中的想象力和日常用语中的想象力有着不一样的内涵，它要求你要通过想象力把设计的东西做出来，即能够通过分析验证，想象出一定的结构形式，并能让它从图纸上走下来，成为现实的工程实体。从这个意义上，工程师要有想象力和创造力，又要踏实和认真。而这看似冲突的性格特质在邢继这儿天然地融为一体。而邢继的梦想之旅也正是因为有了这些性格特质，才一路有所成，有所获。

大亚湾畔核电梦

1987年，大亚湾核电站开工建设，它是内地首座使用国外技术和资金建设的核电站。当时负责承建大亚湾核电站的珐码通公司（现在阿海珐公司的前身），在中国相关设计院招聘了很多技术人员，一起建设大亚湾。1990年，邢继作为老二院的年轻技术人员被派到大亚湾工作。大亚湾的一段经历让邢继真正踏上了自己的核电梦之旅。

虽然设计过火电，也懂得怎么去当一名工程师。但核电站的复杂和神秘还是给了邢继从未有过的震撼。核电专业很多未知的东西，对他是一种莫大的诱惑。他张开所有的孔洞，像一块海绵，拼命地吸收着、成长着。邢继当时被安排在现场技术部，处理现场遇到的各种技术问题。他深知这种工作机会难得。因此，除了完成本职工作，他还自主地提出许多技术问题，并不断地寻求答案。两年后，他提出的很多问题，法国专家已经回答不上来。

在这些法国专家中，有一个人让他至今铭记、感激。他就是邢继当时的组长，邢继不会拼写他的法语名字，只记得当时大家亲切地称他为"卖鸭子"（法语音译）。在邢继心里，这位"卖鸭子"同志是一名真正的工程师。他工作严谨，有着丰富的工程经验，有着较强的技术管理能力。在他这儿,邢继学到了独立处理问题的能力,也培养了严谨踏实的工作作风,和不怕困难的担当和自信。因为表现突出,邢继在大亚湾一年多的工作期限,被延长到两年半。

邢继自主设计核电的梦想也在大亚湾畔有了坚实的技术储备和意志品质的历练。邢继说,大亚湾的经历让他受益了一辈子。之后在担任岭澳二期核电站总设计师期间,在遇到一些问题的时候,他会马上想到在大亚湾的处理经验和方法,以及面对困难、克服困难的各种体验。有了这些经验反馈,很多问题都会迎刃而解。

自立自强品牌梦

经历了大亚湾核电站、岭澳核电站和秦山二期核电站等这些中国自主设计的核电站后,一个让人更为振奋的梦想扎根在邢继心里。而这一段历程,在邢继的职业生涯中可称作是“最有难度、最为华彩”的乐章。

百万千瓦核电技术自主创新之路历时十多年,其间遇到了经济社会环境、体制问题、技术积累不足和研发经费短缺等重重障碍,曾经一度走向夭折,只名字就改了几回:CNP1000、CP1000、ACP1000,最后和中广核的技术融合,定名为“华龙一号”。

一路走来,邢继说最艰辛的不是技术创新上的难题。因为凡属技术问题,他都有信心凭借具有丰富的经验和创新精神的团队来解决。在他看来,真正的困难是中国核电发展战略与政策的不断调整对技术人员所带来的压力。中国核电经历过“适度发展”的时期,也经历过所谓“长流水、不断线”的阶段。在这些时候,整个行业的人员情绪低迷。邢继也对自己的前景产生过疑问:我们研发出来的核电自主产品的出路在哪儿?中国建设核电强国的出路在哪儿?

还记得在2011年,当CP1000研发完成,已具备开工条件,即将浇筑第一罐混凝土的时候,发生了福岛核事故,国内新的核电建设项目暂停。接着国家出台“国四条”,要求中国新建核电要符合国际上最先进的标准和安全要求,即只有完全满足最先进的第三代压水堆核电技术要求才能建设。这意味着自主核电马上就可以见到的曙光,瞬间黯淡,而多年追求的目标又将推后。

幸运的是,中核集团公司并没有因此而停止自主品牌创建的脚步。在CP1000的基础上,瞄准三代核电最先进的技术目标, ACP1000又开始启程,并在几年之内完成所有的方案论证与实验验证以及总体设计、初步设计工作,示范工程的施工设计工作也已稳步推进。

在这许多的波折中,邢继从不轻言放弃,他说自己有很多的不甘心。这种不甘心最直接的来源是他所带领的ACP1000团队。这个团队为中国核电自主品牌建设付出得太多、承受得太多了。为了使自主核电技术早日完成研发,具备上工程的条件,研发设计团队一直在超负荷运行,他已记不清论证了多少个方案、解决了多少个难题,经历了多少次评审,但他清楚地记得与这个团队如何共同走过这段历程,其间有多少困惑与争论,有多少沮丧与挫折,有多少哀乐与辛劳。为了完成用PSA分析方法进行多方案的分析对比,公司总所的同志连续数月加班加点，过着“6+1，白加黑”的生活。

邢继的不甘心还在于，自主发展核电是中核工程几代人的奋斗目标。在中国，他的前辈们一直是核电设计的排头兵，不能到了自己这一代就落后于人。而从更大层面上讲，邢继认为，中国核电不能总是跟在别人后面，是时候崛起了。如果自己这代人能够再多做一些努力，这个目标就会变为现实。而如果自己放弃了，就放弃了这代人应该承担的历史责任。

2013 年，在 ACP1000 研发完成后，邢继赴美国寻求支持合作。当时他向 ASME 标准一名编委会主席介绍完 ACP1000 技术方案后，这位专家半开玩笑地说：“你们不需要我们的支持，你们已经是世界最先进的了。”虽然是玩笑，但邢继能够听得出来其中的真诚。这时候，邢继预感到自己一直为之奋斗的梦想，很快就会成为现实。“华龙一号”的出鞘让他这种预感有了最为现实的注脚。

永不停歇未来梦

从一开始的跟随、吸收世界先进核电技术，到现在中国自主品牌核电技术可供别人吸收、借鉴，邢继似乎触摸到了他梦想的轨迹。

虽然梦想之路并不平坦，但邢继认为自己是幸运的：在一个国内领先的设计院工作，带领一支自强不息的团队前行，在自己这一代人手中看到中国核电走向世界。但他觉得做科研创新是一件不能停歇的工作。中国核电技术在进步，国外核电技术也在发展。邢继说，要想在世界上站住脚、站稳脚，核电技术研发人员就要不停地往前走，而且还要快步往前走。要不断为自己设立新的起点和目标，才能为核能造福世界不断做出新贡献。而这些责任更多地要落在年轻人的肩上。

邢继认为，中国核电发展到了一个最好的时代。从能源需求的角度来说，国家向世界承诺二氧化碳减排，从世界能源近期与长期发展来看，核电都是应该大力发展的清洁能源。对于人类来说，目前还没有其他的能源形式，能提供可靠的清洁能源来替代核电，基于这样的原因，国家制定了核电的中长期发展规划。而中国也是福岛核事故后第一个有勇气和魄力提出庞大系统的核电发展规划的国家。这些都为年轻人的成长提供了良好的发展环境。

而对于自身的成长，邢继想告诉学校的广大同学们，要学会相信。首先是相信自己。在多年的工作经历中，邢继遇到了很多挫折。但他认为只要坚持，就能够战胜它。还有就是相信别人。由于搞研究、设计的工作性质，需要一个团队一起作战。邢继从一名科研工作者到现在的首席专家，对周围人的影响力逐渐增加。他认为，人越发展，越要摆脱一个人做事的方式，在这个时代里，年轻人要有创新意识，要勇于面对挑战，要认真做事、踏实做人。要在实现事业成功的同时，体验自我价值的实现，在有限的生命中，获得更多的人生感悟。

熊旭波——做母校的学生是件幸福的事

熊旭波，男，我校 1984 级校友。1998 年创办青岛龙港船舶工程有限公司，任总经理。在他的带领下该公司迄今为止共为近万艘次船舶提供应急及相关检验等技术服务。2010 年在母校设立“龙港励志奖学金”（每年资助 5 万元，奖励一等奖学金 15 人，二等奖学金 20 人），至 2017 年累计捐助 40 万元，受助学生达 280 人；2013 年在校设立“澳维康杯读书基金”，用于在母校开展的“澳维康”杯阅读达人活动，以鼓励喜爱读书的学生们，至 2018 年已捐助 30 万元。

不忘初心，他会一直坚持下去

出身农民家庭的熊旭波，1984 年考入哈尔滨船舶工程学院学习机械工程专业。母校给他留下深刻印象的，一是学校对学生身体素质的要求特别严格，半军事化的作息帮助学生们磨炼了意志品质；二是学校课程设置更加注重夯实工科基础，在工作实践中通用性强；三是老师们对待学生，在教学中一丝不苟、严谨求实，生活中和善友爱、亦师亦友。“在母校学习的四年，让我受益终生，无论是就业，抑或是创业，今天所取得的成绩与母校的培养不可分割。”熊旭波说。从那时起，熊旭波就暗下决心，有朝一日自己取得成绩时，一定重返校园，报答母校的培育之恩。

1988 年，熊旭波毕业被分配到青岛北海船厂（现青岛北海船舶重工有限责任公司），当时北海船厂主要负责修船和造船。熊旭波刚来单位报到，就被分在平台研究所做设计工作，而熊旭波却认为，自己刚毕业，应该到基层去做些实实在在的事情才能得到锻炼，于是他主动要求到轮机车间做钳工，这是一项在整个船厂最基础的工作。熊旭波在车间，与工人师傅们同吃同住，脏活累活抢在先，清理船体主机机油、拆装卸零件，经常弄得全身油渍。熊旭波很快融入工人师傅的集体，老师傅们毫不吝啬地将技术、经验传授给他。在车间工作的这段经历，使熊旭波具备了其他被分配到厂工作的大学生所没有的实践经验与本领，为他今后创业打下了坚实的基础。

由于熊旭波在工厂表现优秀，在他工作的第二年，单位为了扩展对俄合作项目，熊旭波同单位的其他四名同事被派到南开大学学习俄语。整个学习过程持续了 10 个月，学成归来后，因工作需要，熊旭波先后被任用为对俄国家船舶修理、对英国家船舶修理的工程主管，负责整条船只机舱轮机方面的项目。做工程主管要求他要熟悉整条船只的各个组成部分，船只零件的采购，技术人员的构成，资金的统筹与管理等。这项工作，除了要具备扎实的技术知识，又需要具备大局意识，尤其是整条船在修理的过程中，任何一个细小的螺丝都要谨慎对待，这对熊旭波是个考验更是个锻炼，而他在这个岗位上一干就是十年。熊旭波说：“在母校，我学习到了应用广泛的专业知识，老师身上那种治学严谨的态度深深感染着我，学校服务于国家船舶海洋事业的目标，正是我不断努力的方向与初心。”

1998 年，熊旭波看到了船舶修理需要应急及相关检验这块市场的国内空白，他毅然辞掉了国企的工作，创立了青岛龙港船舶工程有限公司，主要针对国内外船舶某类项目的检验、应急性修理开展业务。在公司创立之初，熊旭波也遇到了各种各样的问题，比如人才紧缺、客户不信任、客户资源匮乏等。为了心中的目标，熊旭波一如既往地坚持了下来，经过多年的发展，青岛龙港船舶工程有限公司现在已拥有包括本、专科以上学历人员百人左右的强大队伍，各类专业技术人员 50 多名。拥有一批在船舶技术领域经验丰富的船、机、电工程师和管理人才，组建了六大船舶技术服务团队提供以下服务：钢质工程、机械工程、自动化、海事安全、水下工程以及计量检测，并取得了行业里的多项资质。目前，公司服务网络覆盖全国所有港口和船厂，从北到南设有服务站 11 个，各港口都能在接到订单 6 小时内开展工作，年服务的船舶数量已突破一千艘次。

无论身在国企，还是自己创业，熊旭波始终不忘母校的培育，坚持走在服务国家船舶海洋事业的道路上，“祖国的船海事业，是我一生努力的方向，我将不负母校的培育之恩，不忘初心地坚持走下去。”对于公司未来的发展，熊旭波充满信心，他说：“近些年，国家倡导海洋强国战略，党和国家领导人非常关心海洋事业的发展，我国已经跻身于世界航运大国的行列，继希腊、日本之后，位列第三，船舶行业的发展也遇到了前所未有的机遇，企业的效益持续增长，这些成绩的取得与母校的培养息息相关。”

感恩母校，他有自己的方法

谈及对幸福的理解，熊旭波表示自己现在就很幸福，家庭美满，事业有成，而这些都得益于母校的培养，“我是个幸运儿，在母校学习的本领很受益，作为母校的学生我是幸福的。”如何回报母校一直是熊旭波心头记挂的大事。

2004 年，熊旭波同一个香港的合作伙伴回到母校进行人才招聘，当时机电学院负责学生就业的老师就给他们推荐了几名学习成绩优异，但因为家庭经济状况不能继续求学的学生，这些学生更需要尽快找到一份工作去缓解家里的经济状况。熊旭波二人得知情况后，两个人商量着，要为学生们出点力，在可能的情况下，让更多的学生继续完成他们的学业梦想。当时，他们给 6 位经济贫困的学生每人捐赠了 5000 块钱。在那次以后，熊旭波一直想找个途径，支持更多的学生，让他们能够毫无后顾之忧地学习、深造，这是一名企业家的社会责任，更是回报母校的一种方式。

熊旭波积极与学校校友办、学工处等部门取得联系，2010 年，在学校正式设立了“龙港励志奖学金”，每年资助 5 万元，奖励品学兼优、家庭经济困难的学生，截至 2017 年累计捐助 40 万元，受助学生达 280 人。当问到熊旭波是否与这些受捐助的孩子见过面？知道这些捐赠的款项都用来做什么了吗？熊旭波表示，他从不关心这些钱给了谁？用作什么用途？他只是想用这种方式回报母校，表达对母校的感恩之情，他说：“与受资助的孩子们见面，他们心里会有压力，对我说些感谢的话，我的心里又有压力，这些都是我应该做的，能有机会做这些事，我的心里很舒坦。”

“读书的好处不言而喻。而信息化时代的到来，让我们接触更多的是电脑、手机，如果我在学生时代读更多的书，也许现在我所取得的成绩远远不止于此。所以，我特别想在鼓励青年学生多读书这方面做些事情。”2013 年，恰逢学校建校 60 周年，得知图书馆要举办“阅读达人”系列活动，鼓励学生读书，熊旭波主动联系承办院系机电学院，表示要设立读书基金用于奖励热爱读书的学生们，并以此鼓励更多的学生加入阅读达人的行列，自 2013 年起至 2018 年，熊旭波已向学校每年开展的“澳维康”杯阅读达人活动累计捐赠 30 万元。

在“阅读达人”活动的颁奖典礼上，获奖的同学们表达了自己对阅读的理解，“当我们尝试着把静态的铅字与动态的生活相结合时，我们就是在靠自己的阅读去体会不同的人生，靠自己的理解去揣测作者的意图，靠自己的感悟去将书中的箴言化作奋斗路上的好帮手”，

"阅读使我快乐,使我变得睿智,让我理解生活的意义","阅读帮助我认识世界"。而熊旭波说:"阅读改变命运,我的命运就是因为阅读而发生了改变,所以我也特别希望这个好方法能影响到我的学弟学妹们。"

感恩母校,熊旭波有自己的方法,无论公司效益好坏,对学校的捐赠他从未间断。在采访中,熊旭波说:"这两年公司效益还比较稳定,我特别想设立一个'创业基金'用于鼓励从学校走出去勇于创业的师弟师妹们。作为母校的学生,我是幸福的,回报母校的同时,我也与师弟师妹们分享了我的喜悦与幸福。"

做校外辅导员,他是认真的

除了设立奖学金、阅读达人基金,熊旭波意识到经济上的帮助只是短暂的,对学生们思想意识上的帮助,才能够让他们终身受益。经过与机电学院的协商,2016 年开始,他与 20160711 班正式建立联系,熊旭波以校外辅导员的身份,真正融入了 20160711 班的班集体。

无论熊旭波多忙,每学期与班级同学至少两次面对面的互动是铁打不动的。2016 年 20160711 班还在军训时候,熊旭波正式与班级学生见面,他说:"那次的见面有点尴尬,新生刚入学面对我这样一个校外辅导员显得很拘谨,我之前准备了大量的内容,真正需要我讲出来的时候又不知从何说起,在与学生们的第一次见面时我还是个新手。"那次之后,熊旭波认真地请教了班主任经验丰富的老师,并通过建立微信群的方式,先在微信里与同学们进行交流互动,增进彼此的信任与感情,渐渐地他与同学们熟悉起来,与其说是辅导员,他们的关系更像是无话不说的朋友。

为了做好这个校外辅导员,熊旭波有着自己一整套的方案,从学生大一到大四整整四年,他将自己的角色和任务安排得井然有序。他将自己的角色定义为心理咨询师与就业指导教师,在与班级同学们互动的时候,更多地关注他们在大学每个成长阶段的心理变化,注重关心他们的生活,他也会经常给同学们讲他自己的成长经历、工作经历、创业经历,给同学们以启发,这也是同学们最爱听的部分,每每谈论这样的话题,教室气氛就相当轻松活跃。

除了每学期两次面对面的交流,熊旭波经常通过班长了解班级同学的学习、工作情况,侧面了解是否有家庭经济困难需要帮助的学生,为班级资助班费,并建议拿出一部分资金在班级设立"学习进步奖学金"用于奖励那些在学习上进步特别大的学生,保证班级的每个同学都不掉队。当他得知班级有一名维吾尔族的学生时,对他特别关心,经常会通过班长询问该同学的情况,总是怕少数民族的学生因为从小生活环境、民族差异、生活习惯的不同而不能融入班集体。熊旭波一直在策划,等到班级的学生大三那年,要邀请全班的同学到青岛,到他的厂子去实地参观、学习和实践,还会根据学生们个人的择业意愿,帮他们联系相应的企业,为他们提供实习的机会。

熊旭波是从母校走出来的学生,如今他以校外辅导员的身份去回报母校,这也许就是学生对待母校最真挚、质朴的情感。熊旭波说:"做母校的学生是件幸福的事,在这里我收获了快乐与满足,更找寻到幸福的真正含义。"

杨功流——胸怀祖国，心系导航

杨功流，男，1967 年出生，福建人，我校 1983 级校友。北京航空航天大学教授、博士生导师，享受国务院特殊津贴专家，科技部重点研发专项项目负责人。1990 年—2009 年，在天津航海仪器研究所从事舰艇导航系统总体设计工作，曾任副所长，多型舰艇导航系统的主任设计师、副主任设计师，是我国第一艘航母辽宁舰综合导航系统的主任设计师，带领团队完成了我国第一代航母导航系统的研制工作。

从“四季如春”到“冰天雪地”：一次选择一生情

杨功流 1967 年出生在“四季如春”的福建省，是一个地地道道的南方孩子，对北方天气特点、风土人情的了解完全来源于书本，北方在杨功流的心里是个神秘又充满挑战的地方。1983 年高考后，杨功流原本选择报考东北工学院（现东北大学）自动化专业，而在与班主任交换报考意见的时候，从老师的口中得知哈尔滨船舶工程学院的前身是中国人民解放军军事工程学院，有着光荣的办学历史，从这里毕业的一批批学生大多奔赴祖国的四面八方开启从军报国的道路，杨功流被老师的一席话所感染，报考志愿也由东北工学院（现东北大学）改成了哈尔滨船舶工程学院。

初入校门的那一刻，杨功流用了“震撼”一词形容他对学校的初印象，灰色的建筑群配上红檐碧瓦，楼宇间透着古朴、大气、内敛、庄重的气息，杨功流说：“在踏入校园时，这里仿佛有一种磁场，深深地吸引着我，心底间有种说不出的踏实感，从那时起我就坚信这里是一个适合做学问、搞科研的地方。”杨功流正是被这种磁力所牵引，在这里一待就是 7 个年头。

16 岁的杨功流独自一人来到距离家乡几万里的北方求学，他遇到的第一个问题就是普通话不过关，在进入公寓楼、教学楼时遇到了很多困难，因为语言不通经常会引起一些误会，寝室的室友看在眼里急在心里，为了帮助他尽快过了这个“语言关”，室友们排起了值班表，轮流对这个班级上最小的“老疙瘩”进行课外指导，经过一段时间的磨合和练习，杨功流的普通话逐渐步入正轨。北方的冬季对于初来乍到的南方学生来说是一种考验，作为班级最小的一名学生，杨功流生活经验不足，在冬季来临的时候，在添置过冬的衣物和鞋帽方面，北方的同学给予了他真诚的帮助。一件件生活中的小事，让初来北方的杨功流很快地消除了对新环境的恐惧感、陌生感，更让他体会到了这份真挚的同窗情。

杨功流在母校求学 7 年的过程中，很多老师在学业上、生活上都给予他真诚的帮助。赵国良老师曾指导杨功流本科毕业设计，杨功流回忆说：赵老师在指导我本科毕业设计的时候经常会带我去看利用控制原理做的设备，帮助我建立在课题上直观的认识，让我对于所做课题的研究从感性层面上升到理性层面，缩短了我从理论到实践的适应过程。赵老师对于我们这些外地求学的学生总是在生活上给予很多的照顾和关心，每当节假日赵老师夫妇总会邀请我们几个学生到家里做客，帮我们改善伙食还共同研究课题，这份情谊使我们在多年后的今天仍然保持联系。除此之外，郝艳玲老师指导我调试完成了电子海图相关的小程序，还给予我经济上的补贴；我的研究生导师罗超对我在专业方向上的选择、专业知识深度挖掘上都给予了我最大的帮助，是他们将我从一个对科学知识懵懂徘徊的初学者快速带入到科学研究的道路上。

从“四季如春”到“冰天雪地”，在“哈船院”读书的 7 年里，是杨功流人生中重要的经历，在这里他不仅收获了知识，收获了师生情、同窗情，还收获了对母校那份一生难以忘怀的眷恋之情。

从拓荒者到精耕者：一路艰辛一路求索

1990 年，杨功流研究生毕业走出校门，他带着对专业的热爱以及科研报国的满腔热血，来到了天津航海仪器研究所工作，从此开启了在他人生中最为艰辛但却充满荣光的一段经历。23 岁的杨功流来到工作单位，非常幸运地被分配到研究所中负责项目总体设计的专业组，能够接触比较全面的科研工作，为今后其在科研道路上取得成绩打下基础。

1993 年，杨功流开始参与国家新一代主力舰艇导航系统的设计，曾任我国多型舰艇导航系统的主任设计师、副主任设计师，主持并参与完成多型舰艇惯性导航系统的设计，经过方案论证、初步设计、原理样机研制、正样设计与试制、海上鉴定试验等阶段，解决了水下舰艇导航的精准度、辨识度、可靠性、环境适应等技术问题。

2000 年，杨功流作为我国第一艘航母辽宁舰综合导航系统的主任设计师、作战系统的主任设计师，带领了几十人的团队开始了辽宁舰综合导航系统的研制工作。由于该项技术在国防领域的特殊性，各国对该技术严格保密，在技术上几乎零借鉴，然而丰硕的成果来自对事业的执着追求，对理想信念的满腔热忱。在进行辽宁舰综合导航系统研制工作过程中，科研组历经千辛万苦。为了获得科学的数据，经历了无数次的试验、验证、调试等过程，杨功流与同事们一道，攻克一个个从未遇到过的科研难题。科研组的同事们，在杨功流的带领下，以单位为家，多少个假日都是在实验室里度过。为了验证设备在舰上的工作情况，科研组的同志们经常要进行海上试验，试验时间长、条件艰苦，每当试验过程中出现新的技术难点时，杨功流与同志们绝不放弃，他说：科研工作者在任何时候都要冲到前面，要顶住现场分析和解决问题巨大的压力，因为我们做的工作不允许出现任何差错，遇到问题一定要有“啃硬骨头”的精神，分析原因、排查问题、解决隐患，任何一个环节疏忽就会铸成大错。就是凭借着这样一种“啃硬骨头”的科研精神，杨功流带领团队历经近 10 年的时间，完成了我国第一艘航母辽宁舰综合导航系统的研制工作。搞科研的同时，杨功流从未放弃学习，2000 年—2004 年，杨功流完成了他在清华大学精密仪器系的博士研究生学习，为他实战的科研项目积淀了深厚的理论基础。

杨功流回忆起那段日子时说：“10 年里，能将辽宁舰综合导航系统的研制工作坚持完成，这与母校的培养密不可分。‘哈军工’传人骨子里的那种坚韧、朴实、敢于迎难而上的精神总能让我走出困境，而要扛得住无数个日夜野外奋战的强度，这便要得益于当年母校对学生身体素质的严格要求。”

从拓荒者到精耕者，在天津航海仪器研究所工作的 19 年里，是杨功流人生经历中最宝贵的财富之一，用杨功流自己的话说：“在祖国实现海洋强国梦的征途中，我做了些事情，我无愧于母校的培养。”

从科研人员到学术导师：角色在变，使命不变

2009 年，在天津航海仪器研究所时任副所长的杨功流，做出了一个令人难以置信的决定，他放弃了研究所 19 年来所有事业上的积淀，放弃了副所长的光环以及优厚的经济待遇，来到北京航空航天大学仪器科学与光电工程学院担任博士生导师，开启他人生中另一种挑战。

从科研人员到学术导师，从实战战场回归到教学岗位，很多人不理解杨功流的选择。杨功流却说：行政事务难免影响他在科学研究方面的深造，而在科研的道路上，他还有很长的路要去求索。

在北京航空航天大学良好的学术氛围下，杨功流开阔了视野，专业领域不断拓宽，科研方向从原来的航海，拓展到航海航空航天等各个领域，他对导航专业的认识也更加全面，知识结构更加完整。近些年,杨功流的研究方向定位为原子陀螺和原子陀螺构成的惯性导航系统,开启了从传统陀螺过渡到量子陀螺的研究。除此之外,在科研上他也取得了令人瞩目的成果,其先后主持了国家重点型号科研、预研、创新、基金、"973"课题等项目,发表学术论文 60 余篇,申请科研专利 10 余项。2016 年申请科技部重点研发专项"FERF"原子陀螺技术,杨功流任项目负责人。

在北京航空航天大学任教,杨功流从科研人员到学术导师角色的转变,让他觉得自己肩上的责任更重了。在人才培养方面他有一套自己的心得体会,他说:在从事实战科研项目上我有更多的经验,在带学生的过程中我更重视理论与实践相结合,让学生有更多参与重大项目的实战机会,锻炼他们的动手能力。在母校求学时,母校培养学生的理念很质朴,这一点我受益终生,"人要靠本事吃饭"也是我在带学生的过程中,始终传递给学生的一种思想,"哈军工"人传统的忠诚、踏实、严谨的工作态度,"以祖国需要为第一需要,以国防需求为第一使命,以人民满意为第一标准"的精神追求,也通过我言传身教给更多的学生。

桃李不言,下自成蹊。杨功流甘愿为专业的交流化作一座桥梁,为学生们在求知的道路上指引方向。这些默默地努力,赢得了学生们的爱戴与深深的敬佩之情。

从科研人员到学术导师,杨功流身上的角色在变,但报效祖国的使命从未改变。他培养的学生一批又一批走向祖国最需要的地方,杨功流的人格魅力以及在科研上不断求索的精神好似一股巨大的暖流,推动着后来者在科研的道路上越走越远。

杨云春——导航先锋从这里开启人生的导航

杨云春,男,1969年出生,山东青州人,我校1989级校友,北京耐威科技股份有限公司董事长。哈尔滨船舶工程学院惯性导航与仪表专业学士,哈尔滨工程大学惯性导航与仪表专业硕士,美国加州大学电子工程专业博士。多年从事微机电惯性导航技术、卫星导航技术、捷联惯性导航技术、姿态测量技术和组合导航系统融合技术等方面的研究工作。

结缘:人生的一次误打误撞

被业内公认为导航先锋的杨云春,与导航结缘却是由于人生的一次误打误撞。

1989年,杨云春参加高考,因高考分数差两分,没能如愿考上清华大学,虽心有不甘,但他想有句话说得好"上帝为你关上了一扇门,必定为你打开了一扇窗",哈尔滨船舶工程学院的前身中国人民解放军军事工程学院,有着光荣的办学历史,很多专业当时在全国高校中处于领先地位。于是,杨云春接受分配,满怀希望北上冰城,开始了他在哈尔滨船舶工程学院的求学之路,开启了他与导航的不解之缘。

深爱:一片沃土培育一片深情

1989年到1995年,杨云春在哈尔滨船舶工程学院一待就是6年,在这里他度过了人生最美的一段时光。杨云春说:"母校就像是一个工匠,将自己一点一点打磨成器,在这里我有幸接触并学习惯性导航仪表专业,借此专业实现了人生价值,有机会利用专业知识报效祖国,让我觉得人生更有意义。母校就是我的另一个家,陪伴我成长、培育我成才,我对她有种特殊的感情。"

说起惯性导航仪表专业,杨云春最初也只是个"门外汉",这个专业对他来讲太陌生了,甚至连名字都没有听说过,在这个陌生的领域带着疑惑的心情,他开始与惯性导航技术打交道。对于惯性导航技术杨云春从陌生到熟悉、从精通再到深爱,与他个人勤奋努力有关,也与母校的培养密不可分。

杨云春从小读书成绩就好,早已形成了一套自有的学习模式。即便在一无所知的陌生领域,他也能迅速进入状态,啃下专业"硬骨头"。在校期间,除了本专业之外,他还同时辅修了第二专业计算机,并于1993年顺利完成辅修的各门课程,本科期间以优秀的成绩免试攻读硕士研究生。

"学其成时念吾师",杨云春说在母校求学的过程中袁赣南、罗超两位教授在学业上、生活上都给予他无私的关怀与帮助。自大三开始,杨云春有幸跟随407教研室的袁赣南教授从事可编程逻辑器件在舰船自动舵上的课题研究,有机会将理论知识应用于实战课题,杨云春十分珍惜这个机会,有时候为了弄清楚一个数据都要在实验室里奋战几天几夜,与他同在一个教研室的中国惯性导航奠基人罗超教授十分看好这个干劲十足的小伙子。在罗超教授的引荐下,杨云春大四下学期参加了国内某潜艇导航系统的陆上联调试验,结识了国内研制导航先进设备的许多同行专家,跟随这些专家学习,杨云春有了突飞猛进的进步,为他今后在读研以及在美国加州大学电子工程专业取得博士学位打下了坚实的基础。

杨云春除了在学业上成绩优秀,在本科期间还一直担任班长,在他的带领下19890421班30名同学学业上互相勉励、生活上互相帮助,形成了学风向上、作风优良、凝聚力强的班集体。其个人也因品学兼优而获得黑龙江省"三好学生"的荣誉称号。

奋斗的青春最美丽,在母校学习、工作、生活的6年充实而忙碌,这里开启了杨云春"导航人生"的起点,这里的一草一木、一砖一瓦都镌刻着他的青春时光,他深爱惯性导航与仪表专业,因为他对这方热土饱含深情。

前行:对梦想执着追求的信念

在杨云春上学期间,惯性导航是一个冷门、偏门的专业,大多数的专业分配岗位都很偏僻。多年来,班上 30 位同学中有 25 位转行去了其他行业,而杨云春却从未放弃对专业、对梦想的执着。就是这种对梦想执着追求的信念激励着他一路前行。

经历了本科、研究生期间惯性导航与仪表专业的学习,此时的杨云春已不再是当初的"门外汉",对于专业的喜爱已经到了痴迷的状态,他研读了大量的国内外与此专业相关的论文、书籍,他清醒地意识到当时国内的导航技术与国外有着巨大的差距。经过杨云春的不懈努力,1998 年他拿到了美国加州大学攻读博士学位的奖学金机会,开始了出国求学的道路,在博士期间他从事高精度惯性导航和卫星导航深度组合技术研究,其间承担了美国加州交通管理部门课题——高速公路车辆自动驾驶,并获得车辆自动控制厘米级精度。从 1998 年开始,杨云春在美国学习、工作、创业,经历了收获的喜悦、创业的艰辛,经过 9 年的海外生活,杨云春所掌握的技术已接近炉火纯青,他冷静地思考后深深地感到:中国人的技术和产品应当应用到中国的广阔市场中。2007 年,杨云春放弃了美国的一切,毅然决然回到了祖国。

杨云春经常说,"为祖国工作才能感受到科研工作的意义,才能更有动力。"他将美国公司的产品生产线上硬件加工、组装、调试的环节放回国内,开始了回国创业的征途。创业初期的艰辛并没有阻挡他的创业梦,面对国内导航领域的广阔发展前景,杨云春创业的步伐更加坚定执着,随着产品的逐渐成熟,填补了国内行业领域的"空白",创立了当时国内唯一具有"惯性导航 + 卫星导航 + 组合导航"全覆盖的自主研发生产能力的民营企业,公司逐步发展成为惯性导航系统、卫星导航产品的研发、生产与销售一体的高新技术企业,产品主要服务于国防军事、民用导航、测量测绘等领域。2006 年,他将公司更名为"耐威科技",希望公司能够充满耐心和威力。

然而实现梦想的每一步总是艰难,在创业路上,更是如此。创业初期,杨云春带领核心小团队经常加班加点、没日没夜地干活儿。但公司面临着资金短缺、产品没有对接的市场等问题,没有收入公司就无法运转。此时,杨云春和他的团队感受到从未有过的压力,于是他们利用一切机会寻找市场。终于,在 2006 年的光华电子展上,杨云春结识了一位代理人,通过他的介绍,团队参与了一家航空公司的全球招标,最终顺利地拿到了标的,也让公司有了一个新的开始,逐步打开了市场。

越是困难的境地,就越需要克服困难的勇气和动力,向前迈进的每一步都伴随着汗水与泪水,但杨云春为了心中的梦想义无反顾地坚持了下来,这是"哈军工"传人对梦想的执着。

在杨云春的带领下,耐威科技自主研发并掌握了惯性导航和卫星导航产品的软、硬件设计核心技术,目前拥有计算机软件著作权 32 项,软件产品证书 7 项,成为我国导航定位领域的高新技术企业和"双软"认证企业。他的企业不但自主掌握了产品的核心技术,已具备惯性导航产品自主研发生产能力,拥有从惯性传感器到惯性导航系统、组合导航系统的完整产业链,还打造了齐全的产品系列,广泛应用于国防、航空航天、仪器设备、科研院所、教育机构等行业和领域。

特别是近年来,公司承担了一项国家科技重大专项项目、两项科技部创新基金项目,参与了两项国家“863计划”高技术科研项目、一项国家科技支撑计划课题、一项国家自然科学基金资助项目、一项国家实验室建设配套项目及一项原铁道部科研项目。

在宏观环境、微观环境、IPO审核环境大幅震动的背景下,公司实现了业务的稳步持续增长,母公司耐威科技股份有限公司最终于2015年5月在深圳证券交易所创业板成功挂牌上市。2016年9月,耐威科技在北京亦庄启动了月产3万片传感器生产线,将产量扩大了4倍,填补了国内空白,规模在国际上排名第一,并得到国家集成电路产业基金20亿人民币支持。

在杨云春的带领下,耐威科技公司一路走来,一路高歌,在获得荣誉的同时为国家导航技术研发做出了巨大的贡献。杨云春从未忘记当初创业的艰辛,他说在遇到困难时经常回忆起在母校学习的日子,“哈军工”人的那种忠诚、坚韧、严谨、创新的精神始终激励着我前行。在创业的路上,杨云春始终以一名“哈军工”传人的标准严格要求自己,不仅要把企业做好,更重要的是不忘初心,用惯性导航技术服务于国防、航空航天事业。

祝愿:来自心底最真切的呼唤

所谓“饮水思源”,杨云春说:我能够取得今天的成绩,我的成长进步和学校、老师的教诲是分不开的。从人生的一次误打误撞使我与母校结缘,从本科到研究生在这里我度过了人生最美的青春时光,美丽的校园、良好的学风、严肃又和蔼的老师,这里的一切教会我知识,教会我如何做一名对国家、对人民有益的人。从那一刻起,“哈军工”精神不知不觉已流淌在我的血脉中,“以祖国需要为第一需要”的精神追求将激励我不断前行。

新年伊始,我想对学弟学妹说,你们有幸与母校结缘,请珍惜这里的一切,踏踏实实做事,认认真真探索,在学业上不断充实自己,充分发挥大众创新、万众创业的精神,通过科技创新、学术创新为母校建设贡献力量。

在学校争创“双一流”建设的发展道路上,希望母校坚持“三海一核”的办学特色,以“三海一核”优势专业为突破口,强化特色,继承创新,在人才培养、科学研究上实现国际“弯道超越”,在国家工业化、信息化和国防现代化建设方面起到积极作用。

张宏军——向着深蓝前行

张宏军，男，我校1987级校友，中国船舶工业系统工程研究院院长、中船电子科技有限公司总经理、舰载航空领域专家。享受国务院特殊津贴，现任国家某重大工程副总设计师，曾担任某重点工程首任总设计师。多年从事舰载航空指挥与保障领域科研工作，为我国舰载航空事业的发展做出重要贡献，推动了航空领域和船舶领域的协同创新与融合发展。他在国内率先提出“智慧海洋”理论和体系工程，为实现海洋强国战略目标，落实建设21世纪海上丝绸之路战略构想，为全面提升国家海洋军事、海洋管控和海洋开发能力提供了一揽子解决方案。

永争第一的班级

张宏军是地地道道的东北人，家住辽宁省的他从小就对大海充满憧憬和向往。1987年，张宏军做出了人生中一次最重要的选择，在高考志愿填报书上郑重地写下了哈尔滨船舶学院，用张宏军的话说，当时全国只有哈尔滨船舶学院以船舶命名，这让他联想到大海，凭着这份儿时的梦想，张宏军考入哈尔滨船舶学院船舶与海洋工程专业，被分配到了1班，也就是19870111班。

时任船舶与海洋工程专业的书记王贵波对这个19870111班格外地“关照”。新生入学不久，王贵波专门给19870111班开会，他说：“我们学校是一个培养工程师的地方，而船舶与海洋工程专业培养的是总设计师，你们是 19870111 班——87 级 1 系 1 专业 1 班，一定要当好龙头班，要以“哈军工”传人的标准要求自己，要胸怀祖国和人民，以专业知识去报效祖国。”从此，“龙头班”这个词就烙印在全班 35 名同学的心里，班级的每一名同学都严格要求自己，用张宏军的话说，当时的 19870111 班真的是特别能吃苦，特别能战斗。

80 年代，人们的生活还处于较低的水平，同学们每个月的生活费只有几十元，学习之余，“想吃点好吃的”成了同学们的普遍愿望。恰逢学校五食堂施工，当时任班长的张宏军主动为全班同学跟学校申请了一个勤工俭学的项目——挖地沟，全班同学利用课余时间，轮流劳动，无论男女，没有一人逃避劳动，通过全班的努力，19870111 班地沟项目全面竣工，当全班同学拿着用劳动换来的钱聚餐时，大家相互拥抱，脸上露出了开心的笑容，因为这是全班同学用劳动换来的快乐，这件事增进了同学间的友谊，也极大地增强了 19870111 班的凝聚力。

说到学习，19870111 班更是全校的排头兵。大三的时候，贺五洲老师教授的《流体力学》以高难度著称，同学们戏称这门课为“留级力学”，一不小心就会出现不及格的情况，大多数同学对这门课程没有兴趣。然而，贺五洲老师严谨治学、认真负责的态度感染着每一个学生，使学生们重拾学习这门课程的信心。学习好《流体力学》的基础是《场论》，《场论》是大二的课程，同学们对这门课程大多已经忘记，贺老师为了让大家学好《流体力学》，特地重新开设《场论》，利用两周的时间给学生补习这门基础课。还记得贺老师在进行《流体力学》公式推导的时候，一黑板一黑板的推导公式，贺老师从不看书一眼，完全铭记于心、了如指掌，在讲某一个知识点的时候，他会延伸到前面的知识点，并且顺带着把前面的知识点进行补习。贺老师这种在做学问上严谨的态度打动了每一位学生，在全班形成了扎实严谨、求实向上的学风，期末考试时 19870111 班全班 35 人在《流体力学》这门课上书写了没有一人留级的“神话”。

在王贵波书记的指导下，在各位老师的教授下，张宏军所在的 19870111 班逐渐形成了团结向上、严以律己、坚强奋斗的班风，19870111 班也曾被评为黑龙江省“三好班级”、黑龙江省“优秀团支部”，张宏军本人也获得了黑龙江省“优秀干部标兵”、黑龙江省“十大杰出青年”的荣誉称号。

张宏军说：“我的大学时代充满了美好的记忆，同学们在这里收获了宝贵知识，收获了珍贵的友谊，最重要的是在我们的价值观形成期时，军工精神影响了我们这一代人，在我们的心中埋下了军工报国的种子，靠着 19870111 班永争第一的劲头，靠着学校赋予我的这份家国情怀，让我在向着深蓝前行的过程中一路坚持。”

永不认输的团队

改革开放初期，“下海经商”对于刚刚毕业的学生充满诱惑，再加上当时船舶行业不景气，很多学生受到“搞导弹不如卖茶叶蛋”“读书无用论”等思潮的影响，毕业后选择了离开船舶与海洋工程专业。而对于张宏军来说，从大学毕业的这一天起，他的深蓝之梦正式开始。

1991 年,张宏军本科毕业被分配到中国船舶工业系统工程研究院(原船舶系统工程部),16 年来,张宏军一直为着心中的梦想而不懈努力,在张宏军的带领下中国船舶工业系统工程研究院以钱学森的系统工程理论为指导,实现了“一次转型、两次跨越、一次探索”,即由战术技术论证向系统工程研制转型;由单一的舰船武器系统向全船的作战系统集成跨越,由全船的作战系统集成向航母编队跨越;由系统工程向体系工程做探索。这不仅为我国海军装备完善、航母编队等国家重要海上工程项目提供了技术上的保障,更为其提供了理论上、方法上的支撑。

每一次转型、跨越、探索的成果都是张宏军团队在实践中不断探索出来的,科研工作的艰辛只有身在其中才知其苦,外人无法体会与理解,张宏军说:能够带领团队在科研的道路上蹒跚前行,如果没有军工精神、家国情怀的支撑,如果没有实现蓝色梦想的极度渴望是无法完成的。

2000 年以后,张宏军作为航空保障系统的总设计师参与了某重点任务的研制工作。2003 年,该任务正式启动。由于该项技术的特殊性,在行业领域内几乎没有任何可借鉴的资料,张宏军在院内组成了 7 个人的科研团队,凭借一腔爱国热情以及心底蓝色的梦想争取到这样一个国内“前无古人”的任务。从 2003 年“十一”前后,一直到 2005 年的春节前,张宏军带领团队的 7 个人一直埋头在会议室里探索项目该如何开始,24 小时通宵达旦地查找资料、讨论,再找资料去论证、再推翻、再论证……经常一周、十天地住在办公室,无数次的失败,无数次的从零开始,经常会有同事因疲劳过度而直接被送往医院。科研团队的同事夜以继日地工作,前几年科研工作越往深处挖、越往深处走就越不见亮,科研团队的成员几乎个个心力交瘁,7 个人中年龄最小的只有 37 岁,但无一例外的头发已然花白。张宏军说:“这样一个从无到有的开创性项目,没有足够的勇气、没有强大的家国情怀是无法完成的,在这期间我们洒下的汗水、流过的泪水不计其数。”

2005 年春节前夕,项目组成员与甲方用户聚餐,这也是工程研制的重要阶段,本想在饭桌上甲乙双方共同探讨下一步的计划,但是菜还没有上齐,项目组所有人与张宏军抱作一团,抱头痛哭,面对一个一无基础、二无借鉴的新项目,一路走来遭受无数的质疑与不理解,巨大的心理压力与外在压力,使所有人在这一刻再也压抑不住心中的苦。

为了这一项目的研制工作,项目组曾到某国家进行技术引进,但是在与该国专家进行交涉的时候,双方在技术资料的深度与细度上无法达成共识,在项目组回国的前一天晚上,双方刚进完晚餐。在回宾馆的路上,该国的老专家说:真羡慕你们这一批年轻人,因为你们有这样一个强大的国家作为后盾支撑你们去完成开创性的工作,这是你们的幸福,也同样是你们国家的一种幸福。老专家们被这样一群胸怀祖国的年轻人的一腔热忱所打动,随后为项目组提供了让人十分满意的技术资料,大大缩短了整个项目的研制过程。通过双方技术人员的合作与交往,该国的老专家们与这群年轻人结成了深厚的友谊。张宏军说:“那天在回宾馆的路上,所有人在车上自发地大声唱起了《歌唱祖国》,情不自禁地流下了眼泪。”

如果说五星红旗是用烈士的鲜血染红的，那么悬挂在舰尾旗杆的那面海军旗便浸润了无数为国家海防事业贡献力量的工作者们的眼泪。张宏军经常对伙伴们说的一句话："在现代略显浮躁的社会中，能够为一种事业流泪流汗不是凄苦的，而是幸福的，这说明你的情感与这份事业已经紧密地联系在一起，这是一个人成长的幸福。"

永不后退的选择

因为对大海的热爱，为了实现心中梦想，为了身为军工传人肩上的那份责任，面对大海带来的挑战与艰险，张宏军从未后退，他说："既然选择，就只能向前走，无论前方道路有多远、多难，而支撑我在挫折、诱惑面前坚持下来的正是学校传承给每一个学子的军工报国的精神。"

党的十八大做出了建设海洋强国的重大部署。习近平总书记提出：要进一步关心海洋、认识海洋、经略海洋，推动我国海洋强国建设不断取得新成就。2014 年全军装备工作会议上，习近平重点提出了我军装备要坚持"信息主导、体系建设"的思想。作为长期以来从事装备系统集成及在国防科技工业领域中唯一从事装备体系研究的单位，中国船舶工业系统工程研究院该如何服务国家战略，为海洋强国这份事业做出贡献，这是张宏军一直在思考的问题。

2013 年，张宏军任中国船舶工业系统工程研究院院长，他查阅了大量的历史资料，也借鉴了历史上诸多靠海洋发展起来的国家的背景、战略思路，比如以地理大发现成就其为海洋强国的西班牙和葡萄牙，以资本主义萌芽成为海上马车夫的荷兰，以工业革命成为海上强国的英国，以欧洲移民、两次世界大战成为海洋强国的美国，等等。张宏军结合我国目前海洋事业发展的现实情况，高瞻远瞩地提出了"智慧海洋"理论和体系工程。在互联网 4.0 的大时代背景下，我国互联网经济、知识经济逐渐发展，属于中国的大海洋时代的历史背景逐渐形成，智慧是这个时代的代名词之一，如何将智慧赋予海洋，如何应时代发展规律建设一个与之对应的体系工程？智慧海洋工程是"工业化 + 信息化"在海洋领域的深度融合，也是军民深度融合，全面提升经略海洋能力的整体解决方案。

张宏军针对"智慧海洋"工程提出了"一顶一底五横两纵"的理念：一顶指海洋体系的顶层，国家从事海洋事业的单位以国家体系为背景，变成一个有机整体；一底是海洋要以强大的科技、装备、实力作为支撑和保障；五横分别指海眼工程、海网工程、海魂工程、海管工程以及海智工程；两纵分别指海标工程和海安工程。"智慧海洋"理论和体系工程非常的庞大，庞大到它是一项只有起点、没有终点的工程，它也同样关系到祖国海洋强国战略目标的早日实现，也关系到亿万同胞共同期待的中国梦。

为了这样一个目标，张宏军从未停下脚步。他说："当你热爱所从事的事业时，工作就会成为一种乐趣。冥思苦想后茅塞顿开之际、乘着军舰在海上乘风破浪之时、团队欢聚喜庆胜利的一刻，油然而生的喜悦、自豪之情足以扫除研制过程中的所有坎坷与磨难。"也许正是这份对事业的热爱、对蓝色梦想的执着追求，才使得张宏军能够一路乘风破浪，走向深蓝。

永远的责任与担当

在2017届本科毕业生典礼上，张宏军送给学弟学妹们的不仅仅是一位来自师兄真诚的祝愿，更多的是以成功校友的身份给学弟学妹们、给学校未来的发展提供了可借鉴的思路和宝贵的建议。

学校应作为工程系统科学方法与理论研究的引领者。1978年，钱学森等老一代科学家提出了系统工程理论，掀起了我国系统工程的第一次高潮。1998年之后随着高新工程的建设，我国掀起了系统工程的第二次高潮。2017年2月，中国第一届系统科学大会召开，这说明我国的系统科学正式起步。在这样的时代背景下，哈尔滨工程大学存在的价值不仅仅是打造一流的船舶专业、水声专业、动力专业等等，同样的专业在其他学校也能够找到。系统工程包括军事系统工程、社会系统工程、生命系统工程、工程系统工程，我认为学校应作为工程系统科学方法与理论研究的引领者。一是，工程系统科学是通过系统科学的角度去将复杂的事情拆分开、简易化，工程系统是横断科学，它的发展是支撑所有工程专业的基础，我们主动承担这项历史使命，可以将研究成果、方法、理论直接反哺于专业应用上，无论是船舶工程、水声工程、自动控制均可应用。二是，由于学校的专业特色，使得学校有机会参与国家一些重大的海洋工程项目，企业为国家贡献产品，而学校在未来为国家这些项目的建设贡献更多的应是理论与方法，这是其他行业无法替代的。三是，学校有机会接触大的海洋工程、船舶工程，我们的教师或多或少都会具备一些系统思维，教师们有着一项工程从起点到完成的实践经验，通过“理论、实践、总结、再实践”的过程，能够有机会提炼出更多的方法和工具。如果学校能够肩负起在工程系统科学方法与理论研究的责任，对于学校特色学科建设以及未来的发展将会有更广的空间。

做“智慧海洋”理论和体系工程某些领域需求的创新者。“智慧海洋”工程非常庞大，涉及的专业领域很多，渗入人们的生活，关系到祖国海洋强国战略目标的实现。哈尔滨工程大学源于其独特的历史背景与专业特色，学校与“智慧海洋”工程有着千丝万缕的联系。建议学校从以下两个方面切入该工程中，第一，水下机器人、极地科考等领域都可以融入该工程中，比如核能源发电提供电力供给；第二，未来的海洋开发，要重视顶层设计的创新，比如学校的数值水池概念的提出，我认为就是一个很好的项目。一所综合性大学，不应该满足于承担多少项目，学校应充分利用“三海一核”领域的专业优势，做智慧海洋工程某些领域需求的创新者和引领者；第三，“智慧海洋”工程是体系工程，学校可以利用这个项目，将工程系统理论深入研究，在重大项目面前学校要主动担当、主动参与、主动引领，在重大工程中锻炼人、培养人、聚集人。

“亲爱的学弟、学妹，无论你们毕业后将走向哪里，请铭记海洋强国是我们心中共同的梦想，海洋是希望，海洋是未来，希望大家用你们的智慧和汗水，一起尽情去书写你们华彩的人生。”一段叮咛、一句嘱托、一声祝福，张宏军无论走到哪里都心系母校、心怀祖国，“长风破浪会有时，直挂云帆济沧海”，他身上的那种勇往直前、永不言败的精神，激励着他永远在向着深蓝前行的路上一路高歌。

赵福君——为母校创新人才培养助力

赵福君，男，我校1982级校友。1982年考入我校计算机应用专业，1986年获免试直推攻读我校计算机系硕士研究生，1989年硕士毕业后在北京船舶工业管理干部学院计算机系任教；1997年与夫人董泰湘（我校1982级校友）共同创立久其软件股份有限公司，任董事长兼总经理，2006年9月，久其软件在新三板正式挂牌。2009年8月成为首家新三板转板到深圳证券交易所的上市企业。

母校给予我优良的“基因”

“在这里我度过了人生美好的大学时光，把我的青春岁月留在了军工大院。”1982年，赵福君考入我校计算机应用专业本科，与现在我校计算机学院院长印桂生教授“师出同门”。1986年，当了四年班长的赵福君以优异的成绩被免试直推攻读硕士研究生。

“母校给予我优良的‘基因’，为我后来的创业之路打下坚实基础。”赵福君的导师黄厚宽教授对他产生了很大的影响。读研究生期间，赵福君跟随黄老师深入研究人工智能专业，并发表论文《基于期望的汉语分词模型的设计》。通过对这一专业的深入研究，赵福君发现了人工智能的发展潜力。因此，在自主创业过程中，他才能够敏锐地捕捉到大数据时代来临时所蕴含的无穷商机。“人工智能＋计算机应用”为赵福君后来投身“双创”储备了深厚的专业知识。

“黄老师不仅在学业上对我悉心教导，在生活上也给了我无微不至的关怀。”赵福君告诉记者，逢年过节，黄厚宽老师都会叫上自己的弟子们到家里面包饺子小聚一下，这对身在异乡的学子来说则是倍感温暖，这份情谊赵福君多年来一直深埋在心底。他创业以后，始终坚持“情”字为本的企业文化，尊重人才、重用人才、善待人才。“企业管理不能仅仅依靠规章制度，同样需要感情的维系，凝聚竞争力最基本、最重要、最强大的方式在于凝聚人心。”

化不开的浓浓情意

赵福君向记者回忆了他的夫人董泰湘读书时的一段感人的往事。董泰湘体弱多病，患有严重胃病，不可避免地影响了学业。教务处的李建国老师了解到这一情况后，主动联系中医药大学附属医院的医生为董泰湘抓药，把煎好的药给到六系办公室的张淑珍老师，张老师为了使董泰湘能够尽快康复，把她接到家里照料，还每天专门为她煮小米粥。在老师们的悉心照料下，董泰湘的胃病很快痊愈了。毕业多年后，董泰湘依然记得当年小米粥的浓香味道，对她来说，那是一份“化不开的浓浓情意”。

日前，在“久其创新实验班”的宣讲活动中，董泰湘女士曾深情地说：“大学期间，我收获了三段感情——师生情、同学情和爱情。身边的老师不仅无微不至地关怀我的身体健康，更在学业上给予我教诲和引导。母校对我的关爱和支持一直是我前进的动力，今天有机会为母校做贡献是我的骄傲与自豪，祝母校的未来更加辉煌。”

“流水不因石而阻，友情不因远而疏。”赵福君和董泰湘对母校的深厚情谊和拳拳赤子之心深深感动着我们。校友情不是语言，不是符号，而是源自内心深处的一份自然而然迸发出的情结，这份情谊会愈来愈浓，愈来愈醇，历久弥新。

产学研结合助力创新人才培养

“无论国家还是个人，要保持领先的优势，创新是必然的。”多年来，赵福君带领着他的“久其王国”始终以技术与创新为支点不断开拓进取。作为一名企业家，他对创新有着自己独特的领悟：“既要有所突破，又要稳中求胜。”

如今，久其软件已发展成为中国管理软件市场的知名品牌，并以其对技术发展方向及客户需求的精准把握处于行业领先地位。在与赵福君的交流中，记者时刻能够感受到他鼓励创新、重视创新的发展理念，他提出的“用行业管理思路叩响海量数据的大门”的创新发展战略引领久其软件一直处于行业领先地位。

“在‘软件定义世界’的时代，计算机专业的创新人才培养意义深远。”在谈到与学校联合创建的“久其创新实验班”时，赵福君指出，很多应届毕业生来到公司，因缺乏实践经验在工作岗位上一年内基本无法“上手”。“创新实验班就是一个培养计算机专业人才的合作外延”，通过“2+1+N”的人才培养模式提升学生的实践能力。即用两年时间学习教育部规定的基本课程，在学生大三时，企业将配合学校完成课程体系的设计，通过一些“接地气”的培养方式帮助学生了解书本之外的专业知识，提升创新能力。到了大四，再安排学生到久其公司踏踏实实地实习一年。“这对企业、对学校来说，都是双赢的。”

在赵福君看来，“久其创新实验班”探索出了一条“产学研”结合培养创新人才的新模式。“希望我们学校培养出来的学生能够具有创新意识和创业精神，走向社会成为受欢迎的人才。”

不仅要有好的idea，还要有好的创业合伙人

1989年，赵福君与董泰湘在硕士毕业后一同被分配到北京船舶工业管理干部学院计算机系任教。1997年，财政部要做一个软件项目，赵福君的直觉告诉他“这是个机会”。于是，赵福君带领着他的团队开始了创业历程。经过一百多个日夜的奋战，研发出一套操作性能良好的报表管理软件，也就是后来让久其软件声名鹊起的久其报表的雏形。

“不仅要有好的idea，还要有好的创业合伙人。”在谈到大学生创业时，赵福君指出，不是想创业就能够创业的，成功的比例其实很小。“对学生来说，更应该在工作当中寻找和发现创业机会。”同时，还要汇聚一批志同道合的“创业合伙人”。“久其创新实验班”就鼓励学生提前进入工程实践，在实际项目中发掘具有创新、创业基因的优秀人才，进行孵化，使其融入创业队伍中去。

如今，久其软件公司通过内生式发展和外延式并购，不断做大做强，已发展成为一个拥有2500余人的公司。赵福君笑言：“面对激烈的竞争压力，我依然坚信，我们的团队将齐心协力，将软件报国的宏伟使命与理想不断传递下去。希望有更多的学弟学妹们加入久其这个大家庭，在创新创业的道路上携手共进。”

后 记

自《中共中央国务院关于加强和改进新形势下高校思想政治工作的意见》颁布以来，哈尔滨工程大学始终坚持以习近平新时代中国特色社会主义思想为指导，贯彻党的教育方针，落实立德树人根本任务，在长期的、具体的工作中坚持“以立德树人为核心，以学生发展为主线，以需求、问题、目标、质量为导向，把握教书育人、学生成长、思想政治工作规律，以创设促进学生健康成长全面发展的阳光育人环境为愿景，全方位构建学生工作育人体系”的工作思路，不断推进学生工作理论、内容、方式、方法的创新和实践，形成并累积了诸多先进的理念、成功的经验、科学的方法以及独到的见解。学校为深入贯彻党的十九大精神和习近平总书记系列讲话精神，更加深入地研究和总结工作经验和实践成就，进一步推动思想政治教育内涵发展和质量提升，组织编撰了本书，以期搭建一个示范引领、经验交流、促进学生和学生工作者共同成长和发展的有效平台。

本书是教育部思想政治工作司第一批高校思想政治工作精品项目“从资助到滋养：多维阳光育人路径研究”的工作成果之一，以学生榜样领航为视角定向，紧贴大学生成长、成才的实际需求，分别从学习领航篇、创新领航篇、励志领航篇、奉献领航篇、实践领航篇和知名校友篇等六个方面，收集、撰写了 103 个真实的学生成长故事。正如书中一位同学写道：如果我们拥有一个伟大的理想，有一颗善良不服输的心，我们就一定能够把琐碎的时间堆砌起来，创造不平凡的成就。虽然每个人成功的路径难以复制，但是成功者的优良品质是可以移植和习得的，榜样的力量也是无穷的，希望能够为思想政治教育工作者具体工作和广大学生的健康成长、全面发展提供借鉴和帮助。

本书由哈尔滨工程大学校党委学生工作部牵头组织，吕开东、徐宝贵、张石宁、张彬、刘立静、叶紫丁、张春雨、柴雨萌等同志参与了本书的策划、统稿和修订工作。因为时间仓促工作量大，在某些方面难免存在问题和错误，为此我们将虚心接受您的批评和指正。